引进版职业院校精品教材

QICHE ZIDONG BIANSUQI
汽车自动变速器
GOUZAO YU WEIXIU
构造与维修

左成基　杨明钦　主编

人民交通出版社
China Communications Press

内 容 提 要

本书主要介绍自动变速器的主要构件及其功用，以及自动变速器的演进、分类、检修等方面的知识。本书在条理分明的叙述中，使读者对自动变速器能有一个系统的认识与了解，为目前市场上最新的介绍汽车变速器方面的书籍。

本书适合作为职业院校汽车专业的教材，也可供相关从业人员学习使用。

图书在版编目（CIP）数据

汽车自动变速器构造与维修 / 左成基，杨明钦主编. — 北京：人民交通出版社，2011.9

引进版职业院校精品教材

ISBN 978-7-114-09312-8

Ⅰ. ①汽… Ⅱ. ①左… ②杨… Ⅲ. ①汽车－自动变速装置－构造－高等职业教育－教材 ②汽车－自动变速装置－车辆修理－高等职业教育－教材 Ⅳ. ①U472.41

中国版本图书馆CIP数据核字（2011）第154721号

■ **引进版职业院校精品教材**

书　　名：**汽车自动变速器构造与维修**

著 作 者：左成基　杨明钦

责任编辑：戴广超

出版发行：人民交通出版社

地　　址：（100011）北京市朝阳区安定门外外馆斜街3号

网　　址：http://www.ccpress.com.cn

销售电话：（010）59757969，59757973

总 经 销：人民交通出版社发行部

经　　销：各地新华书店

印　　刷：北京交通印务实业公司

开　　本：787×1092　1/16

印　　张：12.75

字　　数：236千

版　　次：2011年9月 第1版

印　　次：2011年9月 第1次印刷

书　　号：ISBN 978-7-114-09312-8

定　　价：34.00元

（如有印刷、装订质量问题的图书由本社负责调换）

作　者　左成基　杨明钦

出版者　**全华图书股份有限公司**

http://www.chwa.com.tw

原著于2009年10月发行

编者序

一、近年来，由于驾驶环境逐渐复杂及自动变速器技术的纯熟，配备自动变速器的车辆日益普遍。鉴于此，编者深感此类技术书籍缺乏、选用不便，于是将历年收集的资料及个人研究心得编撰完成此书。

二、本书探讨的内容以小型汽车所使用的自动变速器为主。为符合时代性，撰写时采用的资料为现今车种使用的自动变速器技术资料，以期能在理论与实务方面更符合需求。

三、本书共分8章，前5章着重介绍机构及原理，后3章着重介绍新式自动变速器的原理及实务，文字简洁扼要，内容难易适中，旨在帮助启发学生对自动变速器的概念性学习。

四、各章所附插图是以日产、福特、本田、丰田、斯巴鲁、马自达等汽车公司使用的自动变速器为例，齿轮机构、油压回路都清晰易懂，以增进学生的学习印象，帮助理解。

五、为了增进学习效果，本书制作了一些插图和表格，以方便学生了解各零件构造及其工作原理，且各章均有“理论测试”，帮助学生增进对内容的理解及复习使用。

六、本书部分图表承蒙中国台湾东势高工机图科傅庆荣老师协助绘制，在此由衷的表示感谢。

七、本书内容虽经多次严谨校对，由于编者才疏学浅，不妥之处仍在所难免，敬祈广大读者不吝赐教，谢谢！

编者

左成基　杨明钦

目录 CONTENTS

第1章 自动变速器概论

第2章 综合式液力变矩器

第3章 齿轮传动系统

第4章 液压控制系统

第5章 各变速挡位的作用

第6章 电子控制式自动变速器

自动变速器概论

学习目标

- 1.1 概述
- 1.2 自动变速器的演变发展
- 1.3 自动变速器的分类
- 1.4 自动变速器的优缺点
- 1.5 自动变速器的主要构件及功用

- 认识自动变速器的重要性
- 了解自动变速器的演变发展
- 认识自动变速器的分类
- 了解自动变速器的优缺点
- 了解自动变速器的主要构件及功用

1.1 概 述

由于工商业的发达，人民生活水平日益提高，使小客车增长率快速发展，然而却造成国内交通状况更为恶化、拥挤，尤其在市区，往往几十公里的路程，加上红绿灯的变换，汽车的停车、起步动作可能要重复数十次，才能到达目的地。在这种情形下，驾驶手动挡变速器汽车（Manual Transimission，简称MT）时，必须频繁踩放离合器踏板、加速踏板、制动踏板及操纵换挡的动作，不仅消耗驾驶人的体力，也可能因离合器踩放不当，造成无谓意外伤害。所以，目前的自动变速器车——自动挡车（Automatic Transimission，简称AT）已在一般小客车上普及（占90%），而大型客车、货车也都已配备自动变速器，自动变速器车不仅可简化开车程序，消除频繁换挡动作，而且可根据车速及发动机负荷实现自动换挡，减少驾驶人的疲劳，可见AT车优点多于MT车。

部分驾驶人认为，自动挡车没有手动挡车的操纵乐趣，因此，目前自动挡车趋向于手动挡/自动挡变速器两用系统，可兼顾（自动挡的便利）及（手动挡的操纵乐趣）。近代部分的自动变速器也具备智慧控制型学习模式（Fuzzy Control），例如：斜坡逻辑控制，它会按加速踏板位置的信号、车速及制动信号，判断驾驶人的特性以进行换挡的修正，以达到高性能化、舒适化、人性化的要求。

1.2 自动变速器的演变发展

一、（早期）纯机械式

1. 摩擦盘式

摩擦盘式变矩器如图1-1所示。

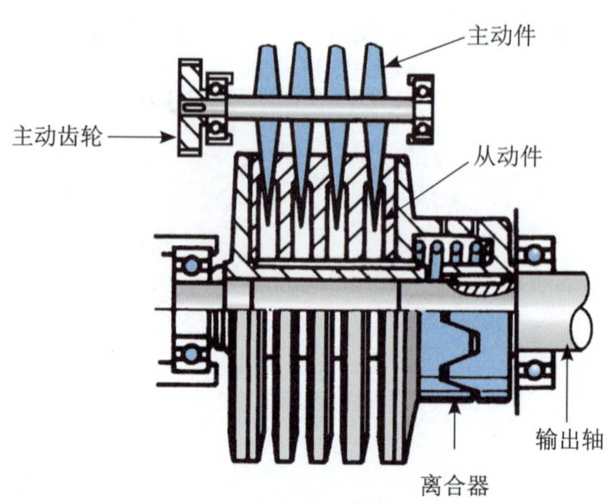

◆ 图1-1 摩擦盘式变矩器

2. 可变节距传动带盘式

可变节距传动带盘式变矩器如图1–2所示。

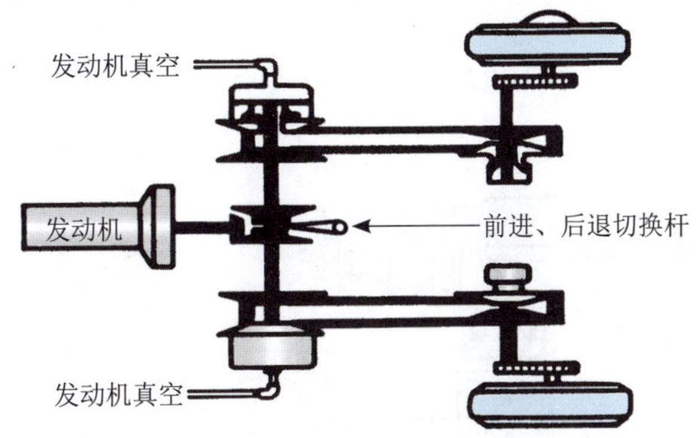

◆ 图1–2 可变节距传动带盘式变矩器的基本构造

目前车辆上所使用的变速器大都采用可变节距传动带盘式，如图1–3所示。

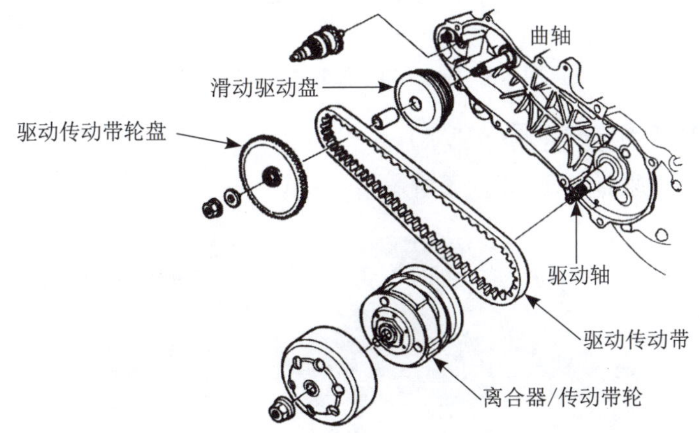

◆ 图1–3 车辆变速系统

二、（中期）液压式

液压机械式自动变速器如图1–4所示，有2段速、3段速及4段速。

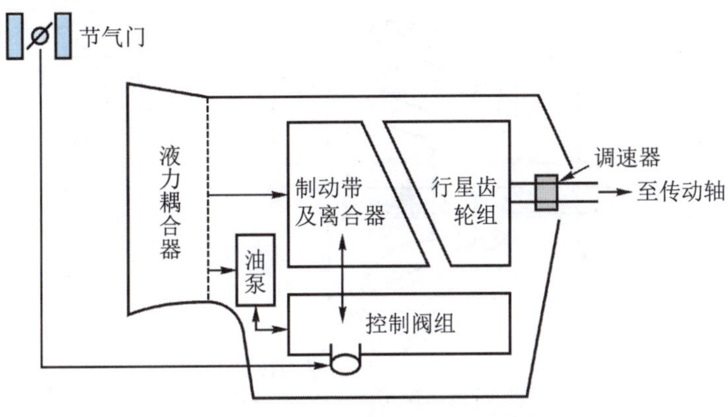

◆ 图1–4 液压机械式自动变速器

三、（近期）电子控制式

1. 电子控制传统自动变速器（EC-AT）（Electronic Control Automatic Transmission）

电子控制传统自动变速器（也简称EAT或ECT），如图1-5所示。

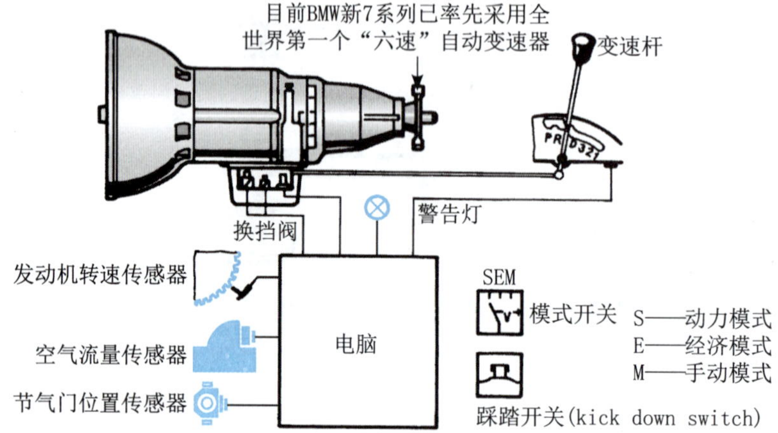

图1-5　Bosch电子控制式自动变速器

2. 电子控制无级变速器（CVT）

电子控制无级变速器CVT如图1-6所示。

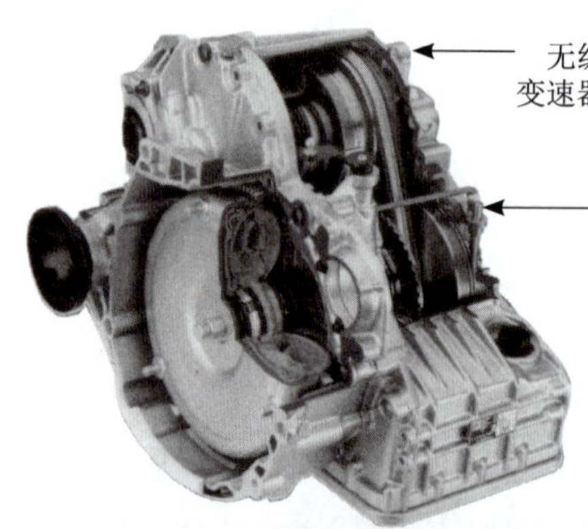

a）电子控制CVT无级变速器

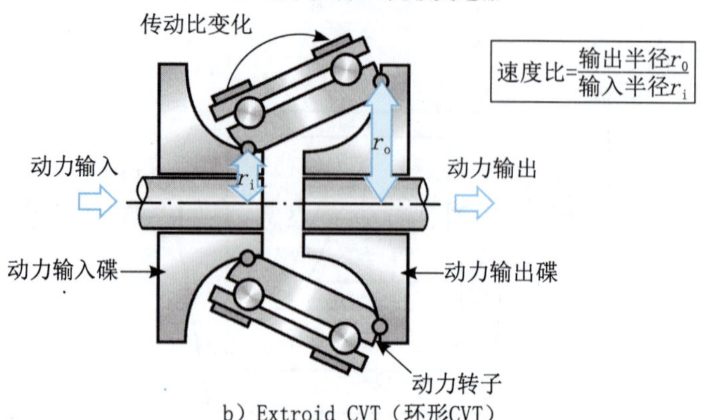

b）Extroid CVT（环形CVT）

图1-6　CVT变速器

斯巴鲁（Justy）-ECVT（Electro-Continuously Variable Transmission）

日产（March）-NCVT（Nissan Continuously Variable Transmission）

铃木（Suzuki）-SCVT（Suzuki Continuously Variable Transmission）

菲亚特（UNO）CVT（Continuously Variable Transmission）

日产-Extroid CVT，利用动力转子的角度变化达成速率变化。

3. 手动挡/自动挡两用变速器

这种变速器其基本结构为自动变速器，同时具有"手动"升降挡（或）的功能，其优点是升降挡时顿挫感的抑制及换挡平顺度和一般自动变速器一样，又可享受手动挡车的操纵乐趣。

当变速杆换至D挡，驾驶人可将变速杆置于驾驶人控制模式位置，可视当时状况推动变速杆进行升挡或降挡的控制，控制单元接收（或）信号后，会按当时行驶条件判断是否进行升挡或降挡。

按变速器的型式分为两类：

（1）采用传统自动变速器：目前市场上大都采用此类。

（2）采用CVT变速器（使用液力变矩器）：如飞雅特PUNTO（七速）、三菱New Lancer Virage、Galant、Audi Multitronic Nissan Bluebird 2.0等。

4. 自动挡/手动挡变速器（Automated Manual Transmission 简称AMT）（手动挡变速器+自动离合、换挡模式）

自动挡/手动挡变速器最早出现在F1赛车场上，它是一种没有离合器踏板的手动变速器，只要拨动变速杆+、-（按钮、拨片），借由精密的电脑控制元件，控制油压缸或电动机以推动释放轴承的轴向移动，使离合器自动离合而执行升降挡的动作。另附有AUTO模式（自动换挡模式），尤其在市区行驶时，使用AUTO模式就可以省略不断换低速挡起走的麻烦，把换挡的动作完全交给电脑，其优点为兼有手动变速器的动力传输效能与自动变速器的便利性。其油耗更低，各方面性能皆超越传统AT。

（1）自动离合器式（Auto-clutch Manual Transmission 简称AcMT）

如图1-7所示，当驾驶人移动变速杆时，挡位位置传感器将此信号送至电子控制单元，经电子控制单元处理后发出控制指令给离合器执行器，再由变速杆进行换挡动作，因离合器完全自动控制，故无需离合器踏板。其变速杆与一般手动挡变速器变速杆功能相同（传递机械功能）。

（2）单离合器式（Automated Manual Transmission 简称AMT）

如图1-8所示，变速杆上N、R、A、M、+、-等的切换只是信号的切换，当变速杆移动时，电子控制单元会接收信号而下命令给离合器执行器及换挡执行器做挡位切换，由于该变速杆已无直接传递机械力的功能，目前已有附加设计成按钮或拨片（驾驶人容易操作的地方，如转向盘后方两侧）。

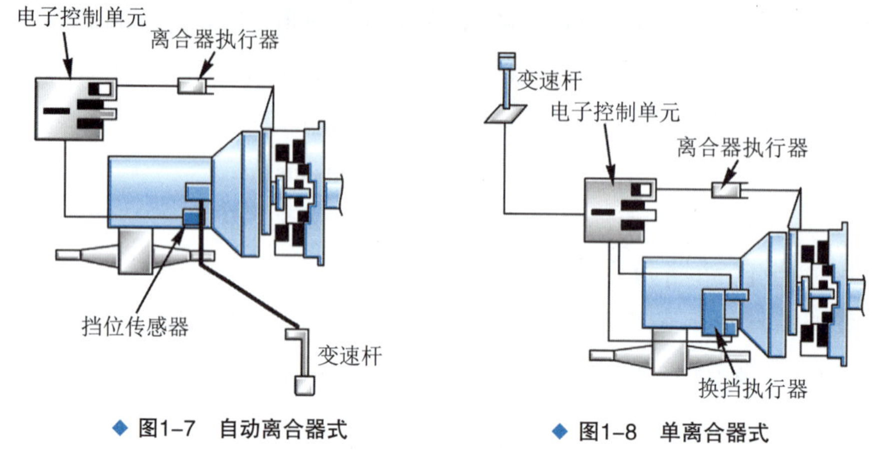

◆ 图1-7 自动离合器式

◆ 图1-8 单离合器式

（3）双离合器式（Double Clutch Automated Manual Transmission 简称DCT）

此种形式变速器如图1-9所示，变速器内有2组多片式离合器与2根输入轴及6个挡位机构装在一起，一组离合器及输入轴控制奇数（1、3、5、倒车）挡的动力输入与中断，另一组离合器及输入轴控制偶数（2、4、6）挡的动力输入与中断，加上灵敏的电子控制，让这两组传动装置可以同时工作。

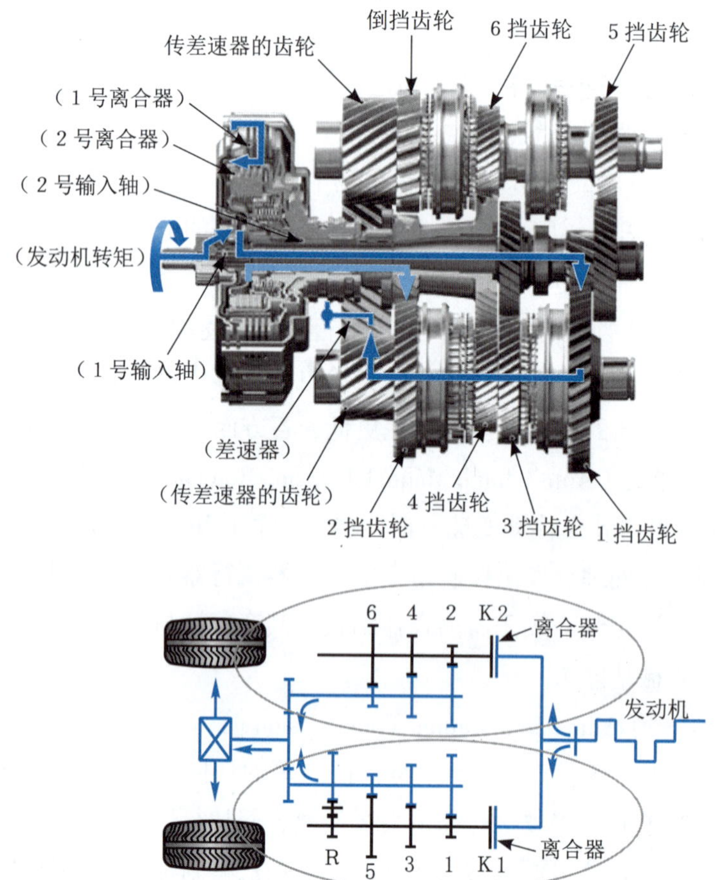

◆ 图1-9 VW DSG双离合器式

例如：当一辆车以2挡行驶时，3挡齿轮已接合但离合器位于分离位置，等车速升高准备换挡时，2挡的离合器分离（动力中断）而3挡的离合器接合（动力输入），3挡开始工作，两组多片式离合器的接合与分离几乎保持在同一时刻内，而整个过程只需要0.2s，使得动力传递更加平顺而有效率（减少变速器的顿挫），让整体加速过程不中断。目前，博世集团开发的DSG（Direct Shift Gearbox直接换挡变速器），已配置在Audi TT3.2 V6及VW Golf R32两款车上。2008年初，大众全球首款7速DSG问世（Golf TSI）。

5. 智慧控制型自动变速器

由于科技的进步，部分电子控制式自动变速器已具有智慧型自动变速系统，例如：新一代的（斜坡逻辑控制系统），除了降低上下坡换挡次数、减低燃油消耗外，并以适当的挡位提供强大扭力，以保持驾驶的舒适与顺畅，如图1-10所示。

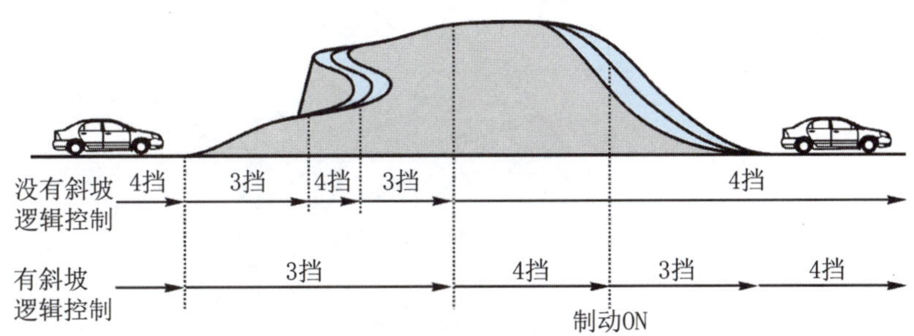

◆ 图1-10 斜坡逻辑控制系统的作用

1.3 自动变速器的分类

一、按车辆驱动形式分类

（1）使用于前置发动机后轮驱动（FR Type）自动变速器，如图1-11所示。

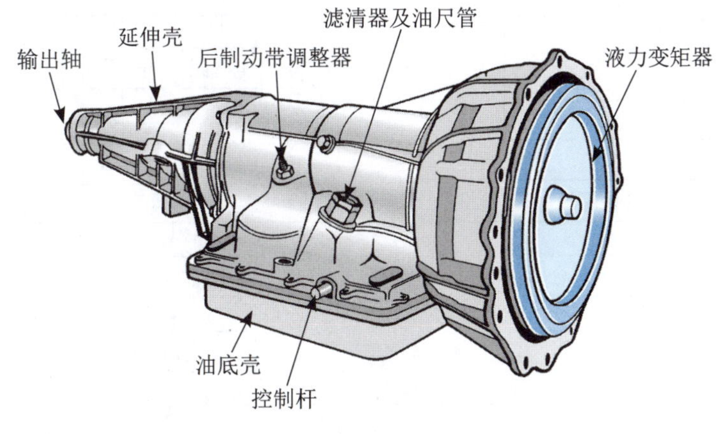

◆ 图1-11 FR式车所使用AT

（2）使用于前置发动机前轮驱动（FF Type）自动变速器，如图1–12所示，因包含差速器及最后传动装置，又称自动联合传动器。

二、按控制方式分类

（1）液压控制式——自动变速器的换挡与锁定都是利用液压控制，靠发动机负荷及车速来决定。

（2）电子控制式——利用节气门位置传感器（发动机负荷）及车速传感器将信号送到ECU，经电脑判断后，由记忆体中选出最恰当的变速曲线，再将此信号送到电磁阀、操作离合器和制动器，及控制换挡点的时机。两者的差别如图1–13所示。

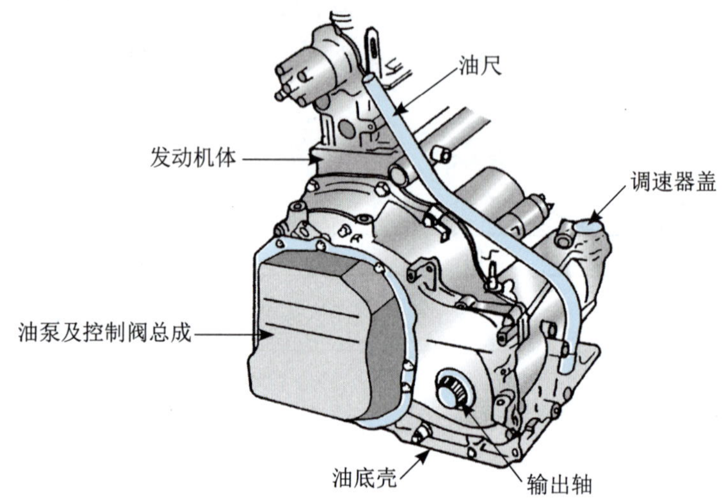

图1–12　FF式车所使用AT

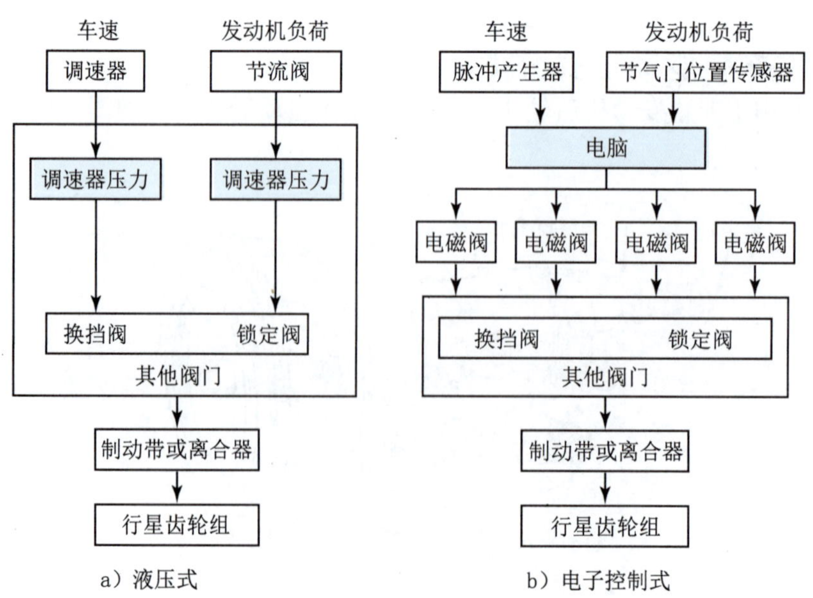

图1–13　液压式与电子控制式作用流程图

三、按使用轴分类

（1）单轴式：一般FR型自动变速器皆采用。

（2）双轴式：如本田系列自动变速器采用。

（3）三轴式：如丰田A240L自动变速器采用。

1.4 自动变速器的优缺点

一、优点

（1）减少驾驶人的疲劳：不需经常性的踩放离合器踏板及换挡的动作。

（2）提高乘坐舒适性：自动变速器无论起步、加减速、换挡的控制都圆滑平顺。

（3）不必精通驾驶技巧：踩下加速踏板即行驶，踩下制动踏板即停止。

（4）发动机及变速器传动部位寿命可延长：自动变速器使用液压传动，因此发动机和传动系统的振动可减至最低。

（5）操控较容易：转向盘操控时，两手都会留在转向盘上，不像手动挡变速器的换挡，右手非离开转向盘不可，因此，行车操控较为实在。

（6）不易造成误起动：手动变速器于任何一挡位均可起动发动机，容易造成冲出的危险，而自动变速器只能在P或N挡位时，才能起动发动机。

二、缺点

（1）价格昂贵：比手动挡变速器价格高20 000 ~ 30 000元。

（2）维修费用较高。

（3）无法以推车起动发动机。

（4）耗油：除非在锁定状态，否则液力变矩器的传动效率将无法达到100%。

（5）发动机功率损失较大。

（6）制动蹄片的磨损较快：发动机制动性能较差（D挡位的1、2挡均无发动机制动的设计）。

（7）会有蠕行（Creep）现象产生：当发动机怠速时，变速杆置于D挡，若不踩住制动踏板，车辆会有向前蠕动现象，但电磁离合器的CVT变速器不会产生这种现象。

1.5 自动变速器的主要构件及功用

自动变速器除变速器壳外由以下主要零部件组成：①综合式液力变矩器；②齿轮传动系统；③液压控制系统；④控制杆；⑤最终传动装置；⑥自动变速器油（ATF）。

一、综合式液力变矩器

（1）构造：由泵轮（Pump）、涡轮（Turbine）、导轮（Stator）、自动变速器

油所组成。其安装在行星齿轮输入轴上，与曲轴尾端传动板用螺栓连接，如图1–14所示。泵轮相当于手动挡车的离合器压板，涡轮相当于手动挡车的离合器片。

（2）功用：

①增大发动机转矩（起步时）。

②充当液力耦合器传递动力（转速增加时）。

③驱动变速器内的油泵。

④相当于飞轮，可使发动机运转平稳，并且可吸收发动机与传动零件的振动。

二、齿轮传动系统

齿轮传动系统包括齿轮组、多片式离合器及制动器。

（1）齿轮组：目前自动变速器所使用的齿轮组形式可分为两种：

①平行轴式齿轮组：如图1–15所示，与手动挡变速器齿轮排列类似。

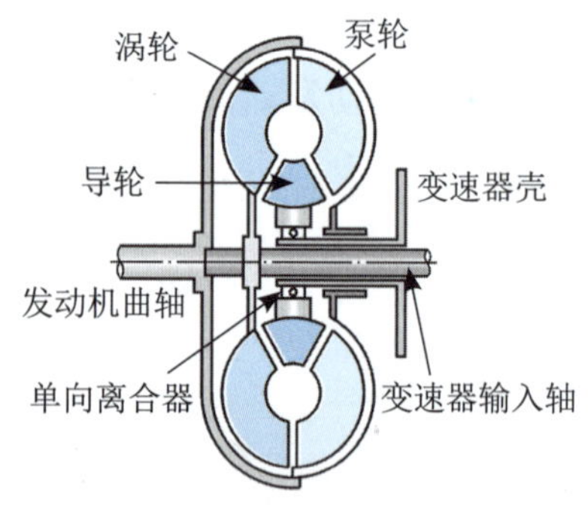

图1–14　综合式液力变矩器

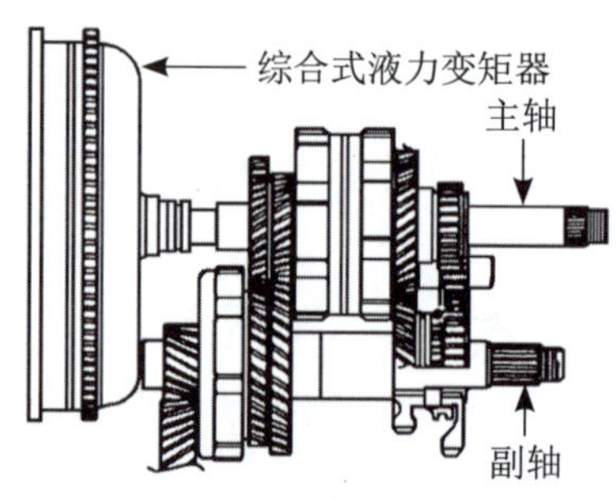

图1–15　平行轴式齿轮组（Honda）

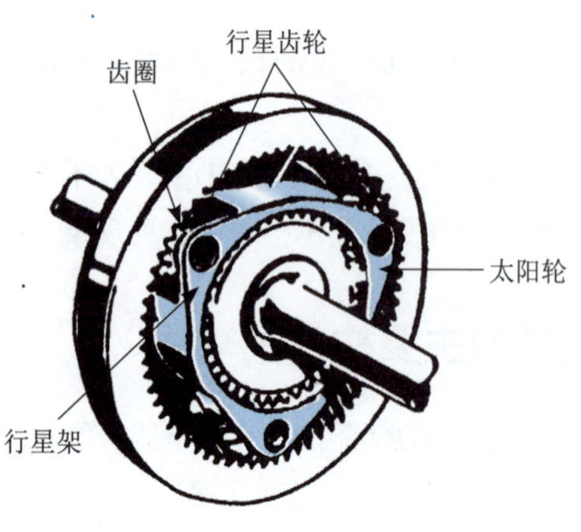

图1–16　行星齿轮组

②行星齿轮组：如图1–16所示，由齿圈、太阳轮、行星齿轮及行星架所组成，任何一个组件都可以作为为主动件或从动件，各齿轮都是永久啮合，使用寿命较长。本书以介绍行星齿轮组为主。

（2）制动器：将行星齿轮组其中一件固定，以获得齿轮比，其作用必须靠油压作用伺服活塞，其形式有两种，一种是制动带，如图1–17所示，另一种是湿多片式制动器（不需定期调整也无法调整）。

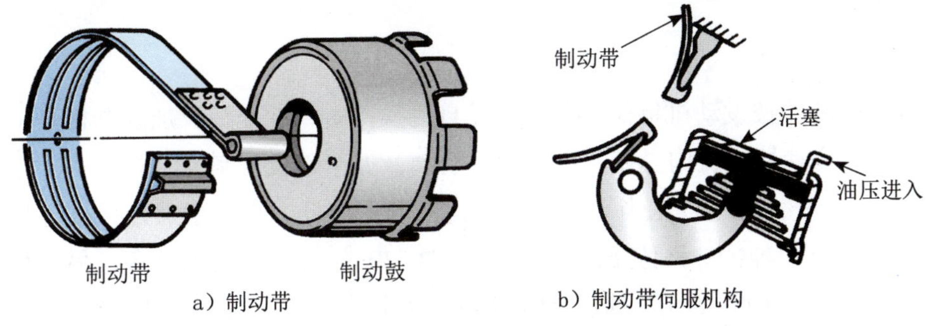

◆ 图1-17　制动带与伺服机构

（3）多片式离合器：靠油压控制，连接或切断综合式液力变矩器至行星齿轮组的动力，如图1-18所示。

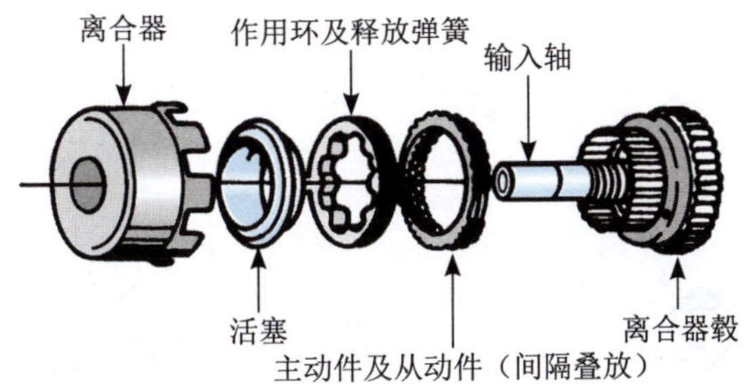

◆ 图1-18　多片离合器总成

三、液压控制系统

液压控制系统如图1-19所示，包括：

（1）油底壳：储存自动变速器油。

（2）油泵：产生油压，向控制阀门及综合式液力变矩器供给油液。

（3）通道及油管：传送油压至制动带、离合器，以控制行星齿轮组的动作。

（4）控制阀总成：由各种阀门所组成，可按油泵油压及车速信号，将回路压力输出至变速器摩擦元件、综合式液力变矩器回路及润滑系统回路，借以控制行星齿轮组并可达到换挡的目的。

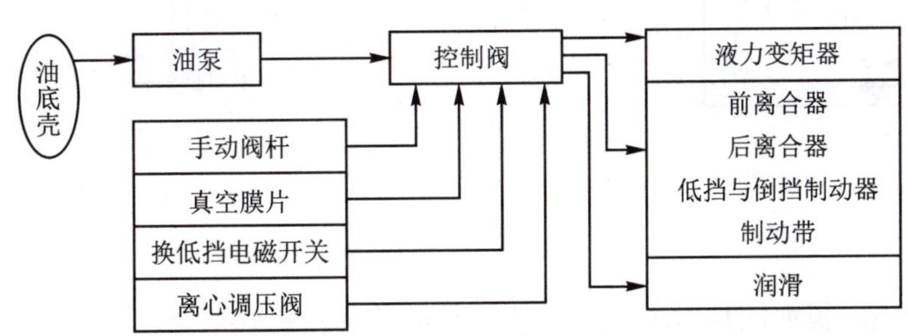

◆ 图1-19　液压控制系统（3N71B）

四、变速杆

当自动变速器按发动机负荷及车速信号自动换挡时，变速杆及加速踏板是提供驾驶人控制自动变速器的机构。变速杆控制手动阀，加速踏板控制节流阀。

（1）变速杆：变速杆相当于手动挡变速器的变速杆，靠钢索及连接杆连接到变速器，其位置有两种：一种位于地板上，如图1-20a）所示，使用较多；另一种位于转向柱上，如图1-20b）所示。通常变速杆上有6个挡位（三挡），见表1-1，为了安全因素，自动变速器皆加装空挡起动开关（抑制开关），只有在“P”或“N”挡位时，起动系统才会通电，发动机才能发动。新型车则设计要先踩下制动踏板，电磁阀作用，解除锁定作用，才能将变速杆从P挡移动，以防止汽车突然前进（闯车），此装置称为自动变速器排挡锁定系统（A/T shift lock system），又称A.S.L（Anti-shift lock）。

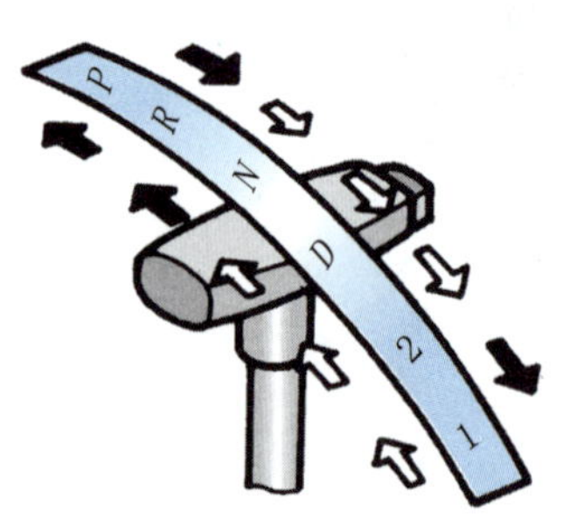

a）位于地板上的变速杆

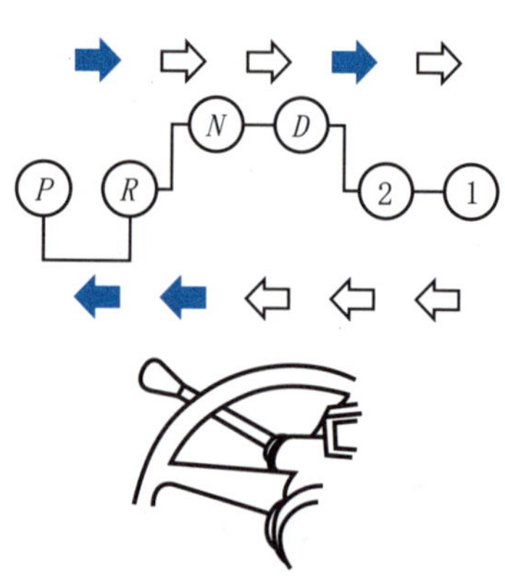

b）位于转向柱上的变速杆

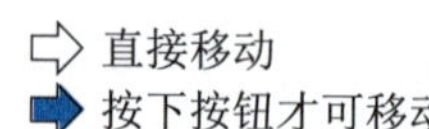

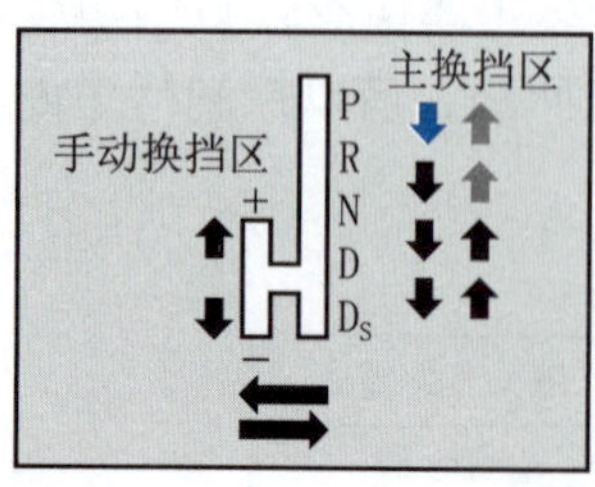

必须按下按钮且踩下制动踏板才可移动挡位变速杆

必须按下按钮才可移动挡位变速杆

不需按下按钮即可移动挡位变速杆

c）INVECSⅢ(Lancer Virage)手/自变速杆挡位选择

d）Ford Powershift（TDCi）

◆ 图1-20 变速杆位置

（2）加速踏板如图1-21所示。加速踏板的移动量影响节气门开度，进而调节管路压力。

变速器的变速杆挡位及用途 表1-1

挡　位	用　途
P(Park)	停车位置，驾驶人离车前，应将变速杆定于此位置，可防止汽车向前或向后滑行
R(Reverse)	倒车挡，可使汽车倒退行驶
N(Neutral)	空挡，可使发动机发动及运转，而不驱动车轮
D(Drive)	普通行驶位置，挡位在1、2、3挡间互换
2(Second)或S(sonw)	只能在1、2挡间互换，适用湿滑路面行车时
1(Frist)或L(low)	固定在1挡位行驶，发动机制动效果最大
OD(Over Drive)	超速传动，高速行驶具有省油效果

※三挡自动变速器：D挡表示1↔3挡

四挡自动变速器：D挡表示1↔4挡

※自动变速器设计的挡位越多，构造越复杂，汽车行驶性能越佳（省油）

五、最终传动装置

使用于FF型车的自动变速器，还包括最终减速齿轮和差速器，其润滑也是使用自动变速器油（ATF，非齿轮油）。其动力传递流程为发动机动力→泵轮→涡轮→变速器输入轴→行星齿轮组→最终传动装置→输出轴，如图1-22所示。

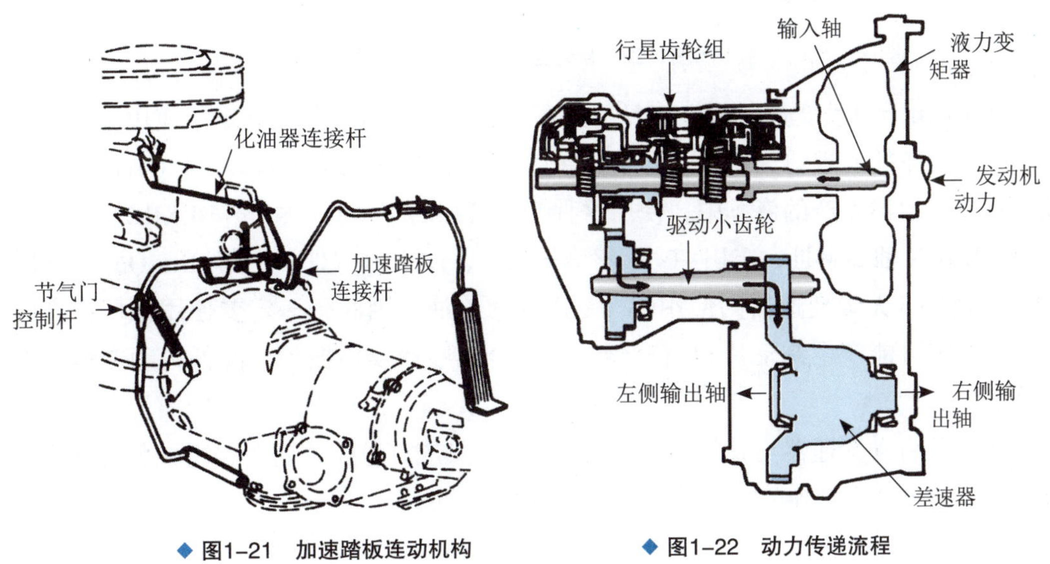

◆ 图1-21　加速踏板连动机构

◆ 图1-22　动力传递流程

六、自动变速器油（Automatic Transmission Fluid），简称ATF

（1）自动变速器是使用一种特殊矿物油和几种化学添加物混合而成的，因此它必须具备下列几个特性：

①适当的摩擦系数。

②高黏度指数，低温流动性佳。（温差范围为-25～170℃）

③耐磨损、抗腐蚀性及防锈性。

④不会破坏油封。

⑤耐氧化性，不会产生污泥。

⑥不会产生气泡。

（2）自动变速器油在AT中担任重要角色，其功用有4项：

①传递动力：综合式液力变矩器。

②产生油压：液压控制系统。

③润滑、冷却：自动变速器整体。

④减振：多片式离合器及制动带。

（3）ATF在变速器中，因流动、摩擦而发热，容易使油变质或油封损坏，所以ATF必须流经发动机散热器下部的冷却器冷却（图1-23），防止高温氧化变质。

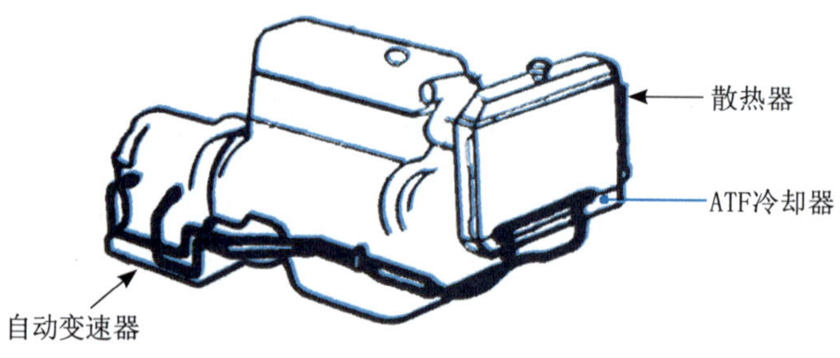

◆ 图1-23 自动变速器油的冷却装置

（4）由于自动变速器的性能日益提高，各汽车制造企业也制定了使用标准，因此，对于ATF的要求更为严格。目前ATF以DEXRON Ⅲ及MERCON Ⅲ（MⅢ）为主流，在中国台湾生产的汽车中，使用这种变速器油的车型有：裕隆-DEXRON Ⅲ，福特-DEXRON Ⅲ或MⅢ，丰田-Type-F（早期），DEXRONⅢ，中华-Dia Queen ATF SPⅡ。而CVT无级变速器则使用CVT专用变速器油。因此，一定要使用原厂指定的ATF，否则可能产生制动片和离合器片的接合不顺和换挡振动，降低自动变速器的性能。

为了使自动变速器与其他油液区别，ATF是染成红色（透明），由颜色的变化状态，可了解内部离合器片、制动带磨损的情况（参阅第8章）。

一、选择题

1. 安装自动变速器的车辆，停车时变速杆应置于______挡位。

（A）N　（B）P　（C）R　（D）D

2. 液压自动变速器的变速比是发生在______。

（A）液力耦合器　（B）油泵　（C）控制阀　（D）行星齿轮组

3. 下列叙述，______属于自动变速器的优点。

（A）价格较便宜　（B）省油

（C）以推车去发动发动机较为容易　（D）可减少驾驶人的疲劳

4. 下列叙述，______属于ATF的功用。

（A）润滑　（B）减振　（C）传递动力　（D）产生油压　（E）以上皆是

5. 有关自动变速器变速杆的位置，下列______有误。

（A）N为空挡　（B）P为停车时用　（C）L为低速使用　（D）H为高速使用

6. 一般自动变速器所使用的润滑油颜色为______。

（A）蓝色　（B）绿色　（C）红色　（D）无色

7. 安装自动变速器的汽车要起动发动机，变速杆应放在______位置。

（A）P　（B）R　（C）D　（D）L

8. 自动变速器的汽车，下坡时变速杆应置于______挡位。

（A）P　（B）N　（C）D　（D）L　（E）R

9. 下列______零件不属于自动变速器液压控制系统。

（A）油泵　（B）控制阀　（C）行星齿轮　（D）油底壳

10. 下列叙述______是错误的。

（A）自动变速器油（ATF）为高度透明红色

（B）自动变速器的变速比是发生在行星齿轮组

（C）控制阀总成可按油泵油压及车速信号，控制行星齿轮组达到换挡目的

（D）自动变速器的液力变矩器的构造由泵轮、涡轮及单向离合器所组成

11. 变速杆在P、N挡位时，使起动线路通的是靠______。

（A）OD开关　（B）压力调节阀　（C）抑制开关　（D）手动阀

12. 下列______非ATF的功能。

（A）清洁A/T内各零件　　（B）在行星齿轮组内传输转矩
（C）使各离合器及制动带作用　　（D）润滑A/T内各活动零件

13. 相比于手动挡车，下列______不属于自动挡车的缺点。
（A）耗油　　（B）发动机功率损失较大
（C）操控较困难　　（D）制动蹄片的磨损较快

14. 介于曲轴与转矩变换器之间的零件称为______。
（A）飞轮　（B）曲轴传动带盘　（C）减振器　（D）驱动板

15. 下列______不是自动变速器的主要构件。
（A）综合式液力变矩器　　（B）释放叉
（C）行星齿轮组　　（D）液压控制系统

16. 将曲轴动力传递给A/T的输入轴，是靠______。
（A）差速器　　（B）扭力变换器
（C）扭力变换器及行星齿轮组　　（D）行星齿轮组及各离合器与制动带

17. 装自动变速器的汽车起动发动机时，发现起动机不作用表示______。
（A）发动机卡死　　（B）蓄电池极性装反
（C）空挡起动开关不良　　（D）变速杆位于N挡位

18. 自动变速器变速杆锁定装置（ASL）的主要功用为：______。
（A）变速杆需置于D挡时发动机才能发动
（B）变速杆在排入N挡时点火钥匙方可取下
（C）发动机发动后除非踩下制动踏板，否则变速杆无法从P挡下移至其他挡
（D）变速杆需在P或N挡时发动机才能熄火

19. 下述______不是自动变速器的缺点。
（A）起动系统损坏时不易推车发动
（B）运转零件皆浸于油中，较易产生滑差
（C）构造复杂、售价较高
（D）液力耦合器易产生滑差，降低传动效率

20. 汽车拥有超速传动（Over top drive）装置的主要功用：______。
（A）使发动机在任何转速下传动轴转速比发动机快
（B）超车用
（C）高速行驶时低发动机转速以延长发动机使用寿命及节省燃料
（D）使发动机转速增快

21. 自动变速器的变速杆以PRNDL表示选择位置，其中N代表______。
（A）停车　（B）倒车　（C）空挡　（D）高速挡

22. 下列______是自动变速器油的分级标示。

（A）DEXRON （B）CCMC （C）SAE （D）API

23. 有关后轮驱动的自动变速器的润滑方式，下列叙述______正确。

（A）变速器中所有齿轮均完全浸泡在齿轮油中

（B）变速器中部分齿轮浸泡在齿轮油中

（C）由发动机油泵供油润滑

（D）由变速器输入轴驱动油泵来润滑

24. 下列______为自动变速器换挡时机的两大主要因素。

（A）发动机转速与发动机负荷 （B）发动机负荷与车速

（C）发动机转速与车速 （D）液力变矩器的滑差与车速

25. 自动变速器冷却液管道多连通于发动机的______。

（A）下散热器或相同作用的侧散热器 （B）节温器进水口

（C）节温器出水口 （D）上散热器

26. 有关变速器的讨论，甲生说：挡位设计越多，汽车行驶性能越好；乙生说：挡位设计越多，构造越复杂，且越耗油；下列______正确。

（A）甲生及乙生均对 （B）甲生对，乙生错

（C）甲生错，乙生对 （D）甲生乙生均错

27. 有关手自动变速器的叙述，下列______错误。

（A）没有离合器踏板

（B）变速器为自动变速器

（C）设有升挡信号传感器及降挡信号传感器

（D）比一般自动变速器具有更好的省油性

28. 下列______不是自手动变速器的特点。

（A）使用摩擦离合器 （B）设有离合器踏板

（C）设有电脑控制系统 （D）装置手动变速器

29. 有关自/手动挡车与手/自动挡车的比较，下列______错误。

（A）两者都采用电脑控制系统

（B）两者皆无离合器踏板

（C）手/自动挡车采用自动变速器

（D）两者皆采用综合式液力变矩器

30. 手/自动挡车变速器的变速杆在________位置才能将变速杆推至驾驶人控制模式。

（A）P挡 （B）D挡 （C）R挡 （D）N挡

二、简答题

1. 简述自动变速器由哪些主要部件所组成。
2. 简述自动变速器的优缺点。
3. 简述变速杆上P、R、N、D、2、1各挡位其使用时机如何。
4. 试述自动变速器油需具备哪几个特点。

综合式液力变矩器

学习目标

- 2.1 概述
- 2.2 液力耦合器(Fluid coupling)
- 2.3 液力变矩器(Torque Converter)——三元件液力变矩器
- 2.4 综合式液力变矩器
- 2.5 锁定控制机构

- ◆ 了解综合式液力变矩器的演变发展
- ◆ 了解综合式液力变矩器的作用情况
- ◆ 认识锁定机构的形式
- ◆ 了解锁定机构的作用情况

2.1 概　　述

自动变速器的动力传递装置，采用最多的是液力耦合器，按其研究开发可分为三个阶段：一是液力耦合器（只传递动力，无法增大转矩）；二是液力变矩器（可增大转矩，但是高速易造成动力消耗）；三是综合式液力变矩器（低速时增大转矩，高速时传递动力）。现代自动变速器都采用综合式液力变矩器，唯一缺点是高速时，其动力传递无法达到1：1（直接传动），尚有浪费少许动力，因而陆续安装锁定装置（Lock Up），使液体离合器一体回转。

综合式液力变矩器演进过程

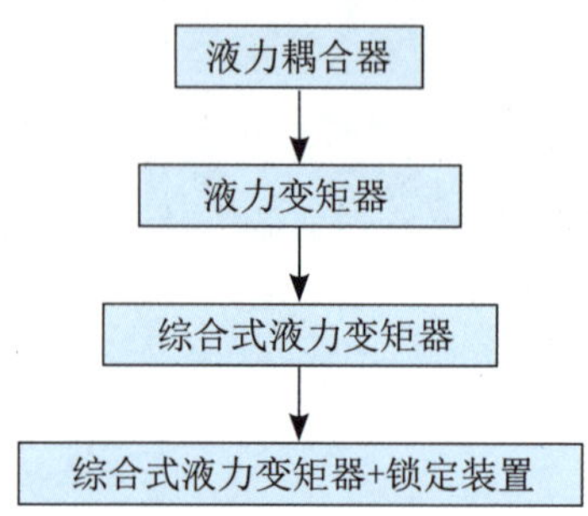

2.2 液力耦合器（Fluid coupling）

一、构造

（1）假如将两只风扇面对面摆放着，如图2-1所示，将A风扇插上电源，B风扇（静止），则当A风扇旋转时，送出的风经由空气的传递，B风扇将会跟着一起旋转，两风扇的距离越近，两者转速将越接近。由此可知，动力的传递并非只靠固体离合器的连接才能传递动力，气体也可担任传递动力的媒介。

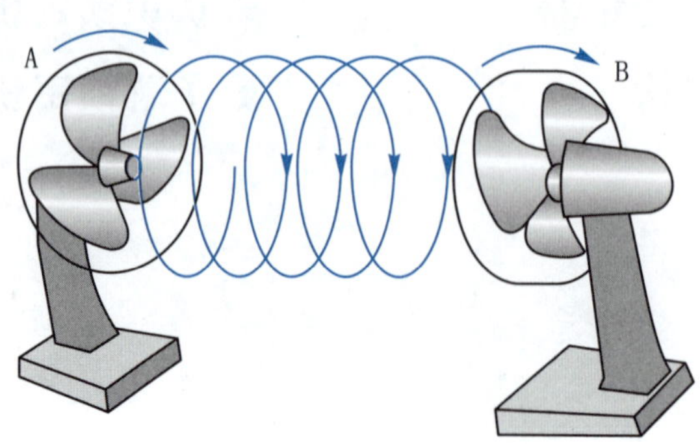

◆ 图2-1　空气可传递动力

（2）根据以上的试验，我们可以大胆假设，将空气改成液体来传递动力，传递效率应该更好。

（3）简单的液力耦合器，如图2-2所示，是将一个类似中空圆饼的金属圆盘平分切成两部分，每一半简称为叶轮（半椭圆形），然后在每一部分凹槽内，不等距排放着许多半圆平板片（简称叶片），这两个相似的叶轮中，一为泵轮（Pump），一为涡轮（Turbine），将两叶轮面对面紧靠着，在其中加入85%~90%油液，然后合装于一个封闭的金属壳内，此金属壳与飞轮连接而成一整体，如图2-3所示，泵轮与外壳连接一起，因此随发动机飞轮一起旋转，涡轮则套接于变速器的输入轴上，这种设计即成一个液力耦合器。

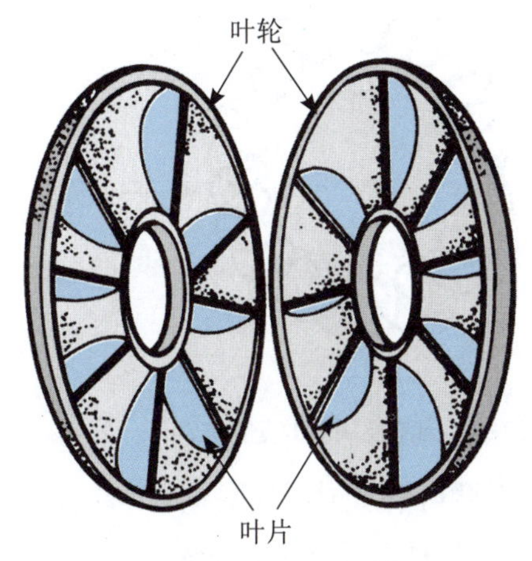

◆ 图2-2 叶轮与叶片

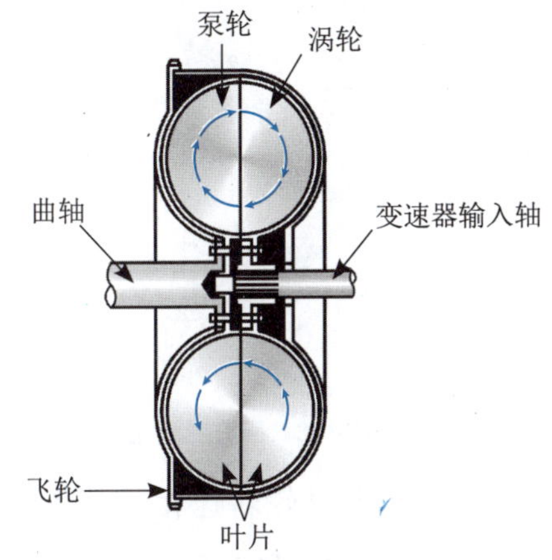

◆ 图2-3 液力耦合器的视图

二、工作原理

（1）若将泵轮装满油液，当泵轮旋转时，油液由于受离心力的作用往外侧抛出，如图2-4所示。

（2）再将泵轮和涡轮面对面盖住，当泵轮旋转时，油液受离心力作用往外抛出作用于涡轮，沿着涡轮又流回泵轮，如图2-5所示。

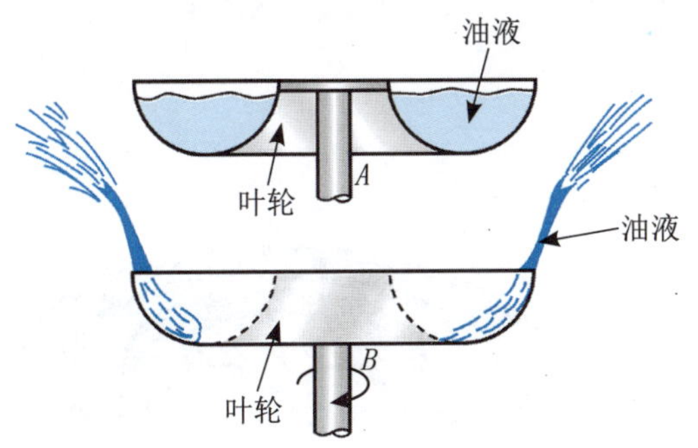

◆ 图2-4 油液受离心力作用往外侧抛出

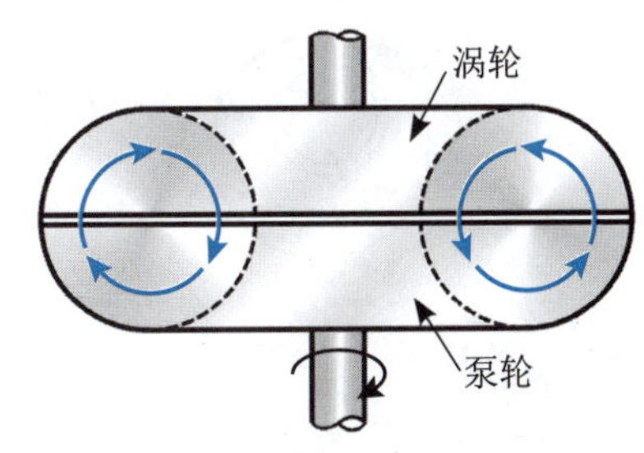

◆ 图2-5 油液在两叶轮中流动的方向

（3）泵轮利用油液将动力传递至涡轮，然后再由涡轮传回泵轮，如此重复动作，油液沿着叶轮旋转方向的流动称为回流（Rotary flow），在两叶轮间与旋转轴方向的各平面内做涡漩的流动称为涡流（Vortex flow），两种流动方向的复合便是实际液体流动的方向，如图2–6所示。

油液的流动也可假想成一圈状弹簧，将其两头连接，油液流动的方向就如同钢丝绕行的路线，如图2–7所示。

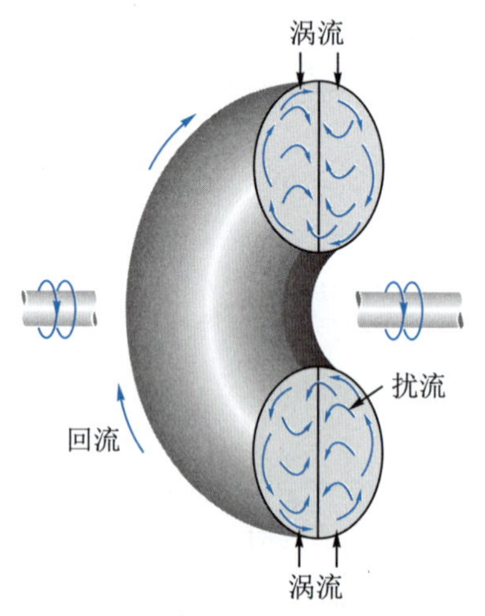

◆ 图2–6　回流、涡流及扰流

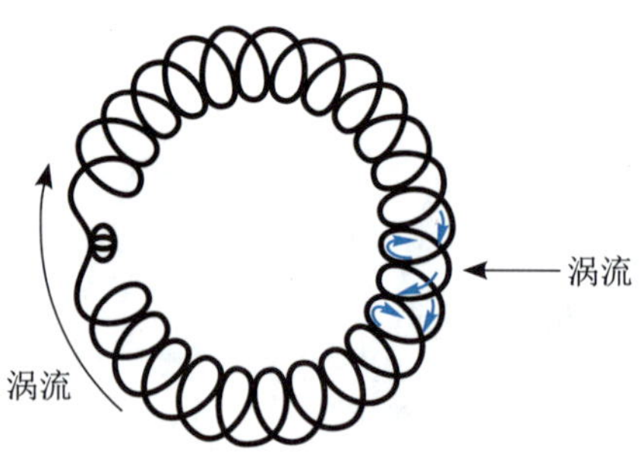

◆ 图2–7　回流及涡流的复合流动

（4）当两叶轮转速相差甚大时（滑差大），因两叶轮是中空的，所以有极大涡流产生，即油液以极大力量撞击涡轮，引起油液向各方向到处找漩涡打转，造成所谓扰流（Turbulence），如图2–6所示。这种扰流会反抗涡流造成动力的损失。在中心部位产生扰流现象较多。滑差计算公式为

$$滑差=\frac{主动叶轮转速-被动叶轮转速}{主动叶轮转速}\times 100\%$$

（5）为了防止扰流现象的产生，在两叶轮中心部安装一个半月形导流环（Split guide ring）如图2–8所示，可防止扰流产生，使涡流较为平滑。

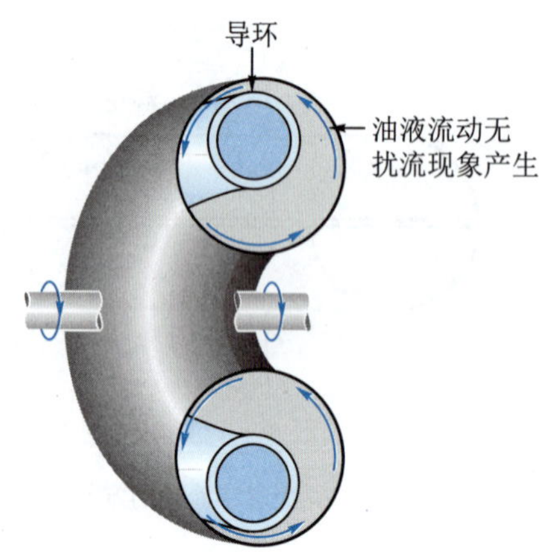

a）安装导流环后

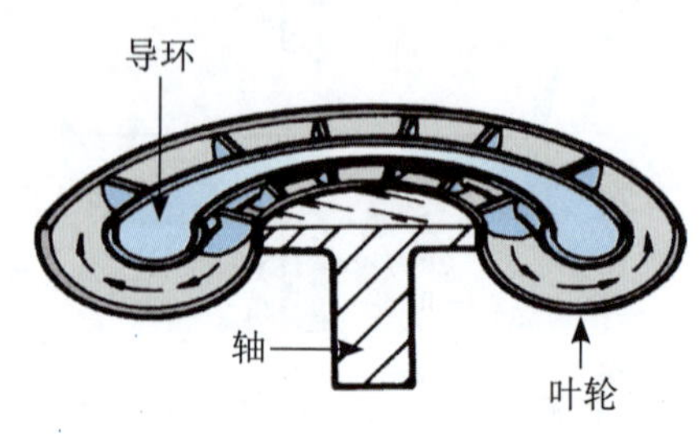

b）油液流动情况

◆ 图2–8　安装导流环

三、优点

液力耦合器相当于机械式离合器，动力传递圆滑，不起扭振，即使加速或减速也不会突然跳动，传动零件的损坏情况得以改善。

四、缺点

液力耦合器虽可替代机械式离合器，但实际使用后仍有以下三项缺点：

（1）因采用半平板的叶片，造成撞击到涡轮叶片的油液可能会反弹，抵消部分动力。

（2）涡轮掷回油液的方向可能与泵轮旋转的方向相反，阻碍泵轮的回转，如图2-9所示。

（3）只能传递动力，无法增大转矩，因此涡轮的输出转矩永远小于泵轮（油液撞击使得部分动能转换热并发散）。

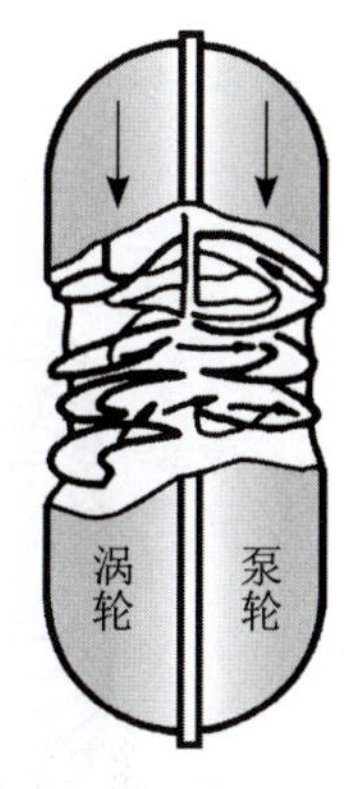

图2-9 从涡轮回泵轮油液的流动情形

2.3 液力变矩器（Torque Converter）——三元件液力变矩器

一、构造

为了改善液力耦合器的缺点，液力变矩器在构造上与液力耦合器有些差异。

（1）将液力耦合器泵轮与涡轮的叶片（平板状）改成弯曲的叶片，如图2-10所示，平板状叶片易造成油液的撞击力分散及动力损耗，而弯曲的叶片除了可使撞击力集中外，还可增加泵轮与涡轮叶片的接合，减少能量的损失。

注：①三元件是指泵轮、涡轮及导轮（定子）。

②液力变矩器的“相”是指：单相——改变转矩（增加）；二相——变矩及直接传动。

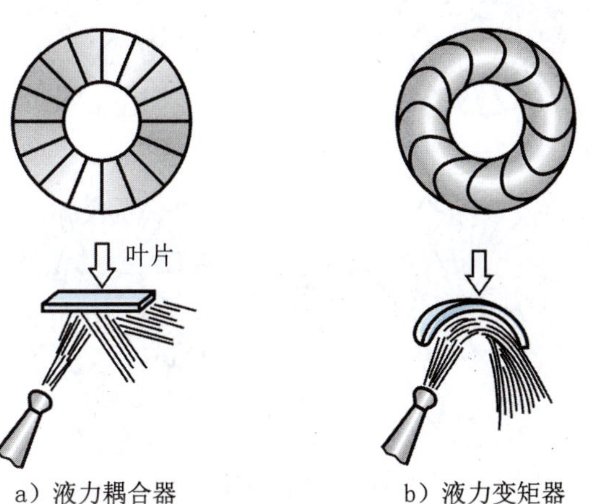

图2-10 液力耦合器及液力变矩器所使用叶片的形状及其叶片受油液撞击后的方向

（2）为了让涡轮掷回油液的方向与泵轮旋转方向相同，同时又可增大涡轮输出转矩，因此，在两叶轮叶片内侧尾端处，安装一个导轮（stator）又称定子或静子，如图2-11所示，则可形成液力变矩器。

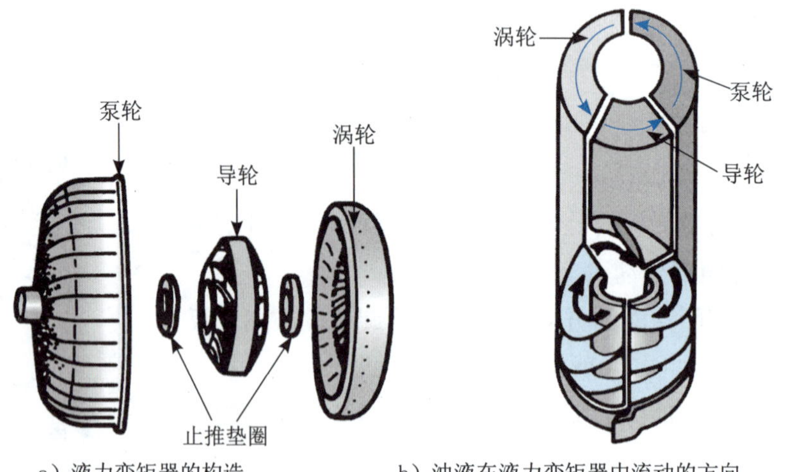

a）液力变矩器的构造　　b）油液在液力变矩器中流动的方向

◆ 图2-11　导轮的安装

二、导轮的作用

（1）当泵轮回转时，因离心力的作用，将油液抛向涡轮叶片，而涡轮流出的油液，则经过导轮的正面（适当角度），再作用于泵轮，这连续的动作一直重复，因此可增加涡轮的转矩，即转矩倍增作用相当于手动变速器的低速挡，如图2-12所示。（当涡轮静止时，其转矩倍增最大）

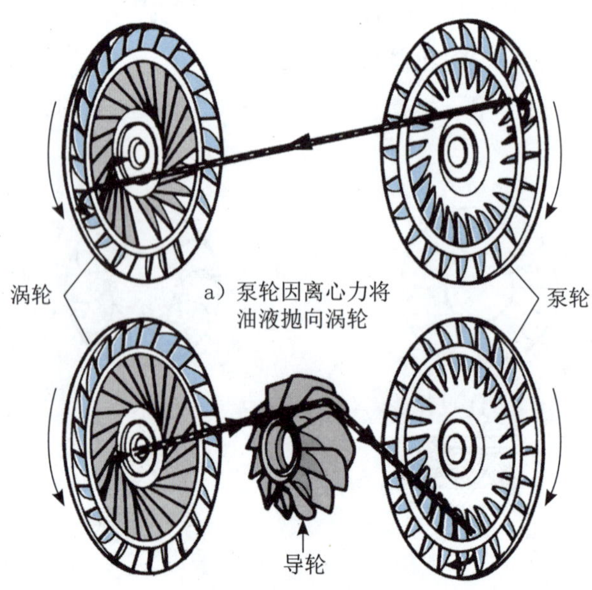

a）泵轮因离心力将油液抛向涡轮

b）涡轮的液体由外向内（向心力），先流至导轮正面，再流向泵轮叶片内侧

◆ 图2-12　导轮的作用

（2）但是当汽车速度增加时，涡轮的转速趋近于泵轮转速，此时由涡轮抛出废油液，恰巧掷在导轮的背面，使油液方向改变，同时油液也受到阻碍而发热，以致动能损失。因此，液力变矩器仍然不是一种理想的自动离合器。

2.4 综合式液力变矩器

液力耦合器只能传递动力，无法增加转矩，适用于高速；液力变矩器在低速时却能增大输出转矩，在高速时传动效率差，适用于低速。因此，我们只要将两者优点结合，就可以弥补两者的缺点，这种改良式是将导轮装在单向离合器上（One way clutch），如图2-13所示，一般称为综合式液力变矩器，其在静止及低速时相当于液力变矩器，在高速时又是液力耦合器。

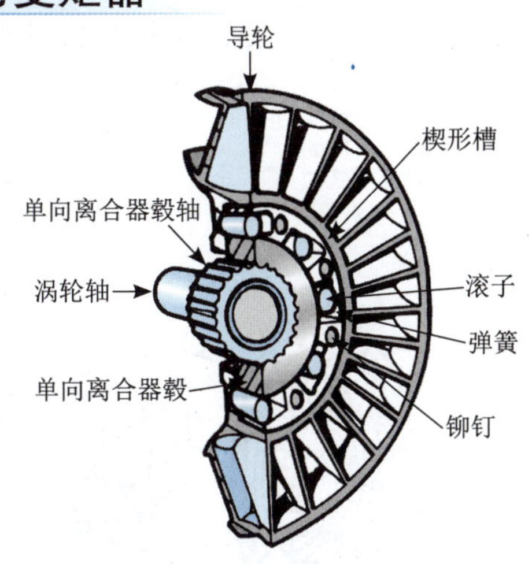

◆ 图2-13 单向离合器（滚子式）

一、单向离合器

（1）功用：使导轮只能与泵轮同方向转动，而不能反方向转动。

（2）形式：

①滚子式（Roller）：滚子式是靠滚子与楔形槽间的动作以单向传动或阻止反向传动。如图2-13所示，当液体撞击导轮叶片正面时，此时滚子与楔形槽压紧导轮与单向离合器一体固定不动，形同液力变矩器（涡轮静止或转速低时），当主涡轮转速趋于接近时，由涡轮抛出油液则掷在导轮叶片背面，此时滚子离开楔形槽小端，导轮可自由回转，形同液力耦合器。

②掣轮式（Sprag）：这种型式是使用数个掣子形成掣轮，位于内座圈与外座圈之间，并在掣子上安装一只定位弹簧（保持掣子稍微有倾斜方向），如图2-14所示，掣子两对角线长度不同，可使机构朝一个方向回转，而不能反向回转。

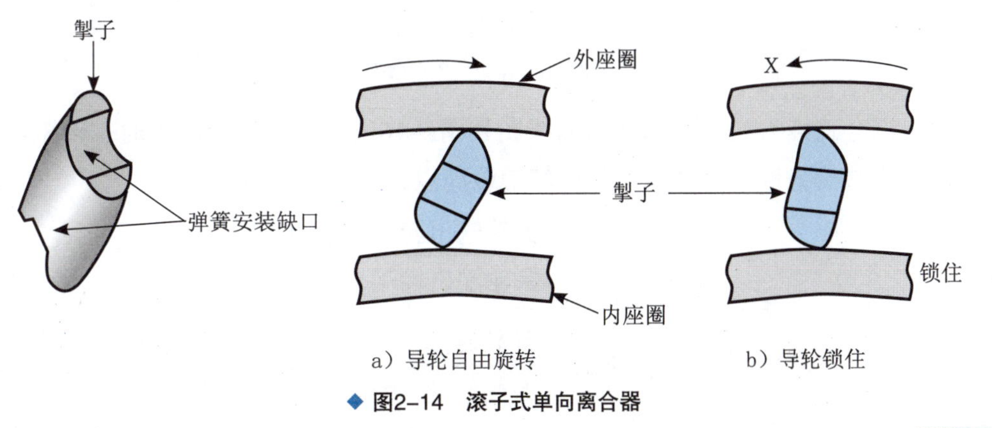

◆ 图2-14 滚子式单向离合器

二、作用情形

（1）当涡轮转速慢时，其油液抛向导轮正面，导论固定不动，此时综合式液力变矩器有如液力变矩器的功能，涡轮输出转矩因而增加，如图2-15a）所示。

（2）当涡轮转速快时，油液自涡轮掷向导轮叶片的背面，此时导轮会自由转动，不增加转矩，综合式液力变矩器有如液力耦合器的功能，如图2-15b）所示。

t_1 = 泵轮油液所施的力
t_2 = 涡轮油液所施的力
t_3 = 导轮油液所施的力

油流
旋转方向
力的方向

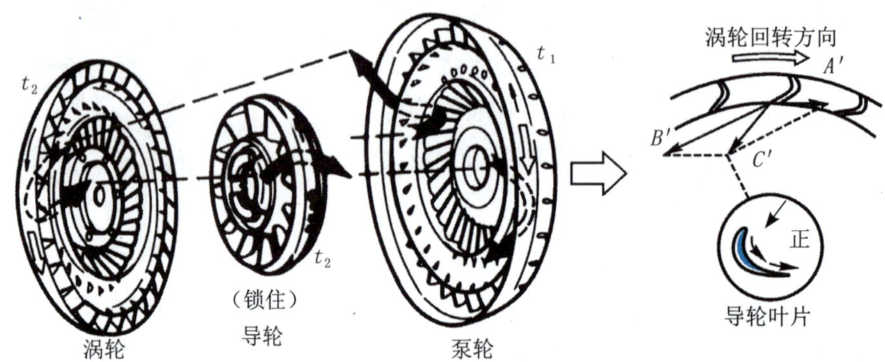

a）导轮被锁定时油液流动方向

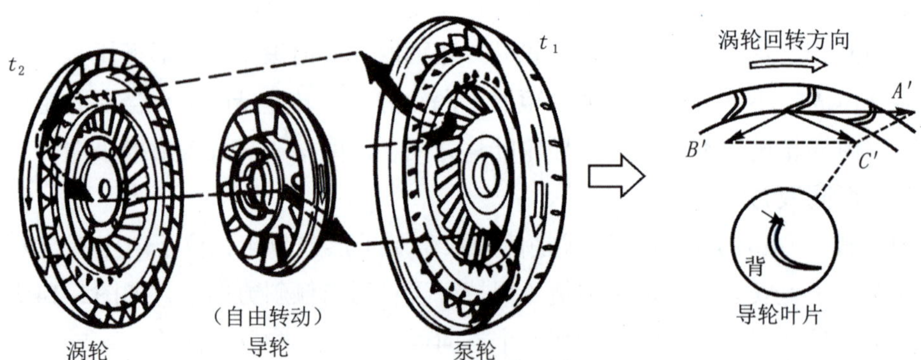

b）导轮自由旋转时油液流动方向

◆ 图2-15　导轮的作用情形

（3）综合式液力变矩器的转矩曲线图如图2-16所示，当涡轮静止时，转矩可增至2.6∶1，在接合点时，仅能将发动机转矩最高以1∶1输出。

$$\text{转矩比}=\frac{\text{涡轮输出转矩}}{\text{泵轮输出转矩}}$$

$$\text{转速比}=\frac{\text{涡轮转速}}{\text{泵轮转速}}$$

传动效率＝转矩比×转速比×100%

①失速点（Stall）：当涡轮静止时，泵轮所能达到的最高转速；此时转速比为零，受到的转矩最大，液力变矩器的效率为零。

②转速比增加，涡轮的转速增加，转速比在0.6～0.75时，液力变矩器的效率最高。

③耦合点（couple）：在转速比约0.82时，导轮开始回转，液力变矩器的转矩比为1。

④转速比再增大，改变液力耦合器的曲线，至转速比约0.94时传递效率最高。若转速继续增大时，则效率迅速下降。

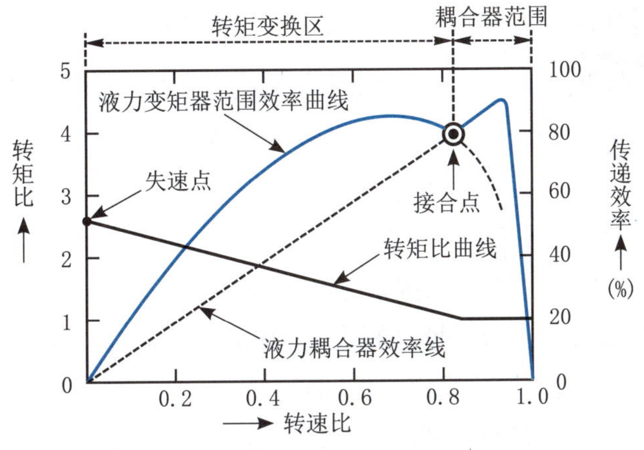

◆ 图2-16 液力变矩器效率曲线图

三、综合式液力变矩器实际动作

（1）发动机怠速，踩制动踏板时：此时涡轮无法回转，转矩比最大，输出转速为零。

（2）汽车开始起步：松开制动踏板，踩加速踏板，则涡轮即以高于发动机转矩转动，使汽车可起步移动。

（3）低速行驶：当车速渐快时，涡轮转速趋近于泵轮，当达到接合点时，导轮开始转动，转矩不再增加。

（4）中高速行驶：涡轮转速和泵轮转速几乎相同（滑差4%～5%），因有部分能量消耗，除非采用锁定（Lock up）装置才能达到一体回转。

*当车速快时，涡流较小，回流较大，车速慢时，则相反，因此，车辆正要起步时，涡流最大（转矩最大）。

2.5 锁定控制机构

当综合式液力变矩器在接合期间，也会产生打滑现象（slip），滑差为2%～5%，即车辆正常行驶时，涡轮的转速永远不可能等于泵轮的转速，除非在节气门突然关

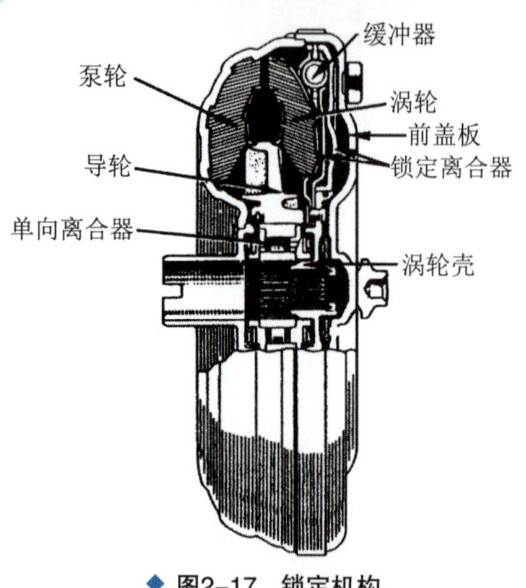

◆ 图2-17　锁定机构

闭，短暂时间才可能相等（无打滑），由此可知，利用液体传动的也会打滑，这就是早期自动挡车较手动挡车耗油多的原因之一，而近期自动变速器都采用锁定控制机构将泵轮、涡轮锁定达成一体回转目的。如图2-17所示，在低速时，综合式液力变矩器产生较大转矩，锁定机构不作用，在中高速时，锁定机构才作用，使发动机直接驱动变速器，（此时综合式液力变矩器一体回转），如此，既可避免在中高速时综合式液力变矩器打滑及功率的损失，也因此可减少燃料消耗。

一、锁定机构的动作

锁定机构动作与否，由液力变矩器的ATF流向来决定。

（1）锁定（Lock up）：如图2-18所示，液力变矩器的压力作用于锁定离合器的左侧，使锁定离合器与前盖板压紧而一体回转，无打滑现象。

动力传递：发动机→前盖板→锁定离合器→涡轮→输入轴

（2）锁定解除：如图2-19所示，液力变矩器油压作用于锁定离合器的右侧，造成锁定离合器与前盖板的分离，因而泵轮与涡轮之间的转速将有所差异。

动力传递：发动机→前盖板→泵轮→涡轮→涡轮壳→输入轴

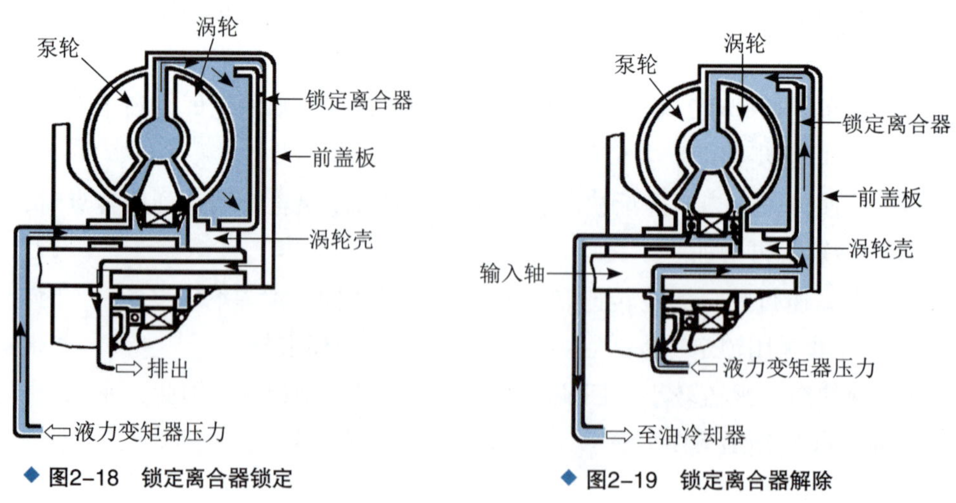

◆ 图2-18　锁定离合器锁定

◆ 图2-19　锁定离合器解除

二、锁定控制机构的型式

（1）离心式：利用锁定离合器本身的离心力来作用。即在缓冲器的外围装置一接触片，当车速增高时，接触片因离心力向外压紧，与液力变矩器盖接触，产生锁定。离心式本身不加装控制阀，目前已淘汰。

（2）电子控制式：如图2-21所示，所使用锁定控制机构由电磁阀、锁定信号阀及锁定控制阀所组成。

锁定作用：如图2-20所示，当电磁阀接受由ECU来的信号时，原先作用在锁定信号阀的管路压力将经由电磁阀排出，因此，锁定信号阀被弹簧往上弹，接着由1-2换挡阀的管路压力，可经由锁定信号阀作用于锁定控制阀底部，使阀轴往上，因而液力变矩器压力将锁定离合器往右侧压，形成锁定状态。

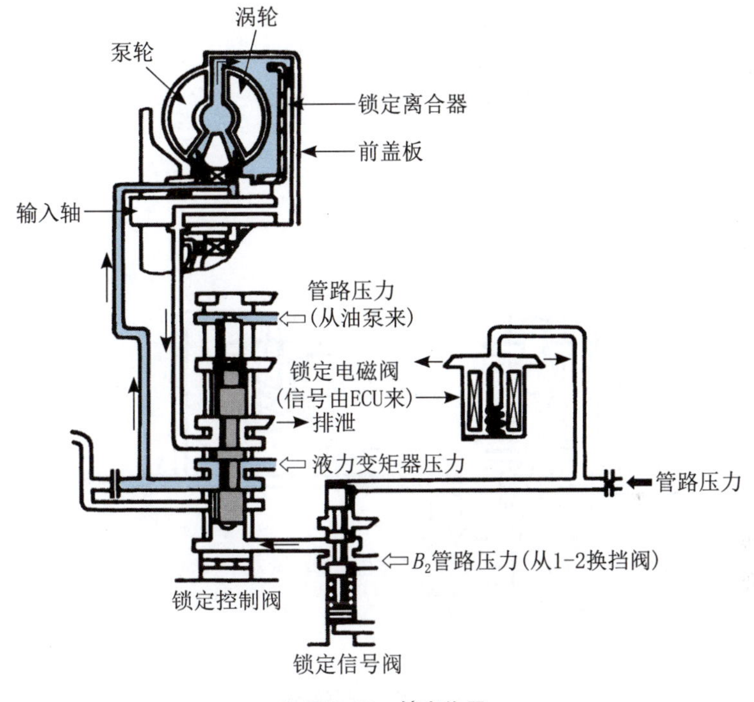

◆ 图2-20 锁定作用

锁定解除：如图2-21所示，当电磁阀不作用时，管路压力升高，使锁定信号阀阀轴往下移动，使得由1-2换挡阀的管路压力无法作用于锁定控制阀，因此，锁定控制阀阀轴往下移动，使液力变矩器压力经由控制阀至锁定离合器右侧，离合器与前盖板分离，这就是锁定解除。

锁定作用的条件。如下列三种条件同时发生，ECT ECU将使电磁阀操作锁定系统产生锁定作用。

① 车辆在D挡位以2挡、3挡或OD挡行驶。

② 车辆速度及节气门开度在规定值以上。

③ ECU没有接收到锁定系统消除的信号。

解除锁定的条件。如有下列之一的情况存在，则ECU会使电磁阀在OFF状态，而使锁定离合器不起作用。

① 踩下制动踏板时，制动灯开关作用。（避免车轮被锁定时，防止发动机失速）

② 节气门位置传感器的IDL接点接通。（避免车轮被锁定时，防止发动机失速）

③ 车辆使用定速控制系统行驶，而速度降至10km/h以下。（使液力变矩器作用，以使转矩增加）

④ 冷却液温度低于70℃（温度因车型而异）。增进行驶的性能，并增快变速器的暖机。

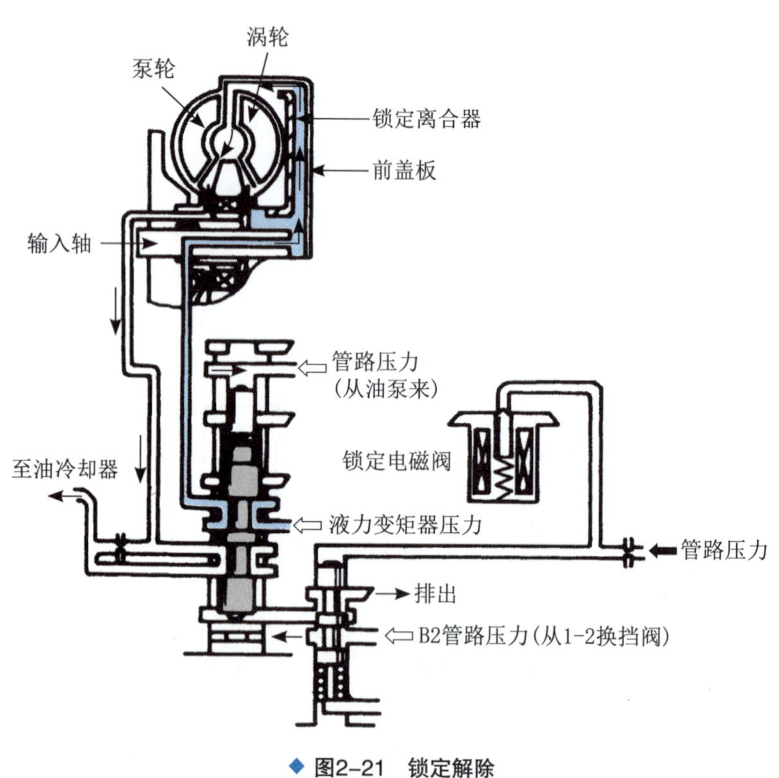

◆ 图2-21　锁定解除

一、选择题

1. 当泵轮转速为1500r/min，涡轮转速为1200r/min，此时滑差为______。

（A）20% （B）25% （C）30% （D）40%

2. 液力变矩器的主要元件中，其主要功用是改变液体的流动方向，使从涡轮中流出的液体，能利用其剩余能量再协助泵轮增加转矩的元件为______。

（A）泵轮 （B）涡轮 （C）单向离合器 （D）导轮

3. 液力耦合器中多加一个内管（导环），其功用是______。

（A）冷却油液 （B）增加转矩

（C）使涡流减少降低动力损失 （D）美观

4. 三元件二相液力变矩器，所谓二相是指______。

（A）泵轮、涡轮 （B）变矩、涡轮

（C）直接传动、变矩 （D）直接传动、涡轮

5. 下列叙述中，______有误。

（A）单向离合器不能做反向回转

（B）泵轮受发动机曲轴转速影响

（C）综合式液力变矩器由泵轮及涡轮所组成

（D）当涡轮转不动时，速比为零，但承受转矩最大

6. 综合式液力变矩器中，液体流动的过程是______。

（A）泵轮→导轮→涡轮 （B）涡轮→泵轮→导轮

（C）导轮→涡轮→泵轮 （D）泵轮→涡轮→导轮

7. 综合式液力变矩器的英文名称为______。

（A）Pump （B）Stator （C）Convertor （D）Engine

8. 液力变矩器的主要功用是______。

（A）增加发动机功率 （B）增加车速

（C）在某种情况可增加发动机功率 （D）节省燃料

9. 综合式液力变矩器比液力变矩器多的部件是______。

（A）导轮 （B）泵轮 （C）涡轮 （D）单向离合器

10. 在液力变矩器中，当泵轮与涡轮转速趋于接近时，由涡轮抛出的油液掷在导

轮的______。

（A）正面　（B）背面　（C）旁侧　（D）以上皆非

11. 液力变矩器中涡轮的作用是靠：______。

（A）惯性作用　　　　（B）油压的离心作用

（C）油压的向心作用　　（D）油压的位能

12. 车辆在减速行驶时，滑差______。

（A）不可能为零　（B）可能为零　（C）永远等于零　（D）永远等于100%

13. 下列______零件不与泵轮结为一体。

（A）曲轴　（B）A/T输入轴　（C）驱动板　（D）变换器外壳

14. 如右图所示当液力变矩器内单向离合器（onyway Clutch）开始转动，其发动机输出转矩为20 kgf·m（1kgf·m=9.80665N·m）时，变速器的输入转矩为：______。（　）

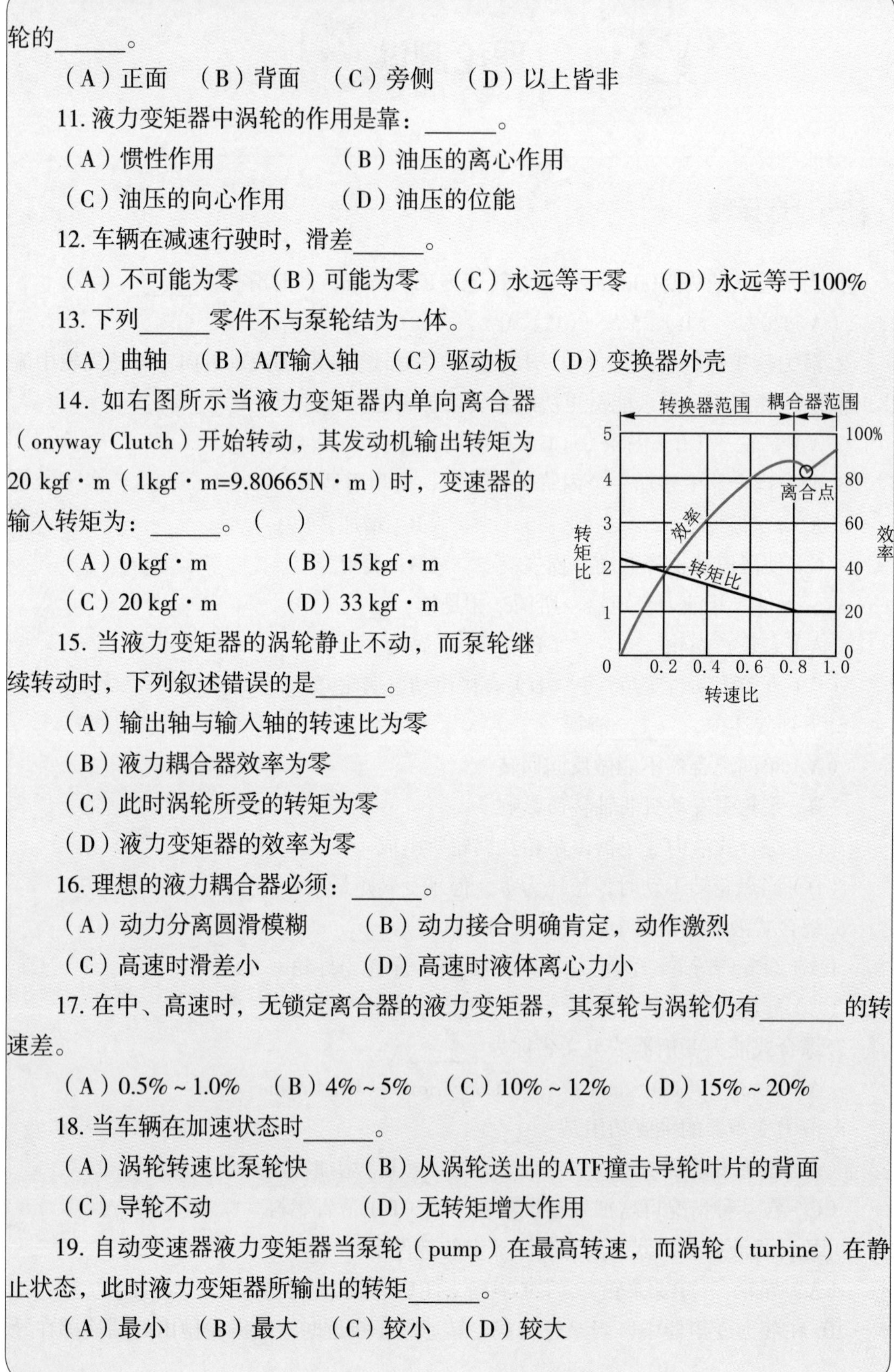

（A）0 kgf·m　　（B）15 kgf·m

（C）20 kgf·m　　（D）33 kgf·m

15. 当液力变矩器的涡轮静止不动，而泵轮继续转动时，下列叙述错误的是______。

（A）输出轴与输入轴的转速比为零

（B）液力耦合器效率为零

（C）此时涡轮所受的转矩为零

（D）液力变矩器的效率为零

16. 理想的液力耦合器必须：______。

（A）动力分离圆滑模糊　　（B）动力接合明确肯定，动作激烈

（C）高速时滑差小　　（D）高速时液体离心力小

17. 在中、高速时，无锁定离合器的液力变矩器，其泵轮与涡轮仍有______的转速差。

（A）0.5%~1.0%　（B）4%~5%　（C）10%~12%　（D）15%~20%

18. 当车辆在加速状态时______。

（A）涡轮转速比泵轮快　　（B）从涡轮送出的ATF撞击导轮叶片的背面

（C）导轮不动　　（D）无转矩增大作用

19. 自动变速器液力变矩器当泵轮（pump）在最高转速，而涡轮（turbine）在静止状态，此时液力变矩器所输出的转矩______。

（A）最小　（B）最大　（C）较小　（D）较大

20. 液力耦合器能使转矩增加到______。

（A）1.4倍　（B）2.4倍　（C）无法增加转矩　（D）不一定，视转速比而定

21. 液力耦合器内充油量______。

（A）全满　（B）45%～50%　（C）70%～80%　（D）85%～90%

22. 液力耦合器中叶轮的叶片的距离不等，其原因是用以减少______。

（A）摩擦　（B）干扰　（C）涡流　（D）谐振

23. 在自动变速器内，______位置的ATF温度最高。

（A）液力变矩器　（B）油底壳

（C）控制阀体内油道　（D）离合器和制动带控制油道

24. 下图由曲轴端看作顺时针运转的变矩器，设泵轮为P，涡轮为T，导轮为S，顺时针转动为1，反时针转动为2，静止不动为0，若发动机在低转速下，则变矩器的动作为______。

（A）P1T2S0　（B）P1T1S1　（C）P1T2S1　（D）P1T1S0

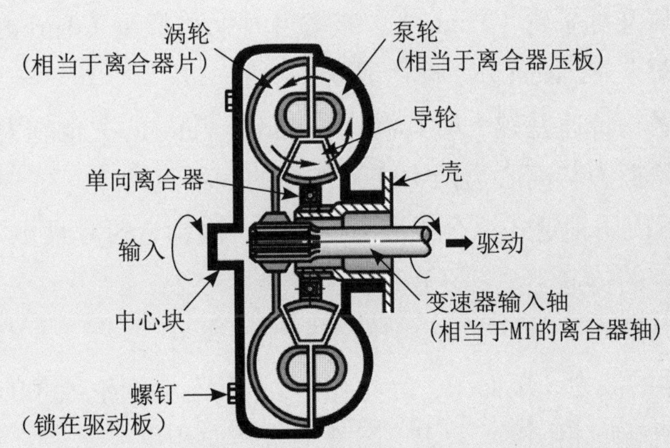

25. 关于液压控制式自动变速器内的综合式液力变矩器（Fluid Torque Converter Coupler）的叙述，下列______正确。

（A）其导轮（Stator）中心装有一个单向离合器

（B）其泵轮与涡轮间，不需装导轮（Stator）

（C）转矩比的定义为：涡轮转速除以泵轮转速

（D）当涡轮转速较慢时，其作用变成液力耦合器（Fluid Coupler），传动效率较高

26. 有一液力变矩器，当输入与输出的转速分别在1200r/min与1000r/min时，输入与输出轴的转矩各为50kgf·m与55kgf·m，试问此时该耦合器的传动效率为______。

（A）83.3%　（B）90.9%　（C）91.7%　（D）93.8%

27. 下图为综合式液力变矩器的剖视图，当泵轮顺时针旋转且涡轮与泵轮的转速

比很低时，单向离合器的作用为______。

（A）阻止导轮顺时针旋转　（B）阻止导轮逆时针旋转

（C）阻止涡轮顺时针旋转　（D）阻止涡轮逆时针旋转

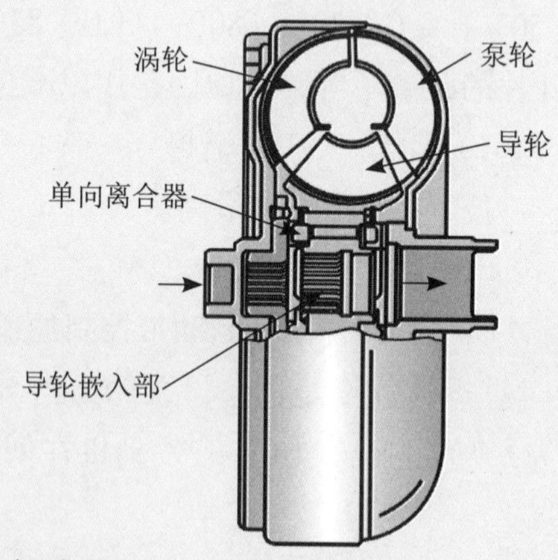

28. 下列有关液力耦合器的叙述错误的是______。

（A）主动叶片又称泵轮（Pump），被动叶片又称透平（Turbine）

（B）利用帕斯卡（Pascal）原理达成变速功能

（C）泵轮与涡轮转速差越大时其涡速（Vortex Velocity）也越大

（D）涡速为摩擦力与离心力两力交互作用的一种流动

29. 自动变速器使用锁定式综合式液力变矩器，当锁定时其最主要目的是______。

（A）增加转矩的传递　（B）节省燃料

（C）稳定动力传输　（D）使车辆加速容易

30. 自动变速器的液力变矩器中，导轮在______状态会产生最大的转矩作用。

（A）与发动机转向相同　（B）与发动机转向相反

（C）自由转动　（D）固定不动

31. 对液力变矩器（Torque convertor）的叙述，下列______错误。

（A）导轮是由叶轮和单向离合器（One-way clutch）组合的

（B）涡轮和变速器输入轴是相连接的

（C）当导轮自由转动时，则此时无转矩增加作用

（D）当泵轮、涡轮转速相近时，则单向离合器锁住，致使导轮不能自由旋转

32. 有关液力变矩器内的锁定离合器（Lock up clutch）的叙述______正确。

（A）锁定离合器作用时，会延迟换挡以提高驱动力

（B）锁定离合器作用时，会提前换挡以提高省油性

（C）锁定离合器作用时，会提高液力变矩器输出转矩

（D）锁定离合器作用时，会提高高速省油性

33. 当综合式液力变矩器（fluid toque converter coupler）的涡轮与泵轮的转速比为零时，下列叙述______正确。

（A）转矩比最大，传动效率最小　　（B）转矩比最大，传动效率最大

（C）转矩比最小，传动效率最小　　（D）转矩比最小，传动效率最大

34. 自动变速器的液力变矩器具有锁定（Lock up）机构作用时，下列叙述_____正确。

（A）输入轴转速大于泵轮转速　　（B）输入轴转速等于发动机转速

（C）涡轮转速小于发动机转速　　（D）涡轮转速大于泵轮转速

35. 下图为液力变矩器的特性曲线图，失速测试（失速点）时的转矩比为______。

（A）1.0　　（B）3.0　　（C）2.4　　（D）3.2

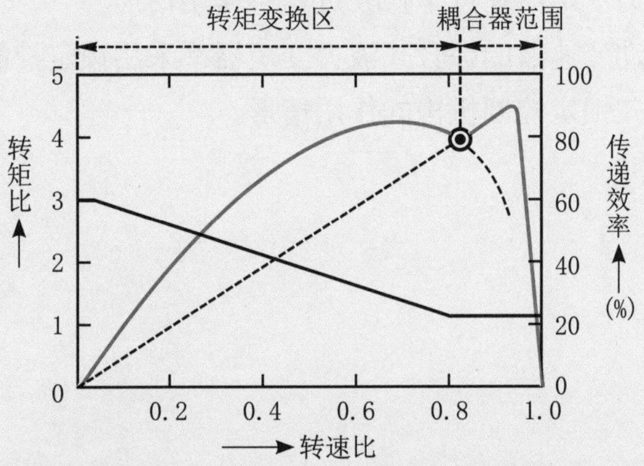

转矩变换区　耦合器范围

转矩比 ↑　传递效率 ↑（%）

——→ 转速比

36. 多元件液力变矩器的泵轮、涡轮、及导轮的组成数依序多是______。

（A）2.2.1或 2.1.3　　（B）2.1.2或3.1.2

（C）2.1.1、2.2.3或2.3.1　　（D）1.2.1、1.3.1或1.2.2

37. 液力变矩器的失速（Stall speed）是指______。

（A）涡轮转速太慢　　（B）涡轮轴不转

（C）涡轮轴转速太快　　（D）泵轮不转

38. 当导轮保持不动时______。

（A）改变ATF方向，可使泵轮转速提高　　（B）让ATF直接通过，以增大转矩

（C）从涡轮来的ATF撞击导轮的背面　　（D）为车速达巡行速度时

39. 直接传动时综合式液力变矩器的导轮______。

（A）不转　　（B）与液力变矩器同向转动

（C）与液力变矩器反向转动　　（D）自由转动

40. 液压控制式自动变速器的综合式液力变矩器都装设有锁定离合器，其锁定离合器的接合时机______。

（A）汽车在低速时　　（B）汽车在起步时

（C）汽车在中高速时　　（D）汽车在任何速度范围均可能接合

二、问答计算题

1. 试述液力耦合器及液力变矩器的缺点。
2. 什么是“涡流”“回流”及“扰流”？
3. 当泵轮转速为1000r/min，涡轮转速为950 r/min，试求其滑差。
4. 试述液力耦合器的优点。
5. 试说明自动变速器中所使用单向离合器的种类及作用。
6. 试述综合式液力变矩器在汽车行驶过程中作用情形。
7. 为什么目前自动变速器的综合式液力变矩器都采用锁定控制机构?
8. 试述电子控制式锁定控制机构的作用情形。

第3章 齿轮传动系统

学习目标

- 3.1 概述
- 3.2 普通齿轮组
- 3.3 行星齿轮组(Planetary Gear Assembly)的构造及优点
- 3.4 单一型行星齿轮组
- 3.5 复合型行星齿轮组
- 3.6 齿轮控制机构
- 3.7 自动变速器的变速组合

- ◆ 了解齿轮的功用及形式
- ◆ 了解行星齿轮组的构造及优点
- ◆ 会计算行星齿轮组的传动比
- ◆ 了解各型行星齿轮组的零件连接方式
- ◆ 认识行星齿轮组、制动器及离合器在自动变速器中的位置
- ◆ 了解制动器及离合器(含单向离合器)的作用
- ◆ 了解自动变速器各挡位变速组合
- ◆ 熟悉OD挡作用情况

3.1 概 述

齿轮的功用有三项：改变转矩、速度及方向。而无论自动变速器还是手动变速器中的齿轮传动机构最重要的作用还是增大发动机转矩，自从1939年（Oldsmobile）汽车开始使用自动变速器时，就已采用行星齿轮组（Planetary gears），因为自动变速器虽然有液力变矩器可增加转矩，但是汽车在爬坡、倒车、载重情况下，可能需要更大的驱动力，除了依靠液力变矩器外，还必须依靠行星齿轮组的辅助，才能达成。

自动变速器的齿轮传动机构包括行星齿轮组、制动器、离合器。行星齿轮组由齿圈、太阳轮、行星齿轮及行星架构成。其构造简单、体积小、各齿轮都是永久啮合、承受强度较大、较不易损坏。如欲获得适当减传动比或反向时，只要利用制动器将其中的一件固定，即可获得。而离合器则是液力变矩器及行星齿轮组之间传动的桥梁。因此，要了解自动变速器的变速组合及传动比变化，请熟读本章。

3.2 普通齿轮组

在没有谈到行星齿轮组之前，让我们先来复习一般齿轮组。

一、齿轮的形式

（1）直齿齿轮：如图3-1a）所示，这种齿轮制造较容易，但齿轮磨损快、噪声大，所能承载负荷较小，使用于早期滑动式齿轮的自动变速器。

（2）螺旋形直齿轮（斜齿轮）：齿轮啮合时，同时有一齿以上的齿数相啮合，承受强度较大，同时可减少噪声，一般使用于同步式手动变速器及自动变速器的最终传动装置上，如图3-1b）所示。

（3）内接齿轮：如图3-1c）所示，由齿圈（内齿轮）及一个小齿轮（外齿轮）相啮合，两齿轮可得到相同的运转方向，使用于自动变速器中的行星齿轮组——齿圈及行星齿轮。

（4）直齿锥齿轮（角齿轮）：这种形式的齿轮，两轴相交成90°，可改变传动方向，一般使用于自动变速器传动轴装置及差速小齿轮（pinion）及边齿轮（side gear）。如图3-1d）所示。

二、齿轮的传动比及转矩比

假设主动齿轮（甲）、从动齿轮（乙），甲为10齿，乙为20齿，则

$$传动比=\frac{主动齿轮转速}{从动齿轮转速}=\frac{从动齿轮扭力}{主动齿轮扭力}=\frac{从动齿轮齿数（乙）}{主动齿轮齿数（甲）}=\frac{20}{10}=\frac{2}{1}$$

由以上公式可归纳为下面两点：

（1）两齿轮的减传动比等于两齿轮齿数的反比，即减传动比=2：1。

（2）转速快的齿轮转矩较小，转速慢的齿轮转矩大，即转矩比=1∶2。

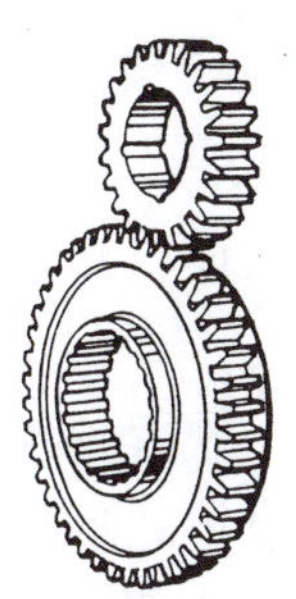

a）直齿齿轮

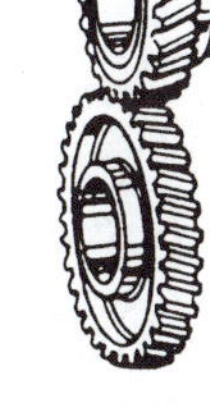

b）螺旋形直齿轮

c）内齿齿轮

d）直齿锥齿轮

◆ 图3-1　齿轮的形式

三、复式齿轮组

如图3-2所示，甲乙两齿轮的运动方向是相反的，假设要设计两齿轮运转方向一致时，则中间必须加装一个惰轮，此惰轮并不会影响两齿轮的传动比或转矩比，如图3-3所示。

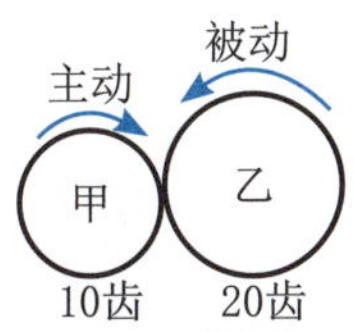

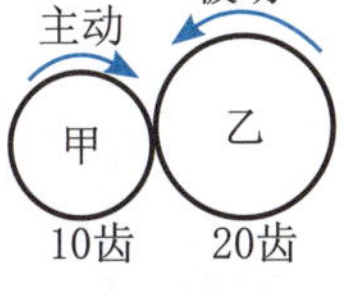

◆ 图3-2　两齿轮运动方向相反

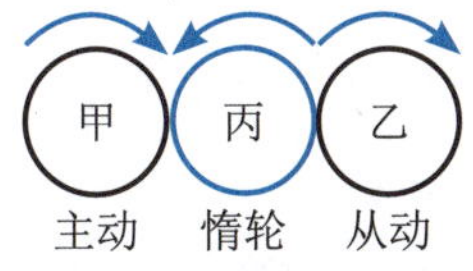

◆ 图3-3　加装惰轮后齿轮的传动

两组啮合的齿轮连接起来也可形成一复式齿轮组，如图3-4所示，这种机构通常在手动变速器中的齿轮机构最常见到，有时候也应用在自动变速器输出轴连接最终传动装置的部位。

由图3-4可看出乙齿轮及丙齿轮为同轴，甲齿轮及丙齿轮为主动齿轮，乙齿轮及丁齿轮为从动齿轮，而*A*轴与*B*轴的旋转方向相同。

其传动比为

$$传动比=\frac{从动齿轮齿数}{主动齿轮齿数}=\frac{24\times 30}{12\times 10}=6:1$$

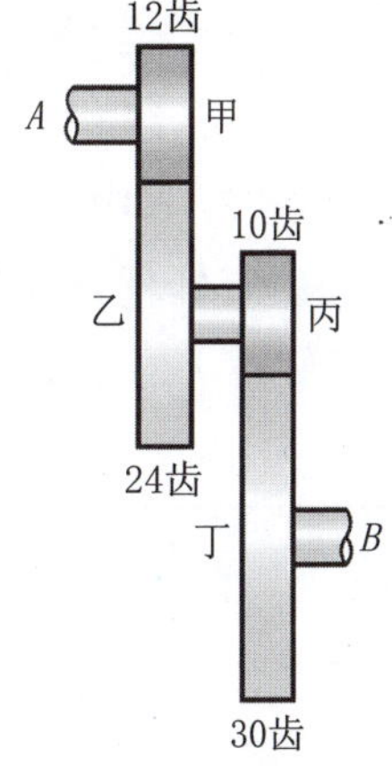

◆ 图3-4　复式齿轮组

3.3　行星齿轮组（Planetary Gear Assembly）的构造及优点

（1）在太阳系中，各星球除了自行运转外，还绕着太阳转动（公转），此为行星。而行星齿轮组即类似太阳系运行，其包括4种零件，如图3-5所示。

①齿圈（Ring Gear）：为内齿轮，位于行星齿轮组最外面。

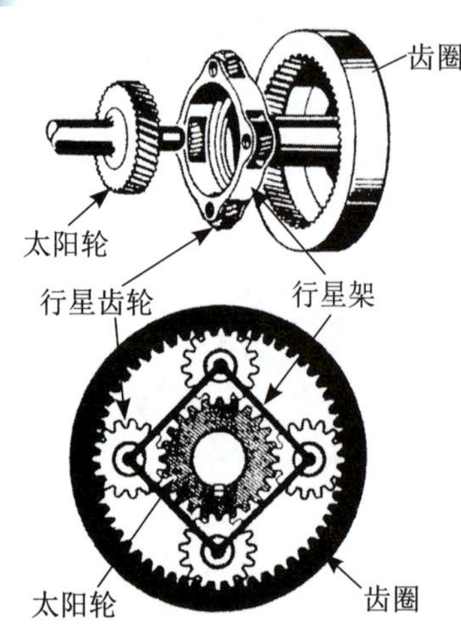

◆ 图3-5　行星齿轮组的零件

②太阳轮（Sun Gear）：位于行星齿轮组的中心位置（又称中心齿轮）。

③行星齿轮（Planet Pionions）：位于齿圈与太阳轮之间，通常配置3个或4个，可自转及公转。

④行星架（Planet Carrier）：为支撑行星轮的框架，通常与输出、输入轴连接一起。

（2）行星齿轮组可分为单一型行星齿轮组（一组）及复合型行星齿轮组，虽然问世极早，但因其控制机构较为复杂，因此，仅用在自动变速器、超速传动及少数差速器上。目前自动变速器皆采用复合型行星齿轮组。使用行星齿轮组有下列优点：

①构造简单，不占空间，强度极大。

②输出轴与输入轴在同一直线上，在设计上可省略手动变速器中的副轴及惰轮（行星轮相当于惰轮）。

③所有的齿轮都是永久啮合的，齿轮无滑动及产生噪声情况，因此，寿命也较长。

④单一型行星齿轮组即可得到数个传动比，若采用复合型行星齿轮组，得到减传动比的范围可较大。

⑤控制机构都由油压操作，因此，较为圆滑及顺利。

3.4　单一型行星齿轮组

一、减传动比的变化及传动方向

行星齿轮组获得传动比的设计是将太阳轮、齿圈及行星架任何两者，给予固定及主动两条件，即可获得六种传动比，（大小）加速、（大小）减速、倒转（加、减）速，若锁定任何两个零件，就产生直接传动效果，若无一个零件固定，则形成空挡（各自旋转）。由表3-1我们可明白看出传动比的变化情况及传动方向。

单一型行星齿组传动比变化情况　　表3-1

条　件	固　定	主　动	被　动	减传动比	方　向	效　果
1	齿圈	太阳轮	行星架	$a+d/a$	相同	大减速
2	太阳轮	齿圈		$a+d/d$	相同	小减速
3	齿圈	行星架	太阳轮	$a/a+d$	相同	大加速
4	太阳轮		齿圈	$d/a+d$	相同	小加速
5	行星架	太阳轮	齿圈	$-d/a$	相反	倒转减速
6		齿圈	太阳轮	$-a/d$	相反	倒转加速
7	任意两种齿轮锁定在一起			1∶1	相同	直接转动
8	齿圈、太阳轮、行星架无任何一项固定					空挡
备注	太阳轮齿数为a，齿圈的齿数为d					

由表3-1可知：

（1）行星架被动，则产生减速效果。

（2）行星架主动，则产生加速效果。

（3）行星架固定，则产生倒转效果。

二、操作原理及传动比实例演算

为了更进一步了解其传动比的由来作用情况，本文将以大减速作为范例介绍其操作原理及传动比实例演算。

1. 大减速

操作原理如图3-6所示，当太阳轮主动、齿圈固定时、行星轮会绕着太阳轮公转，且沿着齿圈内侧自转速度降低，使行星架（输出轴）的转速低于太阳轮（输入轴）的转速，两者方向相同，发动机转矩大增，由表3-1中公式得

$$减速比=\frac{太阳轮转速}{行星架转速}=\frac{太阳轮齿数+齿圈齿数}{太阳轮齿}=\frac{20+40}{20}=\frac{3}{1}$$

（此时减速比最大又称大减速）

*减速比为3：1，即当太阳轮（主动）转3转，行星架（被动）才转1转，转速大减，转矩大增。

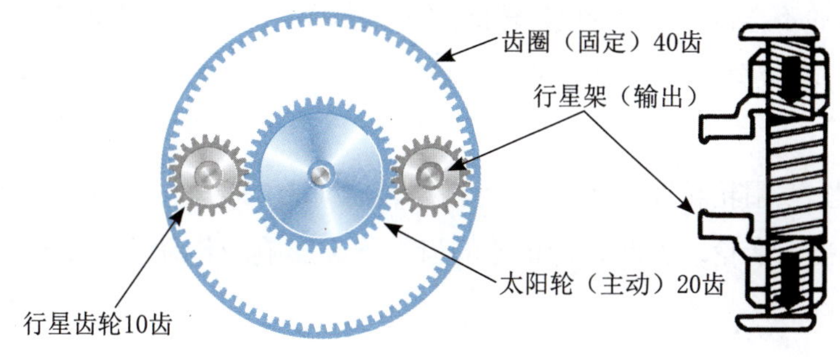

图3-6 大减速

2. 减速演算实例

减速比演算实例：太阳轮→主动，齿圈→固定，行星架→输出。

（1）方法一：利用基本公式解（计算复合型行星齿轮减传动比一定要使用基本公式才可解）

设：

t——齿数；N——转数；r——齿圈；P——行星架；

a——太阳轮；t_a——太阳轮齿数；N_a——太阳轮转速，则

$$传动比=\frac{主动齿轮转速N_i}{从动齿轮转速N_o}$$

$$(t_a+t_r)N_p=t_r\times N_r+t_a\times N_a$$

$$N_p=N_i，N_p=N_o，N_r=0$$

（说明：太阳轮转速等于输入轴转速，行星架转速等于输出轴转速，齿圈固定，故转速为零）

太阳轮20齿，齿圈40齿。

将齿数及字母代入公式得

$(20+40)N_o=40\times 0+20N_i$

$60N_o=20N_i$

$N_i:N_o=3:1$（太阳轮转3转，行星架转1转）

故减传动比$=N_i/N_o=3$

（2）方法二：

①当太阳轮转1转（顺时针），设行星架不动时，则行星轮转2（20/10）转（逆时针）。

②当行星架转1转，行星轮绕齿圈转1转时（顺时针），行星轮转4（40/10）转（逆时针）。

③当行星轮转4转时（逆时针），太阳轮则转2转（40/20=20/10）。

④假设行星轮不会自转，当行星架转1转（顺时针），太阳轮也应转1转（顺时针）。

⑤实际上行星轮会自转，故行星架转1转时（顺时针），太阳轮应转3转（2+1）（顺时针）。

⑥减传动比=太阳轮转速（主动）/行星架转速（被动）=（20+40）/20=3：1

*行星轮相当于惰轮，因此，行星轮的齿数不会影响减传动比的变化。

3.5 复合型行星齿轮组

一、复合型行星齿轮组的种类

为了使自动变速器的传动比范围加大，通常将多个行星齿轮或两组单一型行星齿轮组加以结合而成。目前自动变速器皆采用此种型式，各类型最大差异在于各零件互相连接方式不同，因而产生的传动比也不同，可分为下列几种类型：

（1）海觉勒型（Hydramatic）：GM生产，问世最早且销售量很多，其组合方式如图3-7所示。

（2）戴姆勒奔驰型（Daimler Benz）：德国奔驰公司生产，组合方式如图3-8所示。

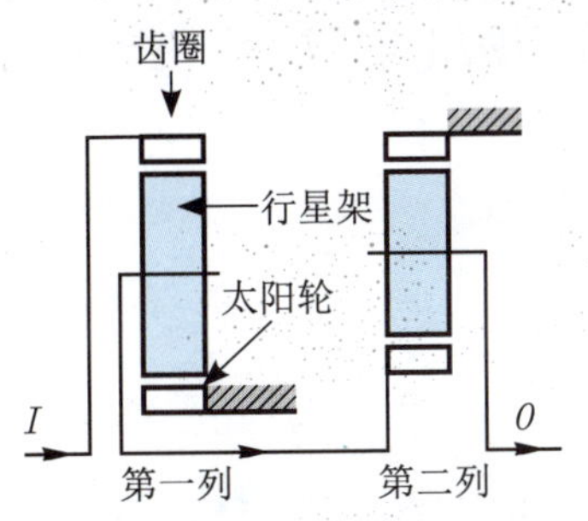

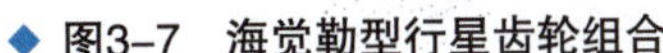
◆ 图3-7 海觉勒型行星齿轮组合

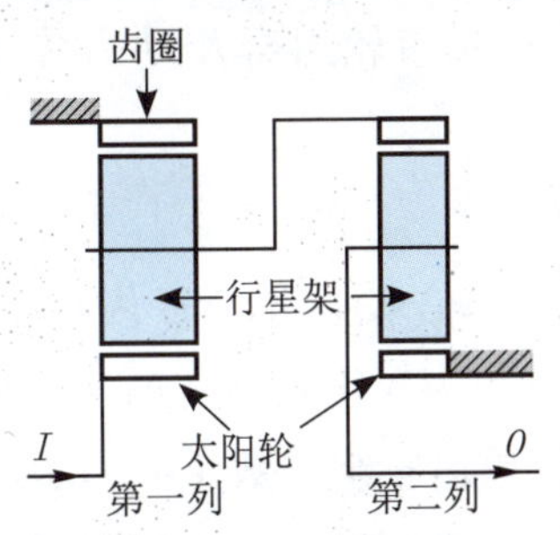

◆ 图3-8 奔驰型行星齿轮组合

（3）史狄别克（Studebaker）：如图3-9所示为伯格华纳（Borgwarner）自动变速器。

（4）炮耳福来型（Power flight）如图3-10所示。

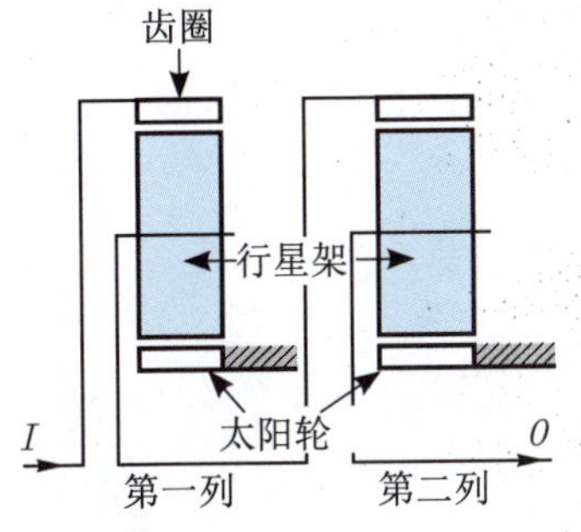

◆ 图3-9 史狄别克型组合

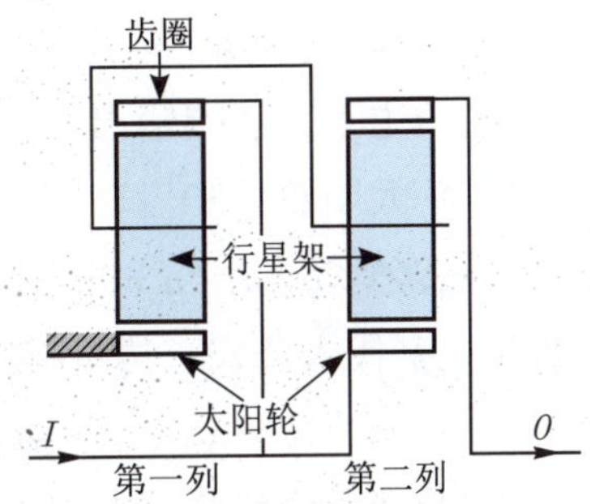

◆ 图3-10 炮耳福来型组合

（5）托克福来特（Torque Fight）：如图3-11所示，由两组单一型行星齿轮组所组成，但太阳轮为共同，又称（Simpson）辛普森型。使用于美国车、丰田（A130）、日产（3N71B）等。

（6）双行星轮组：由单一型行星齿轮组再加上一组行星轮。

（7）联合行星齿轮组：由双行星轮与简单行星轮组合而成，齿圈与行星架共有，如图3-12所示。

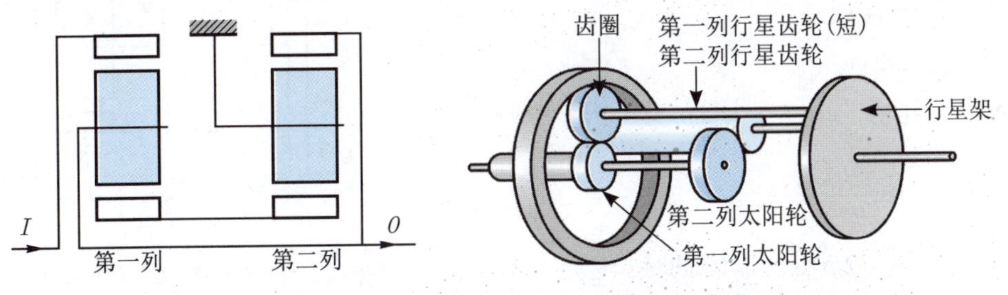

◆ 图3-11 托克福来特型组合

◆ 图3-12 联合行星齿轮组

二、传动比计算——实例说明

复合型行星齿轮组在某挡位时，可能出现（前或后行星齿轮组）没有固定的零件，若要计算传动比时，必须利用基本公式才能解。图3-13为3N71B在“D”挡位

（第一速）行星齿轮组合及动力传递路线。前后两组为同样大小齿轮，且共用一太阳轮。

符号意义：

t：齿数；a：太阳轮；r：齿圈；P：行星架。

N：前行星齿轮组转数（N_t，N_a及N_p）。

n：后行星齿轮组转数（n_r，n_a及n_p）。

N_i：输入轴转速；n_o：输出轴转速。

↓

条件：

前：齿圈→主动，行星架输出，没有固定件。

（齿圈：40齿）

后：太阳轮→主动，齿圈输出，行星架固定。

（太阳轮：20齿）

$N_i=N_r$，$N_a=n_a$，$N_p=n_o=n_r$，$n_p=0$（固定）

*将齿数与文字代入公式，尽量将文字转换成N_i及n_o。

$$(t_a+t_r)N_p=t_r\times N_r+t_a\times N_a$$

由以上数据及文字可列两组方程：

$(20+40)n_o=40\times N_i+20\times n_a$——前行星齿轮组…① $N_p=n_o$，$N_r=N_i$

$(20+40)\times 0=40\times n_o+20\times n_a$——后行星齿轮组…② $N_p=0$，$n_r=n_o$

↓简化

$$60n_o=40N_i+20n_a$$

$$0=40n_o+20n_a$$

①式-②式（消去n_a）

得 $60n_o=40N_i-40n_o$

↓移项

得$100n_o=40N_i$

$N_i:n_o=100:40=5:2$

减传动比$=\frac{N_i}{n_o}=\frac{5}{2}=2.5$

（输入轴转2.5转，输出轴转1转）

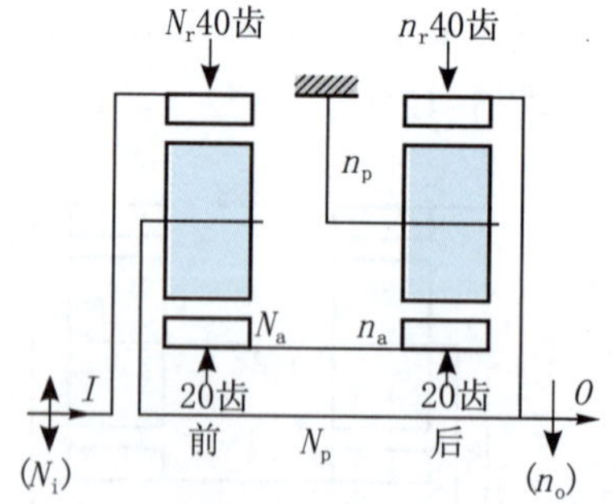

◆ 图3-13 3N71B在“D”挡位动力传递路线

3.6 齿轮控制机构

齿轮控制机构：制动器、湿多片式离合器、单向离合器。

为使行星齿轮组能发生功用，必须利用制动器及离合器来控制，才能提供所需要的齿轮比。制动器是用来固定旋转的部件，而离合器则是接合或分离行星齿轮组的各部件，为自动变速器较容易磨损的部件。

一、制动器（Brake）

制动器可分为制动带（Brake Band）式制动器：需要定时调整；湿多片式制动器：免调整。

早期自动变速器中都使用制动带固定零件，因为要定时调整，较为麻烦，因此，目前自动变速器大都两者并用，甚至部分厂牌已完全使用湿多片式制动器。

（1）制动带：材质为钢带，制动带上有一层黄铜或纸质摩擦片，一般都采用纸质摩擦片，位于离合器鼓外围，一端以铆销固定在变速器外壳上，另一端经由支杆连接至伺服活塞。固定端另外安装一个调整器，可调整制动带与制动鼓之间的间隙。间隙太大，将造成打滑，间隙太小，将造成拖曳磨损。

①制动带按构造分：

单翼式：如图3-14a）所示，使用较多。

双翼式：如图3-14b）所示，其制动紧时比单翼式紧固，但调整上较难。

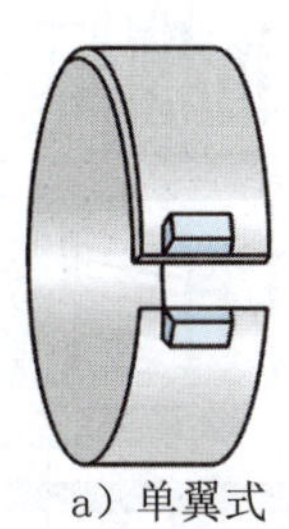

a）单翼式

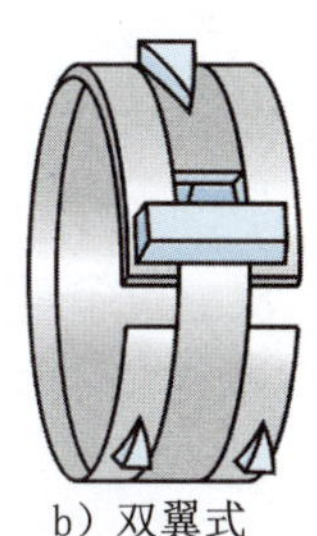

b）双翼式

◆ 图3-14　制动带形式

②制动带按压紧方式分：

单伺服作用式：靠油压作用压紧，放松时，则靠弹簧回弹力量。其构造如图3-15所示。

双伺服作用式：压紧及放松都是靠油压作用。其构造如图3-16所示。

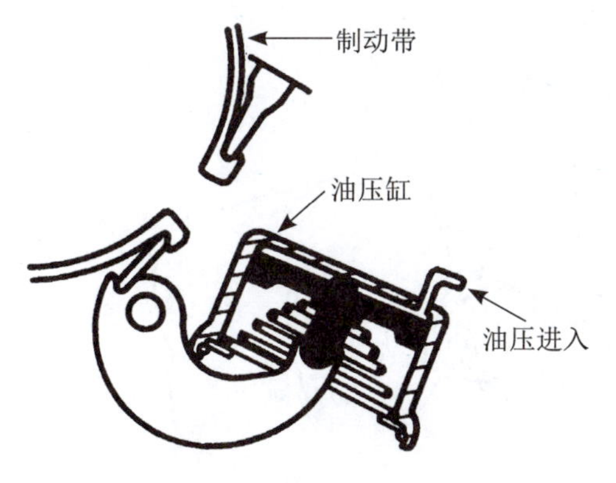

◆ 图3-15　单伺服作用式制动带

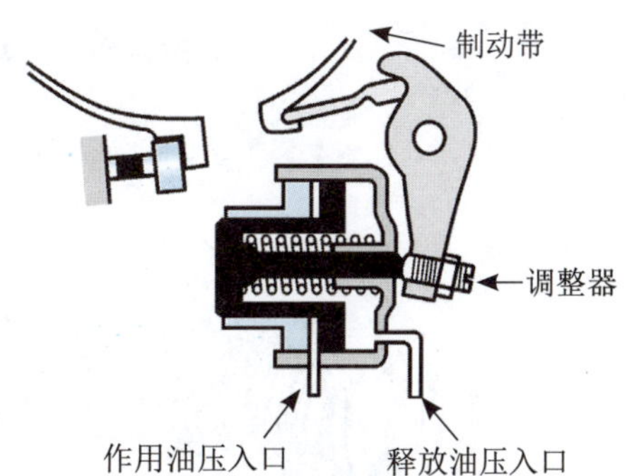

◆ 图3-16　双伺服作用式制动带

直接作用式：属于双伺服作用的一种。图3-17所示为VW自动变速器所使用的直接作用式制动带。图中有一只积压弹簧，其主要功用有两个：一是减少制动带夹紧离合器鼓时所造成的冲击力；二是吸收离合器鼓的反作用力。其位置是位于活塞上。

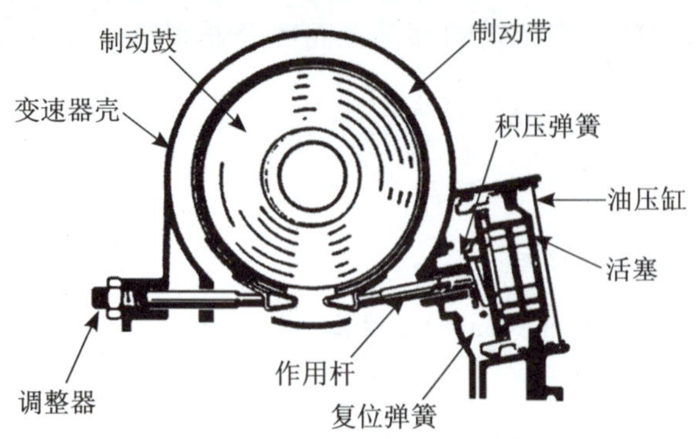

◆ 图3-17　直接作用式制动带

（2）多片式制动器。

①构造：制动器在自动变速器中的位置如图3-18所示，其构造如图3-19所示。

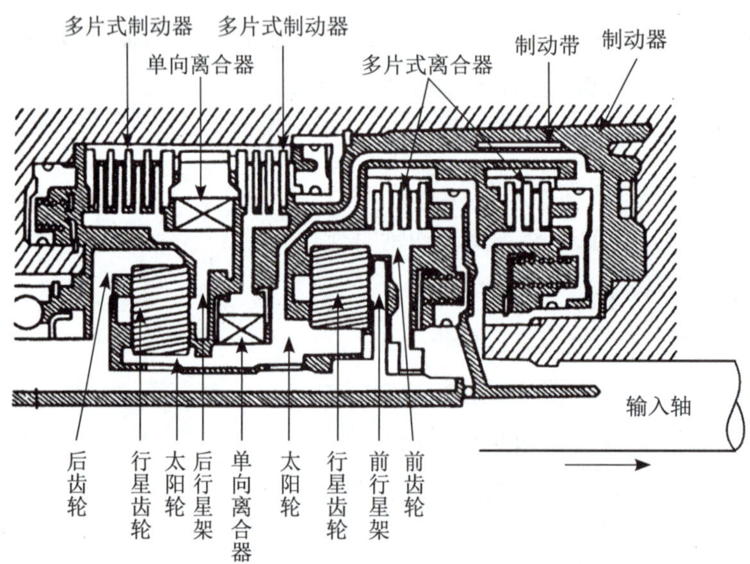

◆ 图3-18　制动器在AT中的位置（丰田）

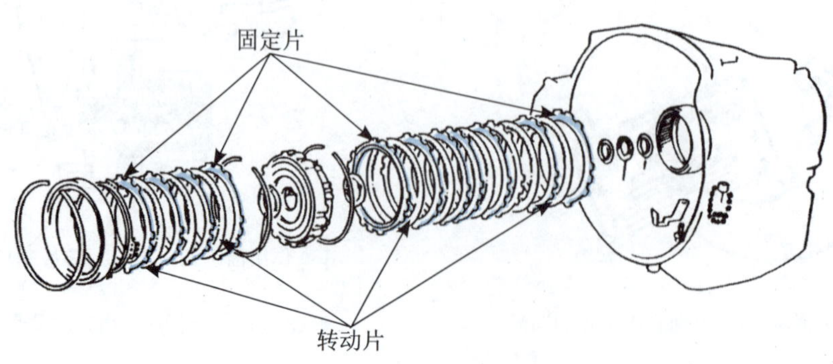

◆ 图3-19　多片式制动器的构造

②作用情况：

油压作用如图3-20所示。

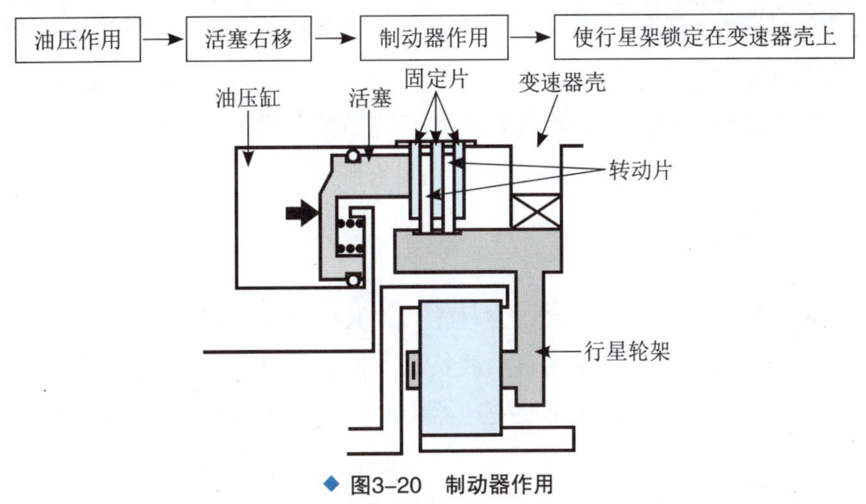

◆ 图3-20　制动器作用

油压释放如图3-21所示。

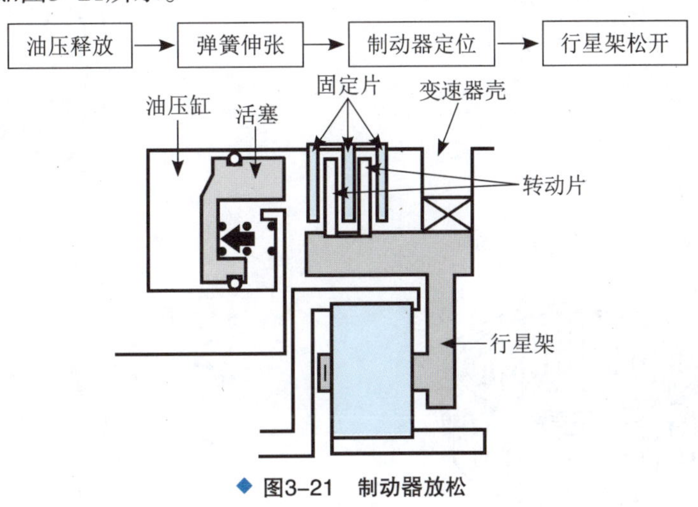

◆ 图3-21　制动器放松

二、多片式离合器

（1）多片式离合器的构造如图3-22所示，在自动变速器中位置如图3-18所示。

（2）作用情况如图3-23所示。

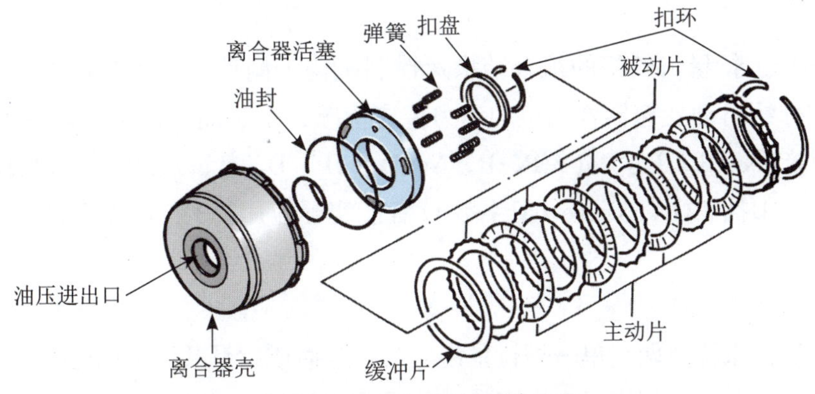

◆ 图3-22　多片式离合器的构造

（3）离合器片上刻有沟槽，可增强接合及分离特性，并有冷却ATF的功用。离合器或制动器所使用的摩擦片数目都不一样，两者的摩擦片也因摩擦特性有所不同，因此，不能互换使用，否则会影响其效能。安装新的制动器或离合器时，应先将各摩擦片浸泡在ATF中约15min，使摩擦成分得到足够膨胀量。

三、单向离合器

自动变速器中所使用单向离合器为棘轮式，其构造包括内座圈、棘轮及固定器，外座圈，如图3-24所示，其棘轮两对角线长度不同，可使机构朝一方向旋转而不能反方向旋转。如图3-25所示。其在自动变速器中的位置如图3-18所示。

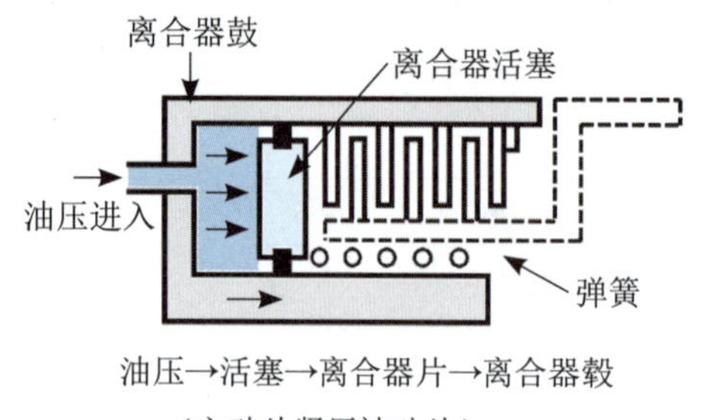

图3-23　离合器作用情况

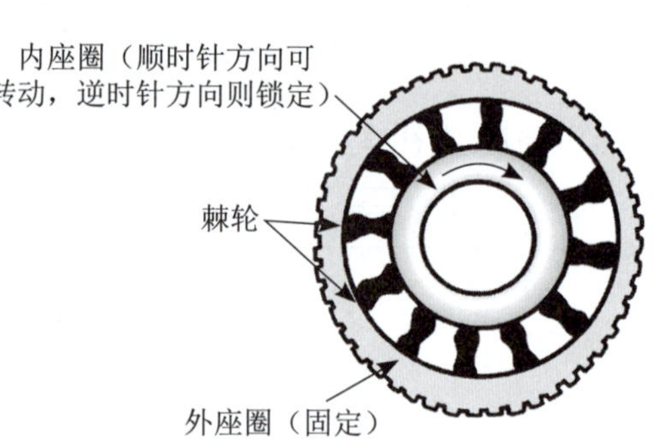

图3-24　单向离合器的构造

a）棘轮与固定器

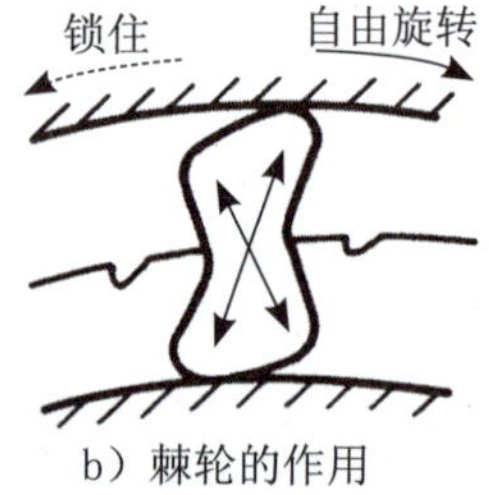

b）棘轮的作用

图3-25　单向离合器

3.7　自动变速器的变速组合

当您学会了行星齿轮组的组合结果及控制机构（制动器、离合器）的作用后，接着要为您介绍自动变速器各挡位的动力传递情况，至于油压控制，请参阅第5章，本文将以日产3N71B（3速）介绍P、R、N、D_1、D_2、D_3、1、2各挡位，以日产3N71B（4速）介绍OD挡（Over Drive）让各位读者能实际应用。3N71B型自动变速器如图3-26所示。

3N71B的控制机构：

①齿轮机构系统由两组单一型行星齿轮组组合而成，且共用太阳轮。

②制动带：制动带用来固定太阳轮（前后两组行星轮组共有）。

③多片式制动器：低挡与倒车挡制动器为一多片式制动器，用来固定行星架。

④多片式离合器：由前离合器（接合输入轴与太阳轮）及后离合器（接合输入轴与前齿圈）两组组成。

⑤单向离合器：只有一组，用来固定后行星架一个方向回转（挡位）。

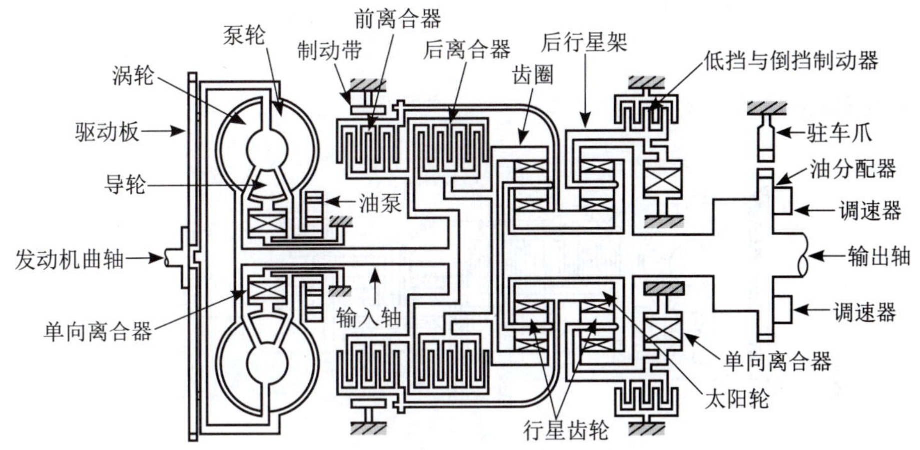

◆ 图3-26 3N71B型自动变速器

1. D_1挡位

D_1挡位如图3-27所示。

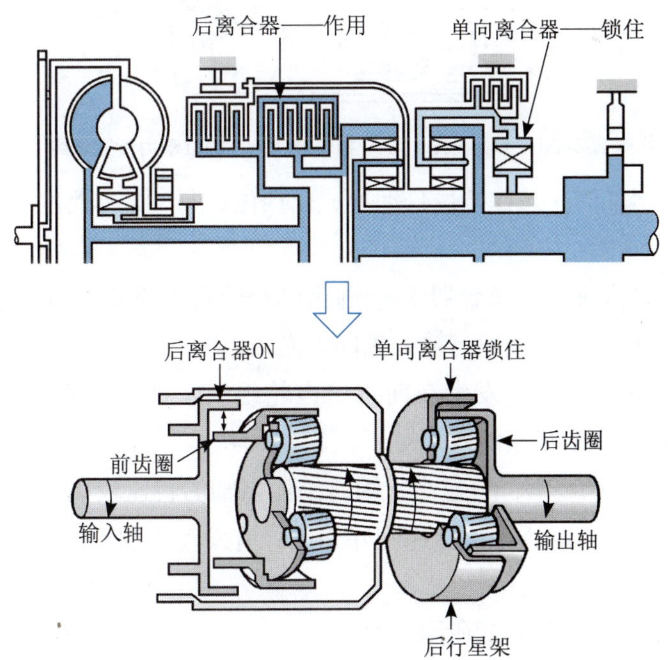

◆ 图3-27 D_1挡位动力传递路线

（1）综合式液力变矩器的涡轮→输入轴→后离合器（ON）→前齿圈（主动件）→前行星齿轮→太阳轮（前后行星齿轮组共有）→后行星齿轮（单向离合器ON，后行星架被固定）→后齿圈（与输出轴一体）→输出轴（与输入轴同向）。

（2）由于输出轴与前行星架及后齿圈制成一体，当汽车未行驶时，前行星架固定。

（3）传动比约为2.458。

（4）汽车减速时，由于后行星架转速较太阳轮转速高，此时单向离合器空转，逆向转矩无法传递到发动机，因此，没有发动机制动作用。

2. D_2挡位

D_2挡位如图3-28所示。

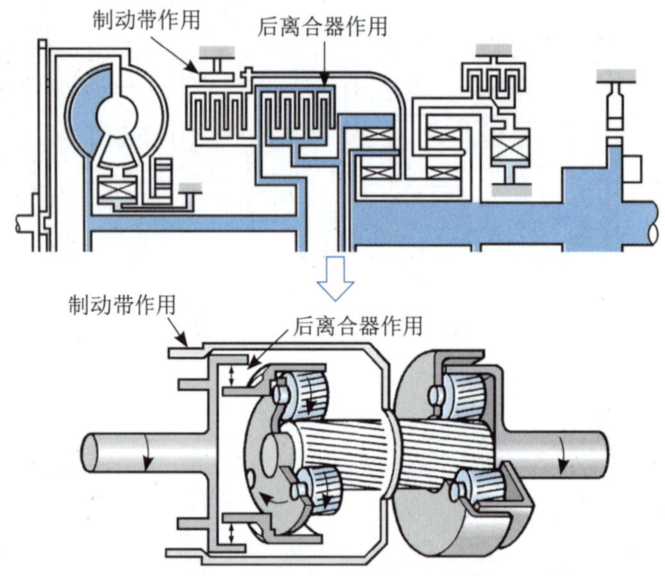

◆ 图3-28 D_2挡位、"2_2"挡位及"1_2"挡位动力传递路线

（1）当车速增加时，从D_1挡位自动换成D_2挡位，与"2_2"挡位及"1_2"动力传递情况相同。

（2）涡轮→输入轴→后离合器ON→前齿圈→前行星齿轮→前行星架（太阳轮被前制动器固定）→输出轴（减速与输入轴同方向）。

（3）传动比的产生，只发生在前行星齿轮组。（即太阳轮→固定，齿圈→主动，行星架→被动，产生减速的效果）。

（4）减传动比为1.458较第1速小，因此，输出轴的转速较快。

（5）汽车减速滑行时，动力传递刚好相反，有发动机制动作用。

3. D_3挡位

D_3挡位直接传动，如图3-29所示。

（1）输入轴→前离合器作用（输入轴与太阳轮接合）→输出轴
输入轴→后离合器作用（输入轴与前齿圈接合）→输出轴

（2）前行星齿轮组因太阳轮与前齿圈同向回转，行星齿轮不动，前行星齿轮组一体回转，动力则由前行星架传递至输出轴，减传动比为1∶1，速度及转矩无变化。

（3）当汽车减速滑行时，动力传递路线相反，有发动机制动作用。

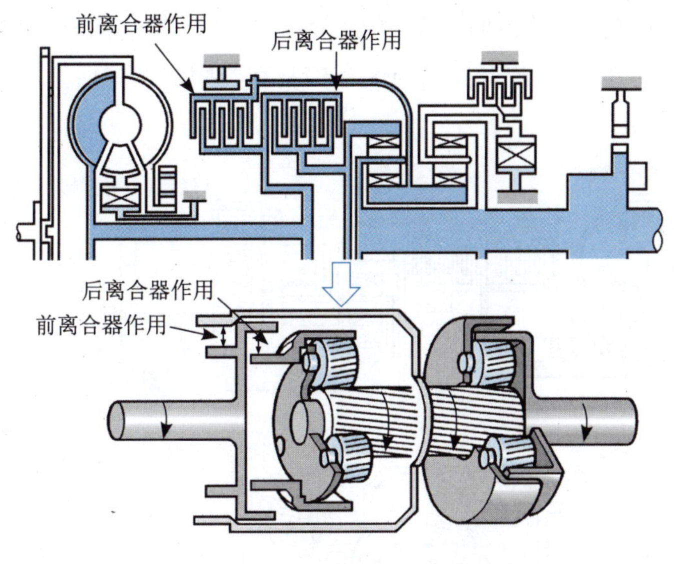

◆ 图3-29 D_3挡位动力传递路线

4. “1_1”挡位

“1_1”挡位与“D_1”挡位动力传递路线一样，差别在于后行星架是被低挡及倒车挡制动器固定，当减速时，是逆着前进时的动力传递路线，因此产生发动机制动作用。

5. N挡位

N挡位因前、后离合器及制动器均无作用，故动力无法传递至输出轴。

6. P挡位：当变速杆置于P挡位时，驻车杆会前进，使驻车爪往上推，啮合于输出轴上的一个齿轮，此齿轮是与输出轴成一体，因此，输出轴被固定，接着前行星架及后齿圈也被固定，同时，由于受油压作用，低速挡与倒车挡制动器将后行星架固定，使前后两组行星齿轮组都在锁定状态，如图3-30所示。

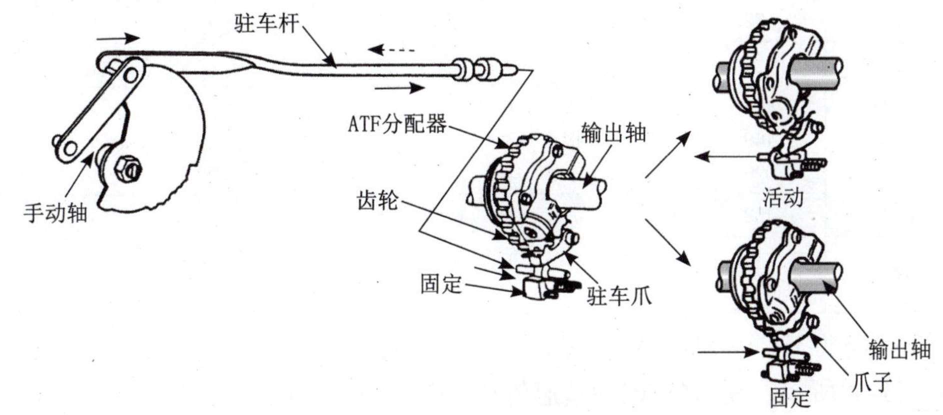

◆ 图3-30 驻车机构

7. R挡位

R挡位如图3-31所示。

（1）当变速杆置于R挡位时，动力由涡轮→输入轴→前离合器ON→连接壳→太阳轮→后行星齿轮（行星架被低速挡与倒车挡制动器固定）→后齿圈→输出轴（与输入轴回转方向相反）。

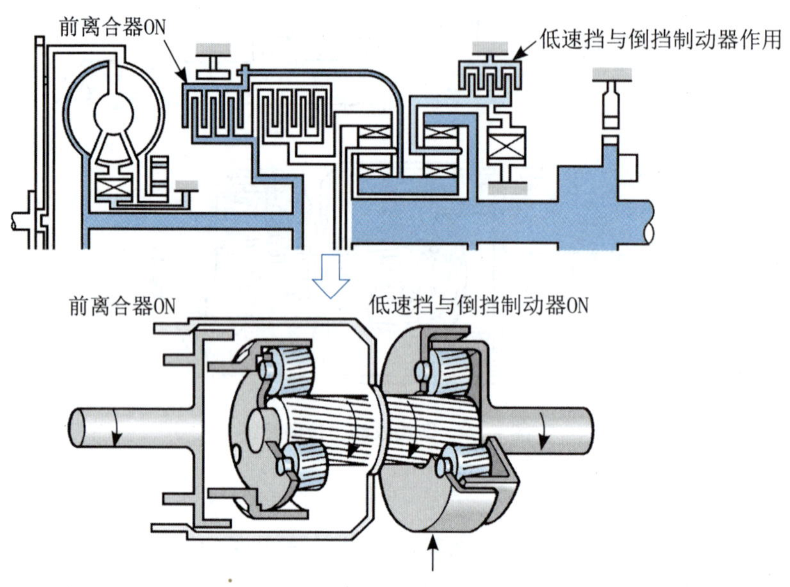

◆ 图3-31　R挡位动力传递路线

（2）传动比产生在后行星齿轮组，为倒减速。

8. 3N71B自动变速器各挡的作用情况

3N71B自动变速器各挡的作用情况见表3-2。

3N71B 自动变速器各挡作用情况　　表3-2

挡位位置		传动比	离合器		低速挡与倒车挡制动器	制动带伺服		单向离合器	停车锁扣
			前	后		操作	释放		
停车(P)					接合				接合
倒车(R)		2.182	接合		接合		放松		
空挡(N)									
行车	D_1低挡 D_2二挡 D_3高挡	2.458 1.458 1.000	 接合	接合 接合 接合		 接合 	 放松	 接合 	
二挡		1.458	接合		接合				
“1”挡位		1_2二挡 1_1低挡	1.458 2.458		接合 接合	 接合	接合 		

将3N71B（3速）再加一组行星齿轮组（OD行星齿轮组）就成为4速自动变速器，如图3-32所示，其第4速即为超速传动（OD挡）。本文只介绍OD挡位，因其他挡位均与3N71B相同，故省略。

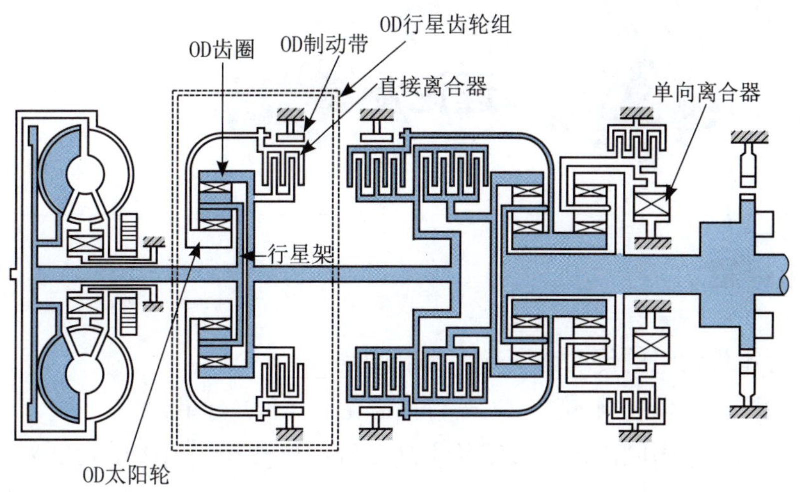

◆ 图3-32 4速自动变速器的构造

（1）OD行星齿轮组控制机构。

①OD制动器：固定太阳轮。

②直接离合器：连接太阳轮与齿圈。

构造：输入轴穿过太阳轮的中心与行星架制成一体。

（2）OD作用时：制动器ON，直接离合器OFF，动力传递路线如图3-33所示。

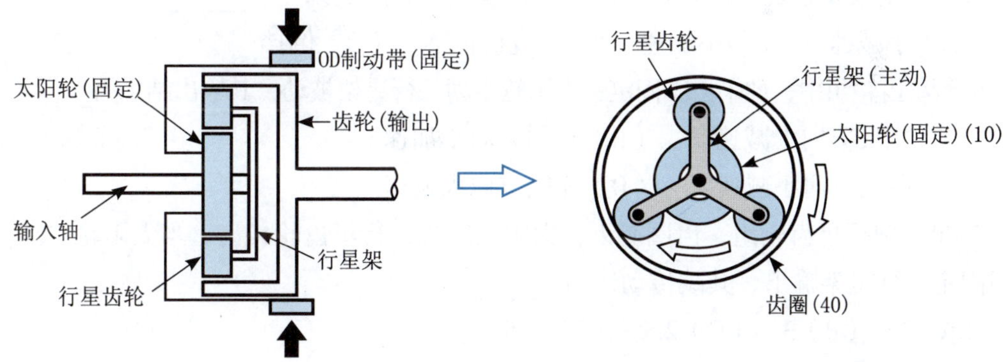

◆ 图3-33 OD作用时，动力传递路线

动力传递路线为：输入轴→行星架→齿圈→中间轴（产生小加速效果）→D_3挡位传动→输出轴

*（太阳轮固定，行星架主动，齿圈被动）

$$减传动比=\frac{齿圈齿数}{太阳轮齿数+齿轮齿数}=\frac{40}{10+40}=0.8（加速）$$

（3）OD不作用时：（直接离合器ON，制动器OFF，除了OD挡以外的挡位）

因离合器作用，使太阳轮及齿圈连接，输入轴与输出轴一起回转。

理论测试

一、选择题

1. 对于行星齿轮组的传动比变化无影响的是______。

（A）齿圈 （B）太阳轮 （C）行星齿轮 （D）行星架

2. 变速传动时若齿圈固定，太阳轮主动，行星架被动，则产生效果为______。

（A）大减速 （B）大加速 （C）小减速 （D）小加速

3. 液压自动变速器中行星齿轮组的作用，直接受制于______。

（A）前后泵 （B）泵轮与涡轮

（C）制动带和多片式离合器 （D）调速器

4. 自动变速器内操作行星齿轮的离合器是______。

（A）摩擦片式离合器 （B）液力变矩器

（C）犬齿接合器 （D）多片式离合器

5. 在行星齿轮系统中，若将太阳轮、行星架二者固定则产生______。

（A）小减速 （B）小加速 （C）直接传动 （D）倒挡

6. 行星齿轮组中，如果齿圈固定，太阳轮主动，行星架被动，其输出结果为_____。

（A）相反方向大减速 （B）相同方向小加速

（C）相同方向小减速 （D）相同方向大减速

7. 单一型行星齿轮组，齿圈40齿，太阳轮20齿，行星齿轮10齿，当太阳轮主动，齿圈固定，行星架输出，其减传动比为______。

（A）2 （B）3 （C）2.5 （D）1.5

8. 自动变速器中最容易损坏的零件是______。

（A）制动带和调速器 （B）制动带和调压阀

（C）离合器和调速器 （D）制动带和离合器

9. 不是行星齿轮组的优点的是______。

（A）不占空间 （B）寿命较长

（C）可得到的传动比范围较大 （D）齿轮可滑动

10. 直接作用式制动带，其控制机构中有一积压弹簧，其功用：一、减少制动带夹紧离合器鼓所造成冲击力，二是______。

（A）协助复位弹簧 （B）美观

（C）可吸收离合器鼓的反作用力　　（D）以上皆非

11. 自动变速器的太阳轮、行星架及齿圈均可自由活动时，变速状态为_____。

（A）倒挡　（B）空挡　（C）直接传动　（D）低速挡

12. 下列元件中不是控制行星齿轮组的是_____。

（A）制动带　（B）离合器片　（C）单向离合器　（D）锁定离合器

13. 下列元件不是行星齿轮组的施压（应用）装置的是_____。

（A）单向离合器　（B）制动带　（C）驻车齿轮　（D）多片式离合器

14. 在单一型行星齿轮组中，若太阳轮为主动轮，行星架为从动轮，齿圈固定，则其减传动比及转向为_____。

（A）大减速，同方向　　（B）大减速，反方向

（C）大加速，同方向　　（D）大加速，反方向

15. 行星齿轮组在自动变速器中，主要功能为：_____。

（A）超速传动　　（B）提供适当的齿数比

（C）增加功率传递　　（D）变速器变速时提供缓冲作用

16. 设行星齿轮系统中的太阳轮固定，齿圈主动，行星架被动，则该系统的传动为_____。

（A）大减速　（B）大加速　（C）小减速　（D）小加速

17. 在行星齿轮组中不包括下列_____齿轮。

（A）齿圈　（B）太阳轮　（C）斜齿轮　（D）行星齿轮

18.在单一型行星齿轮系统中，太阳轮固定，行星架主动，齿圈被动，此时减传动比为_____。

（A）增速　（B）减速　（C）正转直接传动　（D）倒转直接传动

19. 裕隆3N17B型自动变速器，为什么在D_1挡位无发动机制动的功能，而在D_2挡位时才有发动机制动的作用，其原因是_____。

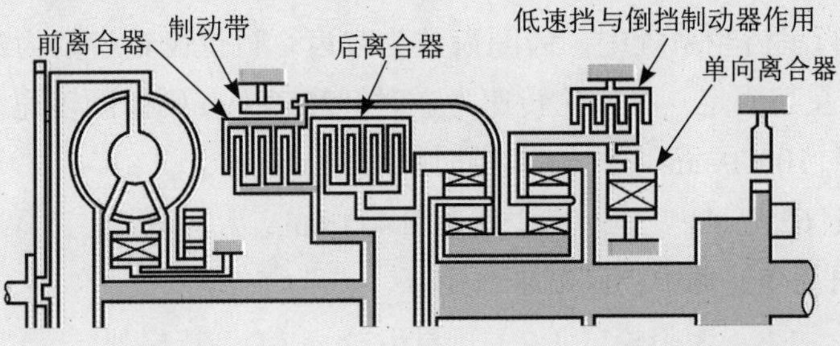

（A）低速挡与倒车挡制动器作用的关系　　（B）前制动带作用的关系

（C）前离合器作用的关系　　（D）锁控压板作用的关系

20. 单一型行星齿轮组中太阳轮为24齿，行星齿轮为12齿，齿圈为48齿，若太阳

轮固定，齿圈以1000r/min转动，则行星架的转速为______。

（A）333r/min （B）540r/min （C）667r/min （D）2000r/min

21. 单一型行星齿轮组中，齿圈齿数为54齿，行星齿轮齿数为15齿，太阳轮齿数为24齿，若行星架固定，齿圈转速为顺时针1000r/min，试问太阳轮转速是______。

（A）逆时针444r/min （B）逆时针625r/min

（C）逆时针1300r/min （D）逆时针1600r/min

（E）逆时针2250r/min

22. 行星齿轮组不被应用于______。

（A）变速器 （B）差速器 （C）转向机总成 （D）起动机

23. 若为单一型行星齿轮组，下列______会产生R挡。

（A）行星架固定，动力由齿圈输入，太阳轮输出

（B）行星架固定，动力由太阳轮输入，齿圈输出

（C）齿圈固定，动力由太阳轮输入，行星齿轮输出

（D）太阳轮固定，动力由行星架输入，齿圈输出

24. 下图为行星齿轮系统构造图，若齿圈齿数为40，太阳轮齿数为20，行星架固定且太阳轮转向为顺时针，则行星齿轮的转向及齿数分别为______。

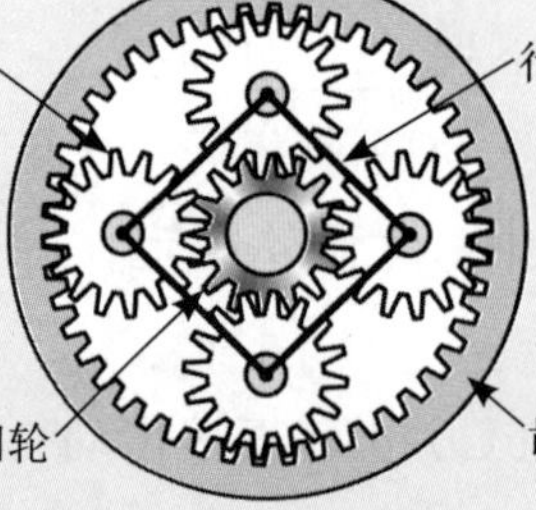

（A）转向为顺时针，齿数为10 （B）转向为顺时针，齿数为5

（C）转向为逆时针，齿数为10 （D）转向为逆时针，齿数为5

25. 单一型行星齿轮系统中，齿圈齿数为72齿，行星齿轮齿数为20齿，太阳轮齿数为32齿，若行星架固定，太阳轮转速为逆时针2250r/min则齿圈转速应为______。

（A）顺时针1000r/min （B）顺时针725r/min

（C）顺时针625r/min （D）顺时针444r/min

26. 3N71B自动变速器中，制动带作用于______零件。

（A）齿圈 （B）太阳轮 （C）行星齿轮 （D）行星架

27. 3N71B型自动变速器的行星齿轮组中，当太阳轮与前齿圈锁在一起时，所产生的是______挡位。

（A）第一挡　（B）第二挡　（C）第三挡　（D）倒挡

28. 裕隆3N71B型自动变速器为具有三前进挡、一倒退挡的自动变速器，位置三挡时的接合元件为______。

（A）后离合器及单向离合器　（B）后离合器及低速挡与倒车挡制动器

（C）后离合器及制动带　（D）前离合器及后离合器

29. 行星齿轮系统中，下列______错误。

（A）大减速时，减传动比为（大阳轮齿数+齿圈齿数）/太阳轮齿数

（B）小加速时，齿圈为被动、行星架为主动

（C）倒加速时，减传动比为：（齿圈齿数/太阳轮齿数）且转向相反

（D）小减速时，齿圈为主动、行星架为被动

30. 在行星齿轮组中，当齿圈主动，行星架固定，而太阳轮被动时，则其减传动比与转动方向为：______。

（A）减速同向　（B）加速同向　（C）减速反向　（D）加速反向

二、问答题

1. 什么是齿轮的传动比？

2. 试述行星齿轮组的优点。

3. 请写出单一型行星齿轮各种传动比变化情况及方向（列表）。

4. 试写出单一型行星齿轮组中，大减速演算过程。

5. 什么是复合型行星齿轮组？大概可分为哪几类？

6. 按压紧方式分，制动带可分为哪几种？

7. 试述多片式离合器作用的情况。

8. 试述3N71B自动变速器D_1挡位动力传递的情况。

9. 试绘图说明OD挡作用的情况。

10. 行星齿轮组，当齿圈（48齿）主动，行星架固定（行星轮12齿），太阳轮（24齿）被动，则其减传动比及方向如何？

液压控制系统

学习目标

- ◆ 了解液压控制系统的组件及功用
- ◆ 认识油泵的种类及作用
- ◆ 认识各种阀门的种类
- ◆ 了解各种阀门的构造及作用情况
- ◆ 认识各回路油压流程

4.1 概　　述

（1）液压控制系统的液压原理是采用帕斯卡原理（Pascal's Principle），在一装有液体的密闭容器中，其容器内壁每单位面积所受到的压力均相同，若将数个容器以管路相连形成连通管装置，如图4-1所示，则因各容器因活塞截面不同，所产生的作用力也不同。

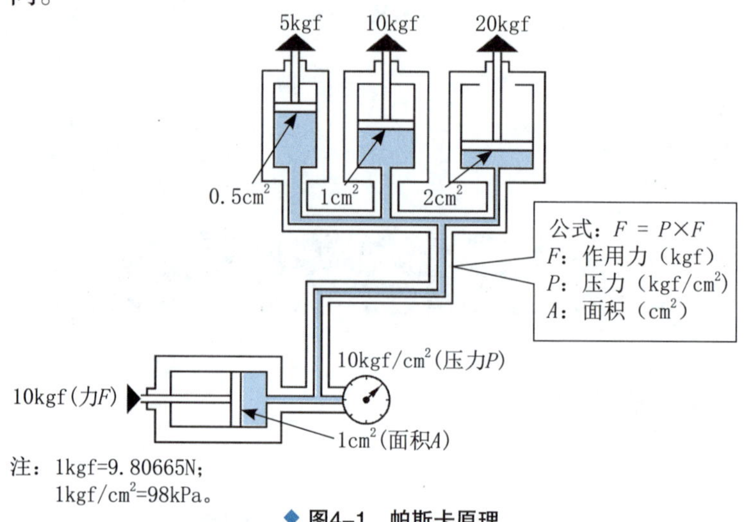

◆ 图4-1　帕斯卡原理

（2）液压控制系统中的阀门，通常采用异径（具有数个不同的截面）短管阀（Spool Valve），如图4-2所示。

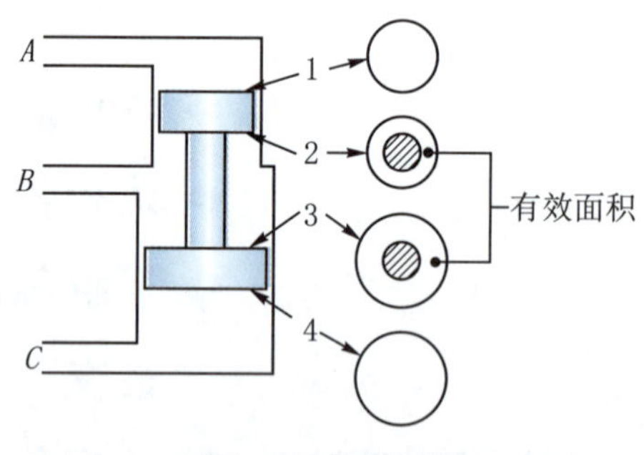

◆ 图4-2　异径短管阀

①当油压由A通道进入，作用在1↓截面上，使得阀门往下移动。

②当油压由B通道进入，作用在2↑与3↓截面上，因为3面积大于2面积，故阀门往下移动。

③当油压由C通道进入，作用在4↑截面上，使得阀门往上移动。

④当油压由A和C通道进入，作用在1↓和4↑截面上，因为4面积大于1面积，故阀门往上移动。

⑤当油压由A和B通道进入，作用在1↓和2↑、3↓截面上，因为1+3面积大于2

面积，故阀门往下移动。

⑥当油压由B和C通道进入，作用在2↑和3↓、4↑截面上，因为2+4面积大于3面积，故阀门往上移动。

⑦当油压由A、B、C通道同时进入，作用在1、2、3、4截面上，因为1+3面积等于2+4面积，故阀门不动，保持原状。

（3）液压控制系统由油泵、阀体控制、阀门、油管、油道、油底壳及自动变速器油组成，此系统是根据车辆行驶情况来调节油压，使油压作用于液力变矩器、制动器和离合器。

液压控制阀门大体上可分为两类：主功能阀和辅助阀。

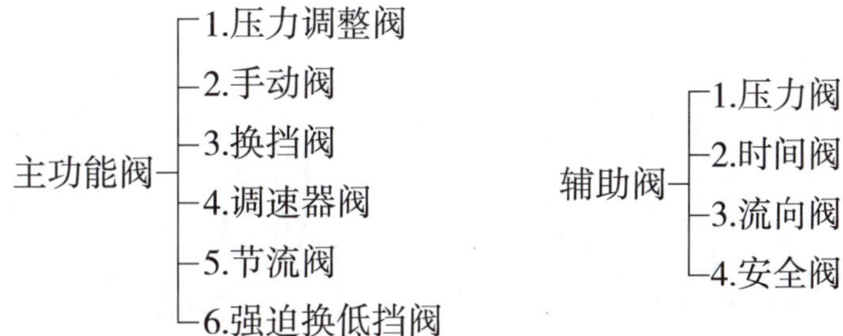

传统式液压控制式自动变速器靠油压变化而移动换挡阀，而现今所使用的电子控制式自动变速器则是利用电磁阀来控制换挡阀。

4.2 油　　泵

油泵提供油液至液力变矩器，润滑齿轮传动机构，并提供油压作用于液压控制系统，油泵必须在各种速度及倒挡时皆能充分供应所需要的油量（压）。

一、按安装位置分

（1）FF式汽车，油泵安装在自动变速器的后方。

（2）FR式汽车，油泵安装在自动变速器的前方。

二、按使用数量分

（1）仅采用一只油泵：由液力变矩器外壳带动，为目前大多数自动变速器所采用，其缺点为无法以推车来发动发动机。

（2）采用二只油泵：前泵（由发动机带动）与后泵（由变速器输出轴带动），此类变速器可以推车发动发动机，当汽车低速及倒车时，大部分由前泵供应，车速高时大部分则由后泵供应，两油泵的出油道皆设有一止回阀，可确保油液不会倒流入油压较低的油泵中，前后油泵皆与主油道相通。例如：Hydramatic。

三、按种类分

（1）齿轮式油泵。

早期的齿轮式油泵是由两个齿轮外啮合，如图4–3所示，但因体积过大，使用不方便，因此，目前皆改以半月形齿轮式油泵（内齿轮式），如图4–4所示，即内外齿轮间设置一半月形组件（堵住油液，并保持流向），内齿轮（主动）由液力变矩器的泵轮的驱动套筒驱动，因此与发动机同速回转，其油泵流动路线：发动机回转→泵轮内齿轮→外齿轮（被动）→内齿轮与外齿轮从啮合分开（吸油端）→内齿轮与外齿轮再度啮合（产生压力至出油端）。

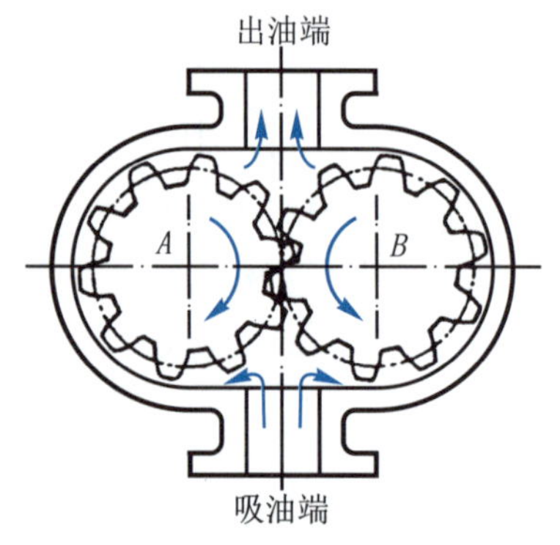

◆ 图4–3　齿轮式油泵

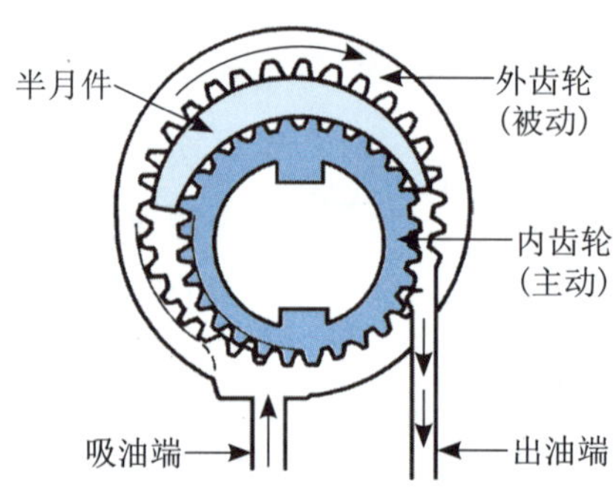

◆ 图4–4　半月形齿轮式油泵

优点：有较大容积，构造简单，价格便宜，使用最多。

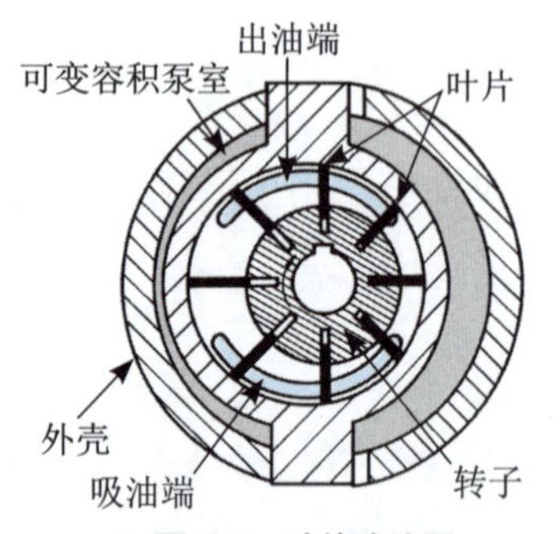

◆ 图4–5　叶片式油泵

（2）叶片式油泵。

①构造：如图4–5所示，在泵体中安装一有沟槽转子，沟槽上安装可滑动叶片，叶片可在沟槽中移动。

②优点：

a.不产生脉动，流动较圆滑，动作声音较小。

b.体积较小，可承受高速旋转。

③作用：

输入轴回转→转子回转（偏心）→ 叶片往内移，容积变小（出油端）／叶片往外移，容积变大（吸油端）

4.3　阀门体与阀门

阀门体由上阀体及下阀体所组成，上下阀体各由许多阀门油道所构成，阀体中间有隔板，图4–6所示为上、下阀体。（注：调速器阀不在本阀体内）。

阀门按其作用可分为主功能阀及辅助阀门两大类。各厂所使用的阀门，主功能阀大致相同，差别在于辅助阀门的类别。

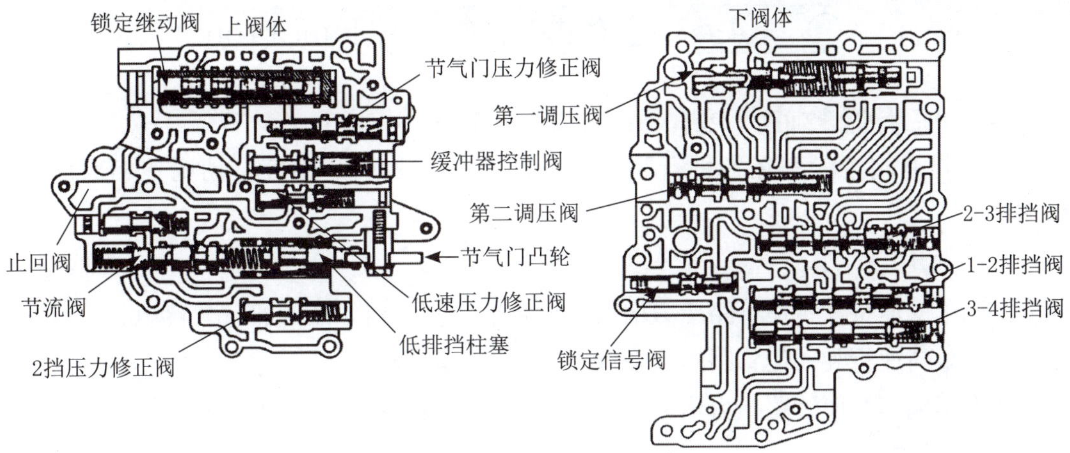

◆ 图4-6 TOYOTA A140自动变速器液压控制阀体

一、主功能阀

（1）压力调整阀（Pressure Regulator Valve）

（2）手动阀（Manual Valve）

（3）换挡阀（Shift Valve）

（4）调速器阀（Governor Valve）

（5）节流阀（Throttle Valve）

（6）强迫换低挡阀（Kickdown Valve）

二、辅助阀

1. 压力阀

（1）修正阀（Modulator Valve）

（2）补偿阀（Compensator Valve）

（3）增压阀（Boost Pressure Valve）

（4）释放阀（Relief Valve）

2. 时间阀

（1）缓冲器（Accumulator）

（2）限孔阀（Orifice Control Valve）

（3）换低挡正时阀（Downshift Timing Valve）

（4）次序阀（Sequence Valve）

3. 安全阀

（1）阻碍阀（Blocker Valve）

（2）抑制阀（Inhibit Valve）

4. 流向阀

（1）止回阀（One Way Valve）

（2）穿梭阀（Ball Shuttle Valve）

4.4 主功能阀（Main Function Valve）

一、压力调整阀（Pressure Regulator Valve）

压力调整阀按汽车在各种行驶状态，即按车速与加速踏板自动调整相对应的油压。

（1）功用：

①汽车低速行驶：使管路压力增大，离合器及制动器才能传递较大转矩。

②汽车高速行驶：使管路压力降低以减低换挡时振动。

③汽车倒车：使管路压力增大，减少离合器及制动器在高转矩时的滑动。

（2）形式：

①一只压力调整阀：调节管路压力及液力变矩器的压力，如图4-7所示。

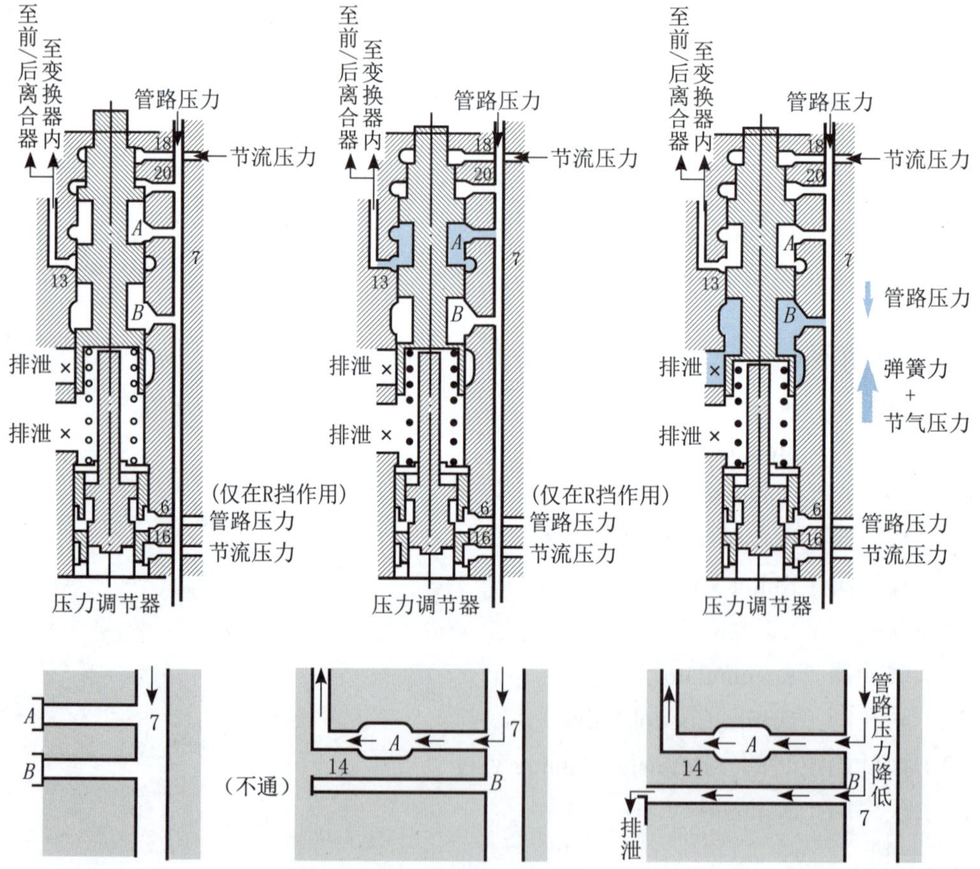

a）*A*及*B*通道皆关闭　b）由*A*通道通14通道*B*通道不通　c）由*A*通道通14通道*B*通道排出

图4-7　压力调整阀

②二只（一次、二次）调整阀：一次调整阀调节管路压力，二次调整阀调节液力变矩器的油压。

（3）作用：

①发动机起动时→油泵送出油压经通道7，作用于*A*及*B*上（此时油压低，轴阀不动，*AB*通道被关闭）→油泵送出的油压等于管路压力，如图4-7a）所示。

②如图4-7b）所示，发动机转速上升→管路压力增加→轴阀被往下压（管压大于弹簧弹力）→*A*通道

打开→液力变矩器。
打开→前后离合器、制动器。

③发动机转速再上升→管路压力更高→轴阀被往下压→*B*通道打开→油压从排泄孔排出→管路压力变低→排泄口再度关闭→管路压力又升高，（因而压力调整阀能自动操作调整管路压力），如图4-7c）所示。

二、手动阀（Manual Valve）

手动阀是由连接杆与驾驶室的变速杆连接，主要功用是将管路压力分别送至各油路，驾驶人可按其需要由变速杆控制，如图4-8所示，图中手动阀正置于“N”挡位，由压力调节阀来的油压被手动阀的阀轴遮住，各通道都没有压力送出。

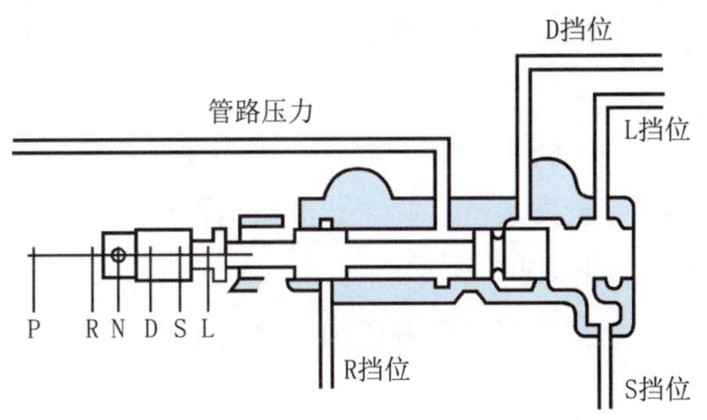

图4-8 手动阀

三、换挡阀（Shift Valve）

换挡阀主要受来自调速器压力、管路压力（来自手动阀）、节流压力（来自节流阀）及内部弹簧张力作用，使阀轴达到平衡位置。如果阀内柱塞左右端受到的油压失衡，柱塞位移而改变油压出路，因而产生升降挡作用。3速AT包括1-2换挡阀，2-3换挡阀两只，4速AT多增加一只3-4换挡阀，图4-9所示为1-2换挡阀，主要提供在第1速与2速之间自动换挡（1⇌2），换挡时机完全视车速及节气门开度（加速踏板），当变速杆置于“1”挡位与“D”挡位（第1速），其1-2换挡动作也有所不同。

如图4-9所示，当变速杆置于“D”挡位时，由手动阀来的管路压力经由通道5到换挡阀，此时阀门仍停留原先位置，无任何移动，当汽车开始移动时，调速器产生的压力（较小）经由通道4进入换挡阀，试着将阀轴往左推，但因受到弹簧的张力及节流阀进入的油压作用，因此，阀轴仍未移动（保持第1速位置），直到车速增快（调速器压力增大）能移动阀轴，此时，管路压力将由通道5通往通道3而作用制动器，造

成升挡（1→2速）。

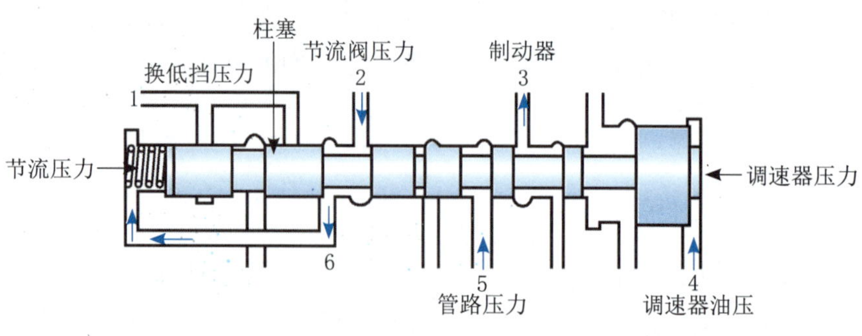

◆ 图4-9 1-2挡换挡阀

四、调速器阀（又称速控阀）（Governor Valve）

调速器阀主要功用是按变速器输出轴转速，成比例送出适当调速油压至换挡阀，再与节流阀油压相互作用，使换挡动作与车速及负荷非常顺畅。

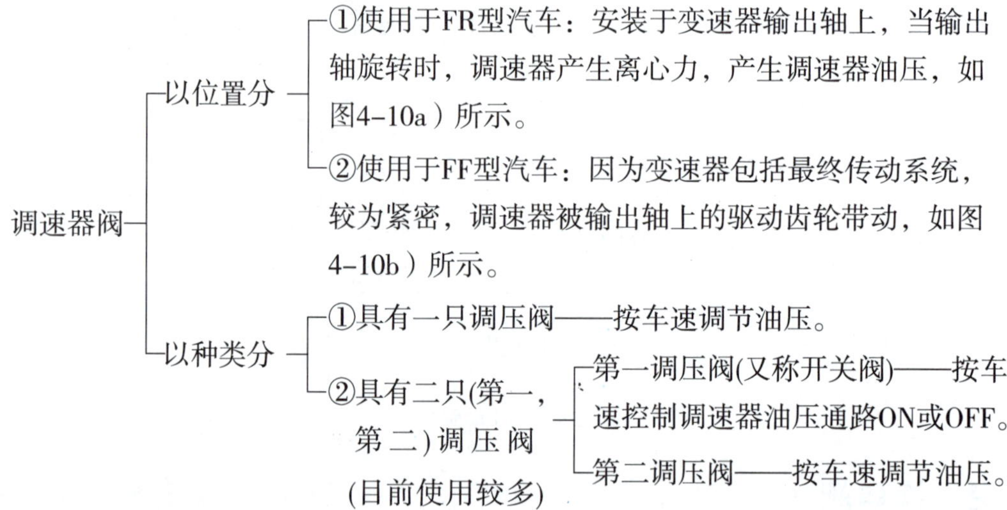

（1）调速器油压路线：

从油泵送出管路油压→手动阀

（“D”、“2”、“1”）挡位→ 调速器(一只调压阀) / 第二调压阀→第一调压阀 →产生调速油压

（2）作用情况。为了让大家了解其作用，本节将分别叙述具有一只调压阀与具有两只调压阀的作用情况。

①具有一只调压阀的调速器如图4-11所示。

变速器驱动齿轮→调速器齿轮→调速器旋转 配重 / 调压阀 皆往外移→

管路油压进入调速器 —阀门调节→ 调速器油压流出（速度越快，油压越大）

a）用于FR型汽车的调速器

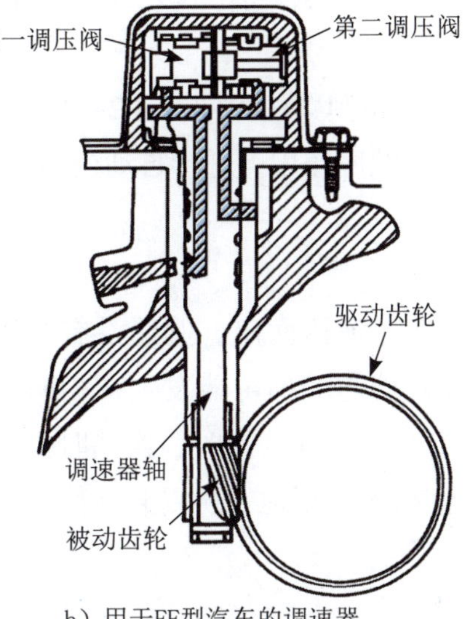

b）用于FF型汽车的调速器

◆ 图4-10 自动变速器的调速器

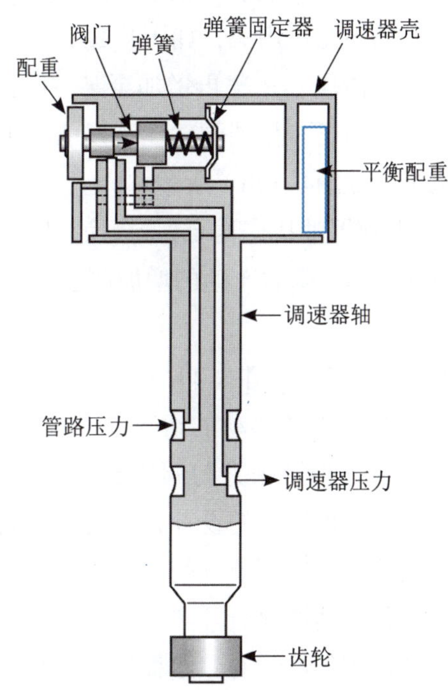

◆ 图4-11 具有一只调压阀的调速器

②具有两只调压阀的调速器如图4-12所示。

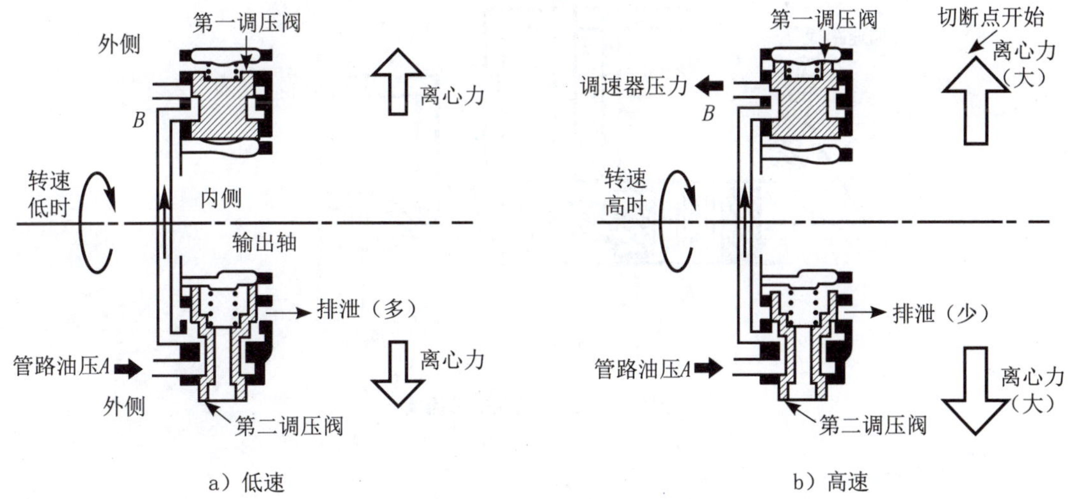

a）低速 b）高速

◆ 图4-12 具有两只调压阀的调速器作用情况

可分为三个阶段：

第一阶段：变速杆置于“D”“2”“1”挡位时→管路压力从通道A进入第二调压阀→轴阀往内侧移动→大量油液从排泄孔流出→调速器油压无法上升，如图4-12a）所示。

第二阶段：车速逐渐增加→第二调压阀阀轴受弹簧弹力及离心力往外侧移动→排

泄孔变小→产生油压流至第一调压阀（离心力不足，轴阀关闭）→无油压产生（车速低，换挡阀无作用），如图4–12a）所示。

第三阶段：车速再增加至某一阶段→一次调压阀轴阀压缩弹簧→*B*通道打开→产生调速器油压→排挡阀。在这以前由第一调压阀控制，切断点之后为第二调压阀的控制范围，如图4–12b）所示。

*调速器油压先送至1–2挡换挡阀，因受压面积及弹簧弹力的不同，比2–3挡、3–4挡较先作用，随着车速的增加调速器油压也增加，按此顺序作用，进行自动换挡。

五、节流阀（Throttle Valve）

换挡阀阀轴移动的情况，完全视节流油压与调速器油压而定，假使没有节流油压，而只靠弹簧张力与调速器油压抗衡，将会造成升挡与降挡可能发生在相同的车速，这是一种不良的设计，因为在相同的车速下，当节气门开度大时，换挡时机应产生在较高车速，而节气门开度小时，换挡时机则发生在较低车速。所以必须使用节流阀来补救此种情况。

节流阀的型式有：踏板控制式和真空膜片控制式。

（1）踏板控制式如图4–13所示。

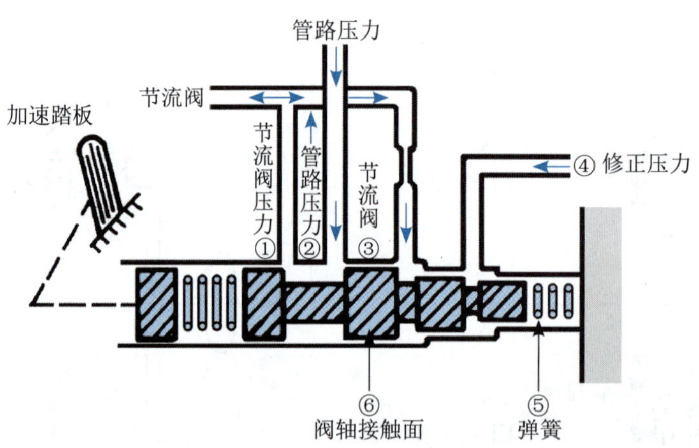

图4–13　踏板控制式节流阀

踏板未踩：

当节气门关闭（未踩加速踏板），回拉弹簧张力使得阀轴往左移，接触面⑥封闭通道②，使得管路油压无法进入，此时节流阀也没有油压产生。

踏板踩下：

踏板→柱塞→节流阀弹簧→阀轴往右移→接触面⑥没有封闭通道②→管路油压进入节流阀通道②→通道①→产生节流阀油压。

（2）真空膜片控制式：利用发动机进气歧管真空控制阀轴的移动，如图4–14所示。

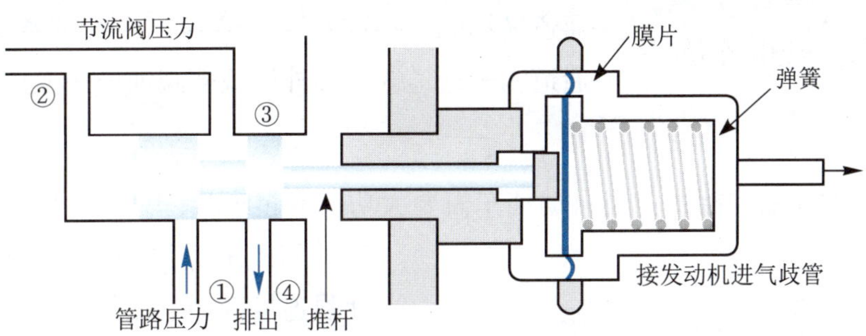

◆ 图4-14 真空控制式节流阀

节气门开度小：进气歧管真空大→膜片被往右吸→弹簧压缩→阀轴往右移→往通道①来的管路油压-[→从通道③流出成为节流阀油压；→部分油压从通道④排出，降低油压]→部分节流油压从通道③导入阀轴末端→将阀轴往右推→与右方压力平衡即停止。

节气门开度大：进气歧管真空小→膜片被往左推→弹簧弹开→阀轴往左移动→往通道①来的管路油压经通道③→作用阀轴左侧→节流阀压力慢慢升高→通道④才完全关闭→节流压力等于管路压力。

六、强迫换低挡阀（又称踢低阀）（Kickdown Valve）

强迫换低挡阀作用于加速踏板踩到底（超车、需较大功率时），产生一油压力，迫使换挡阀由高挡位变换为低挡位，故又称踢低阀。

按操作方式分：凸轮操作式和电磁线圈控制式。

（1）凸轮操作式：此种形式是将节流阀与换低挡阀设计在成一体，如图4-15所示，图中正处于强迫换低挡位置，凸轮连接至节气门连杆（缆线），凸轮作用于强迫换低挡阀，然后经由弹簧将动力传送至节流阀，迫使两只阀轴向右移动。

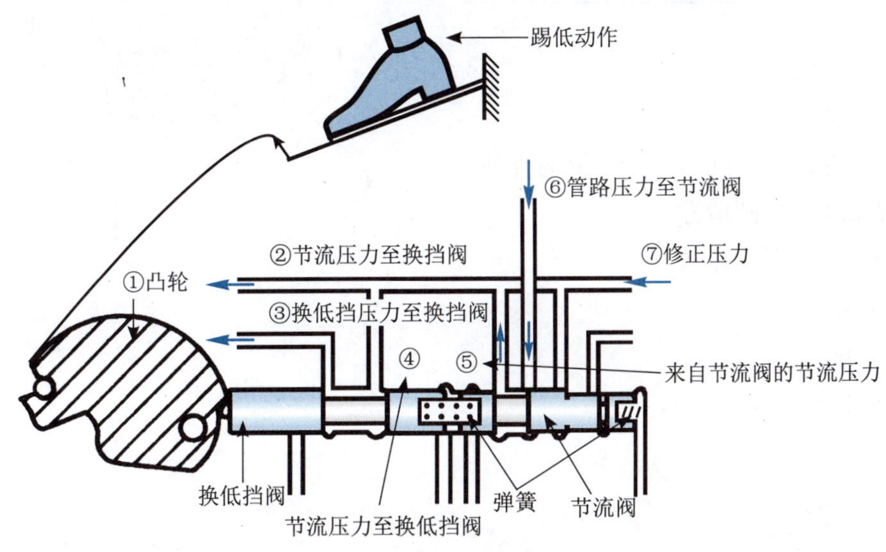

◆ 图4-15 凸轮操作式踢低阀（NISSAN）

节流阀油压⑥→经由通道⑤→通道换挡阀
→通道④→通道③（额外换低档阀油压→换挡阀）
→强迫降挡。

（2）电磁线圈控制式：当自动挡车需要大功率或超车时，只要将加速踏板踩到底（踏板全行程7/8 ~ 15/16），就会使强迫换低挡电磁阀接通，当电磁阀接通时→推杆左移→换低挡阀门左移→管路油压由通道B进入→通道A→换挡阀→产生降挡作用，如图4-16所示。

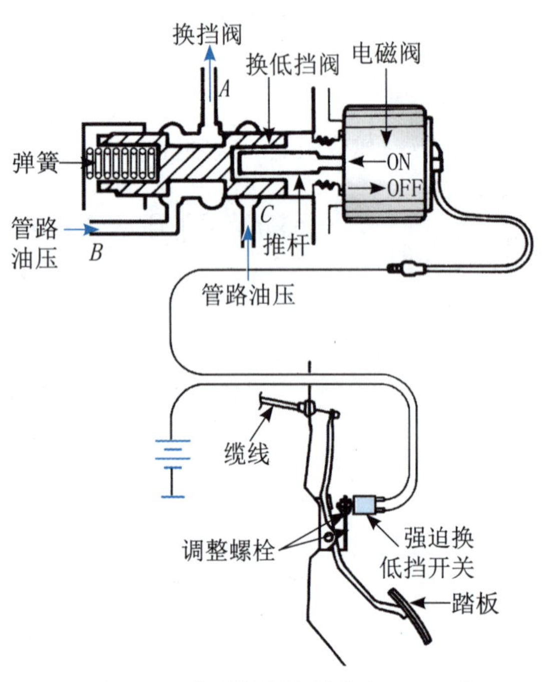

◆ 图4-16 电磁线圈控制式（NISSAN）

当电磁阀不作用时，弹簧弹力将各零件归位（阀轴往右移），使得由通道B进入的管路油压被阀轴堵住。

*通道C也是管路油压进入口，但不适用于降挡情况，而是当变速杆选在低挡位时，电磁线圈不作用，管路油压由通道C进入，经由通道A至换挡阀，保持在低挡位置。

4.5 辅助阀

（1）功用：

①防止油压过高。

②防止在同一时间，两挡位同时作用。

③提供换挡的圆滑性。

④增加变速器运作效率。

（2）种类：

①压力阀。

②时间阀。

③流向阀。

④安全阀。

一、压力阀

（1）修正阀（Modulator Valve）：若只使用压力调整器，则当车速上升时，管路压力也上升，可能造成换挡时的振动（离合器接合时的振动），油泵消耗也增加。为了防止这种情况，因此还要设计一压力修正阀，降低管路压力，防止换挡时的振动，如图4–17所示。

当车速上升→调速器压力上升，由压力修正阀通道⑮进入→阀轴往左移动→节流阀压力⑯切换成节流阀压力⑱→压力调整阀阀轴下移→管路压力降低（可防止换挡时的振动）。

*当节流阀压力与调速器压力均高或两者均低时，压力修正阀方可换向。

（2）补偿阀（Compensator Valve）：补偿阀在不同节气门开度、车速高低及手动阀位置配合下，用来改变不同的管路压力，例如：车速低、节气门开度大时，补偿阀使作用于制动器及离合器的管路压力升高，才能防止滑动。补偿阀的压力是作用于压力调整阀尾端，与弹簧张力相反。当补偿压力为零时，管路压力最高。

作用情况如图4–18所示。

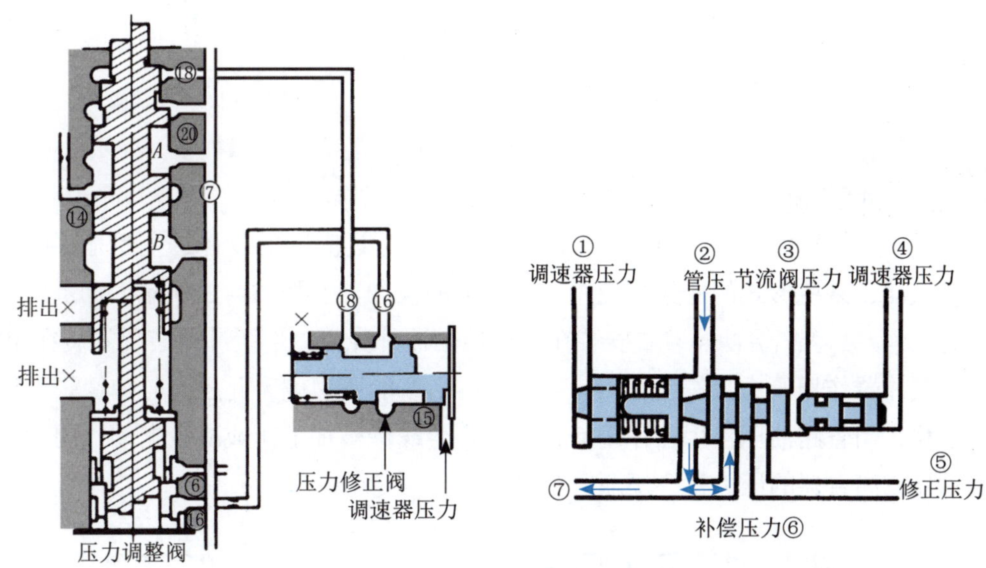

◆ 图4–17 修正阀的作用情况

◆ 图4–18 补偿阀作用情况

①车速低、节气门开度小→弹簧弹力迫使阀门往右移→管路压力从通道②进入

→通道⑦流出（补偿阀压力）。

→从通道⑦流至通道⑥（阀门保持平衡）。

②车速高时，节气门开度大→调速器压力从通道①及④进入→阀门再往右移→产生高补偿阀压力及低管路压力。

③车速低、节气门开度大→节流阀压力从通道③进入→阀门往左移→产生低补偿阀压力及高管路压力。

（3）增压阀（Boost Pressure Valve）：在节气门开度大、发动机转矩大的状况下，唯有提高管路压力才可防止制动器及离合器的打滑。因而设计一增压阀，其作用是将节气门打开，节流阀压力增加，造成增压阀移动压缩弹簧，此一动作将提供一个力帮助调整阀弹簧弹力，使得管路压力增加，如图4-19所示。

（4）释放阀（Relief Valve）：当回路压力过高，必须降低压力时，可采用释放阀，使压力符合规定，最简单的释放阀如图4-20所示，当油液由通道③进入，若流入油压比弹簧弹力高时，油液将会迫使钢球往下移动，部分油液由通道④流出；若油压比弹簧弹力低时，钢球被弹簧往上压，关闭通口。因钢球易发生振抖，许多形式的变速器已改成轴阀式释放阀。

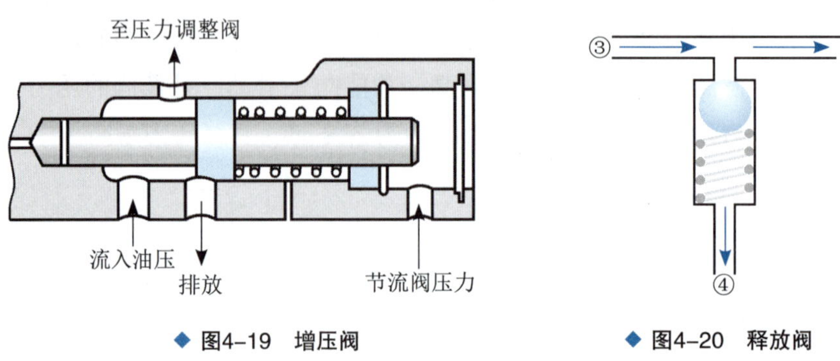

◆ 图4-19　增压阀

◆ 图4-20　释放阀

二、时间阀

（1）缓冲器（Accumulator）：缓冲器是一种延迟时间的设计，主要是可以减少换挡的振动，某些形式的变速器使用一只以上的缓冲器，如图4-21所示，即A_1、A_2、A_3、A_4，A_1、A_2、A_3缓冲器装置安装在联合传动器外壳上，A_4缓冲器装置安装在OD外壳上，缓冲器作用压力是作用在A_1，A_2缓冲器活塞的压力侧，此压力与弹簧张力使活塞往下移，当管路油压作用在作用室，活塞将会缓慢被往上压或减少振动，因此作用在制动器或离合器的压力将会逐渐上升。

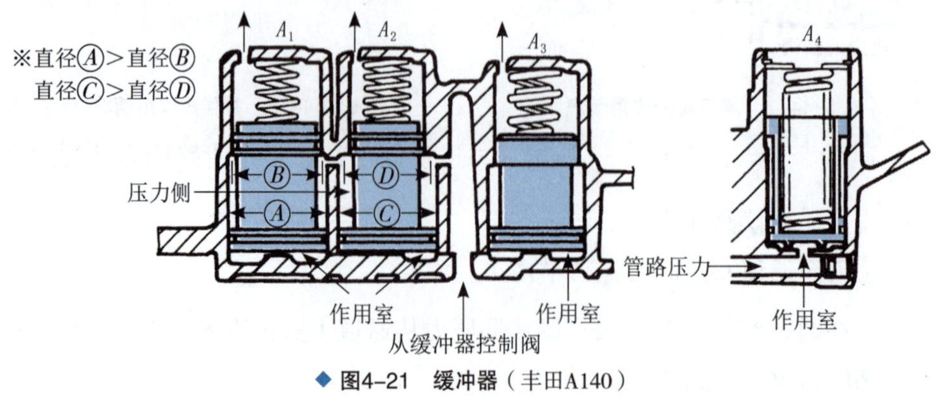

◆ 图4-21　缓冲器（丰田A140）

（2）限孔阀（Orifice Control Valve）：限孔阀是用来限制油液的流动，这种限制的设计可在液压系统中产生不同的效果，有的是减少油压，有的是用来延迟油压的建立，其形式可分为轴阀式及钢球式。

①轴阀式限孔阀如图4–22所示。

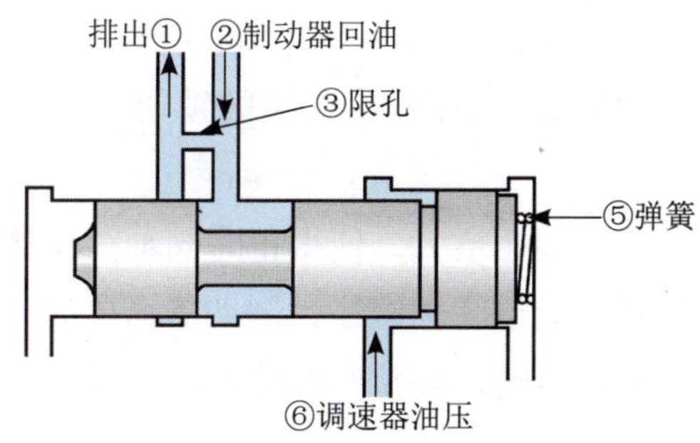

◆ 图4–22　轴阀式限孔阀在车速高时作用情况

当车速高→调速器油压高，由通道⑥进入→轴阀往右移压缩弹簧→通道①被遮住→制动器释放油压经通道②进入→经限孔→制动器释放时间延迟。

车速低→调速器油压小→弹簧回弹→轴阀往左移动→制动器释放油压由通道②进入→经限孔③及通道①→制动器释放时间较快。

②钢球式限孔阀如图4–23所示。

当离合器作用时→油液从通道①进入→钢球保持在球座上→油液在经由限孔②流出，离合器作用压力逐渐建立，较为平缓。

当离合器释放期间→离合器压力释放—┬→经由通道④推开钢球—┬→由通道①流出，离合器释放时间较为短暂。
　　　　　　　　　　　　　　　　　└→经由限孔②——————┘

一般而言，在油压回路中常设有数个限孔阀，特别是制动带作用与离合器释放时间必须配合很好，即制动器作用最佳时间必须在离合器释放将结束之前就开始，并不是两者同时进行。

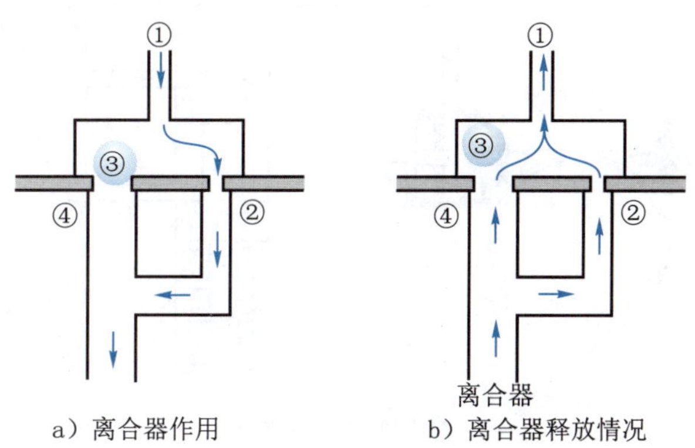

a）离合器作用　　b）离合器释放情况

◆ 图4–23　钢球式限孔阀

（3）换低挡正时阀（Downshift Timing Valve）（例：3→2挡正时阀）：当自动变速器由高挡变为低挡（3挡→2挡）时，车速与发动机转速换挡时间并不配合，致使低速时3挡→2挡，发动机有空转的感觉；高速时3挡→2挡，发动机有被拉回的感觉（减速振动）。因此，为了防止这种不良现象，采用3–2挡正时阀，使乘坐舒适。

作用情况：

①当车速低时，因调速器油压较低，此时3–2挡正时阀轴被弹簧张力推往至右侧，若自动变速器在此时由3挡降为2挡时，3挡制动器释放油压将由通道①至通道②及通道③，快速地泄放，而使第2挡制动带很快的锁紧，防止空挡的感觉，如图4–24所示。

②当车速较高时，调速器油压增大，使得正时阀轴往左侧移动，压缩弹簧，如图4–25所示，此时通道②打开，通道③被遮住，制动器释放油压经由通道②泄放，其泄放速度较车速低时为慢，可抑制转速被拉回的感觉。等发动机转速上升时，再使制动带锁紧，换挡可较为平滑。

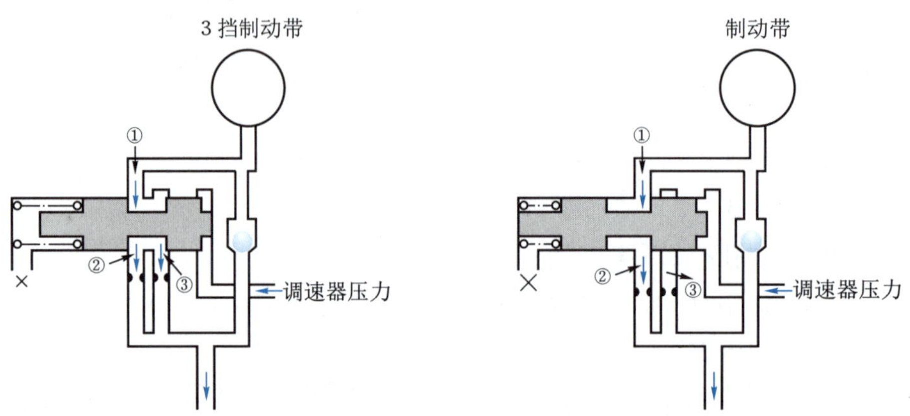

◆ 图4–24　3–2正时阀在低速时作用情况（排放油压较快）　◆ 图4–25　3–2正时阀在高速时作用情况

（4）次序阀（Sequence Valve）：次序阀为一种有次序完成作用的阀门，通常用于时间延迟的装置上，以帮助制动器或离合器的作用圆滑，如图4–26所示。

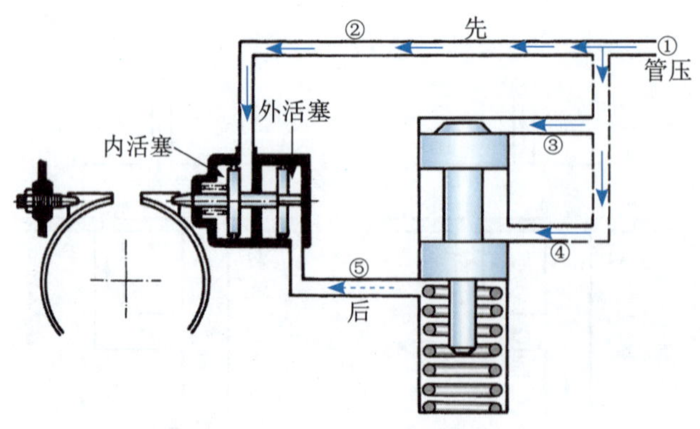

◆ 图4–26　次序阀

当制动器将要作用时，管路压力一方面从通道①经通道②作用制动器内活塞，另一方面经由通道③及通道④，将轴阀往下压，此时，油液就从通道④经通道⑤而作用制动器外活塞。内活塞与外活塞的作用，使得制动带制动效果较为紧固及圆滑。

三、安全阀

（1）抑制阀（Inhibit Valve）：当车辆高速行驶时，为防止变速杆由高速挡位直接移至低速挡位，因而采用一只抑制阀，如图4-27所示，只要车速超过30km/h，调速器油压由通道①进入压下轴阀，使得通道②被封住，因而可防止任何降为低挡的可能。某些形式变速器则手动阀本身就具有此种阀门的功能。

（2）阻碍阀（Blocker Valve）：当车辆前进行驶时，可防止变速器换入P挡位或N挡位，只要车速达到8km/h，调速器油压将会驱使阻碍阀轴阀往外移动，对手动阀产生阻碍作用，因此，可防止变速杆换入P挡位或N挡位，而造成变速器的损坏。

四、流向阀

（1）止回阀（One Way Valve）：大部分使用钢球式止回阀，如图4-28所示，当油液从A处流入，油液压力将钢球推离球座，而由B道流出去，但是当油液从B通道流入时，则钢球会紧密靠着球座，油液无法流出，此阀又称防止逆流阀。

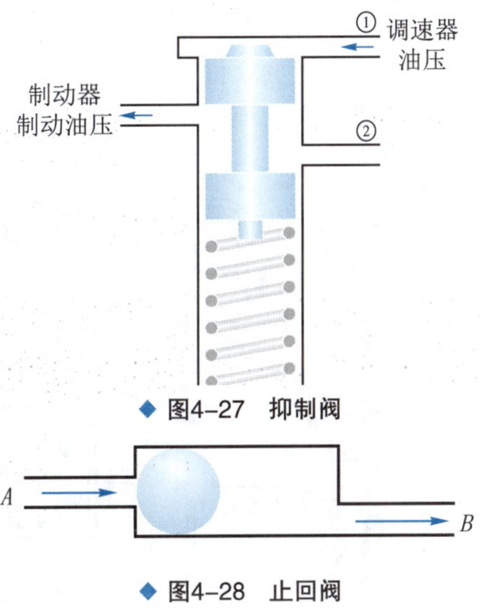

◆ 图4-27 抑制阀

◆ 图4-28 止回阀

（2）穿梭阀或称梭动阀（Ball Shuttle Valve）：如图4-29所示，钢球置于三条通道交叉点，通道A、B为油压的入口，通道C为油压出口，当通道A有油压进入时，钢球因油压作用会离开A通道入口而封住通道B的入口，当通道B有油压进入时，则钢球封住通道A的入口，防止油液从通道A流入。此种阀门一般用于低挡及倒挡制动器油路，即低速挡位油压进入通道A，倒挡油压进入的通道B，C为到制动器的作用油压。当低速挡时，作用情况如图4-29a）所示，当倒挡时，其作用情况如图4-29b）所示。

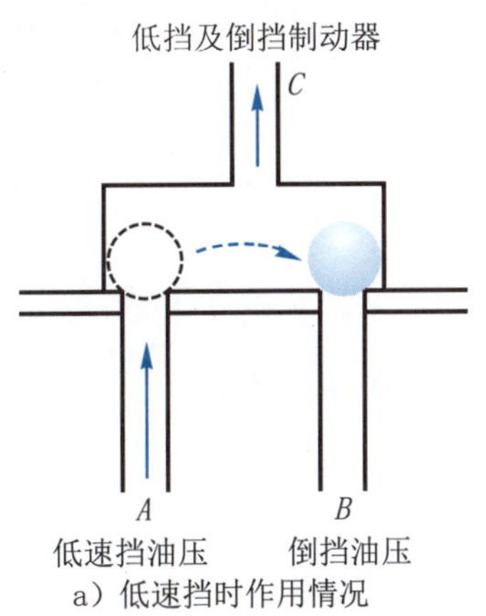

a）低速挡时作用情况

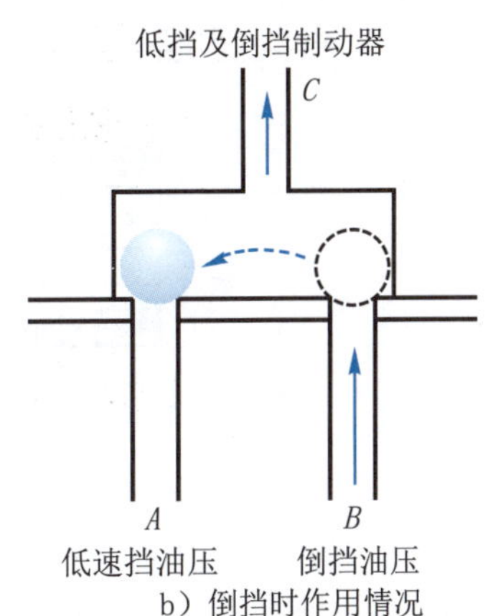

b）倒挡时作用情况

◆ 图4-29 穿梭阀作用情况

4.6 管路压力、节流阀压力、调速器压力及液力变矩器压力

（1）管路压力（line pressure）：油泵将ATF送至压力调整阀，经由压力调整阀输出的压力称为管路压力，为其他回路压力之来源。

（2）调速器压力（Governor pressure）：由调速器输出的油压称为调速器压力，车速越快，调速器压力越大。

（3）节流阀压力（Throttle pressure）：节流阀压力是对应节气门开度来调节管路压力。节气门开度越大，节流阀压力越大。

（4）液力变矩器压力（Convertor pressure）：经由液力变矩器调整阀（T/C阀）调节后的管路压力。

自动变速器各回路压力如图4-30所示。

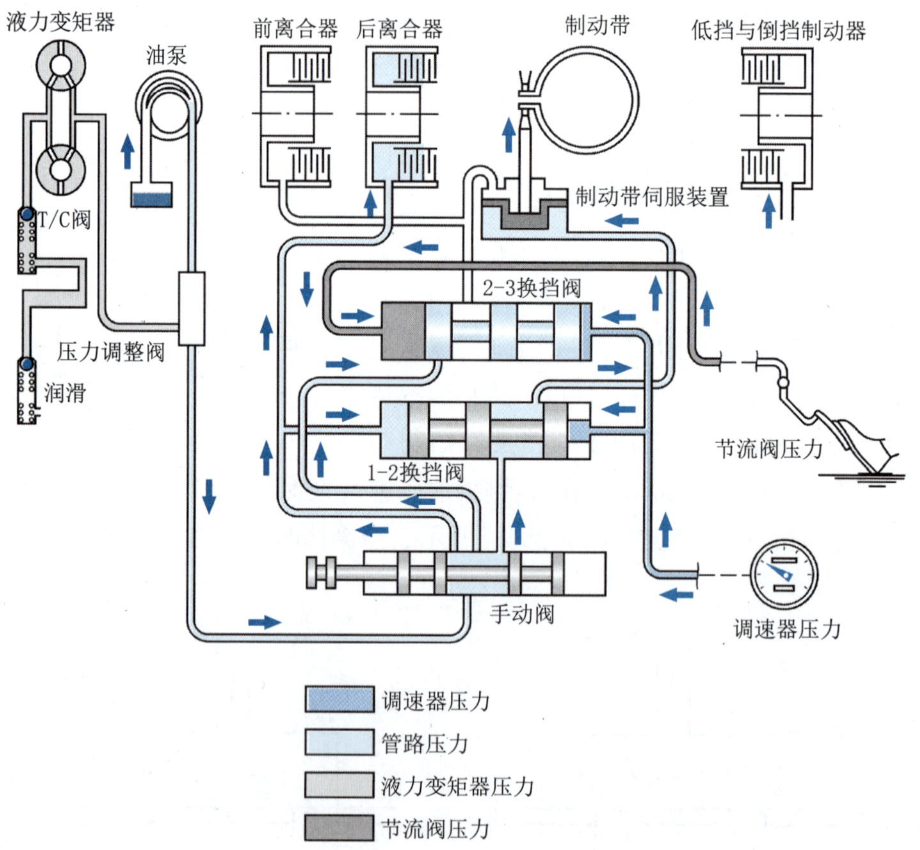

◆ 图4-30 3N71B “D_2” 挡位各回路油压流动情况

一、选择题

1. 自动变速器手动阀的功用是______。

（A）使离合器及制动带作用平稳　　（B）供驾驶人选择行驶范围

（C）配合发动机需要调整油压　　（D）配合速度调整油压

2. 驾驶人能随意将自动变速器高挡强迫换低挡行驶，使车辆获得较大加速力的阀门是______。

（A）调速器阀　（B）踢低阀　（C）手动阀　（D）调整阀

3. 当车速上升时，管路压力也上升，可能造成换挡时的振动，因此要使用______阀门去补救。

（A）止回阀　（B）穿梭阀　（C）节流辅助阀　（D）压力修正阀

4. 下列______阀门是用于车速低、节气门开度大时，使作用于离合器及制动带的管路压力升高防止滑动。

（A）止回阀　（B）穿梭阀　（C）补偿阀　（D）踢低阀

5. 下列______辅助阀门与时间有关。

（A）止回阀　（B）抑制阀　（C）缓冲器　（D）穿梭阀

6. 在全液压式自动变速器中，作用于换挡阀（Shift Valve）的调速油压为：____。

（A）由发动机节气门位置改变作用于节流阀（Shift Valve）来调节

（B）由变速器输入轴带动的压力调节阀（Pressure Regulator Valve）来调整

（C）由驾驶人操纵手动阀（Manual Valve）来调节

（D）由变速器输出轴带动的调压阀（Governor Valve）来调节

7. 一般而言自动变速器内的油泵大都采用______。

（A）内齿轮式　（B）往复式　（C）离心式　（D）叶片式

8. 液压式自动变速器控制阀体总成内，______元件主要功用是将车速转换成油压信号而控制换挡时机。

（A）调压阀　（B）节流阀　（C）调速阀　（D）手动阀

9. 三个前进挡的自动变速器有______换挡阀。

（A）1个　（B）2个　（C）3个　（D）4个

10. 当加速踏板踩下______行程以上时即强迫降挡。

（A）1/4　（B）3/4　（C）1/2　（D）7/8

11. 下列______在自动变速器中是控制适当的油压，使变速器产生最适当的转矩。

（A）离心调压阀　（B）手动阀　（C）换挡阀　（D）真空节流阀

12. 全液压式自动变速器，其节流阀油压调整过高时会造成：______。

（A）齿轮容易磨损　（B）换挡时机提前

（C）换挡时机延迟　（D）液力变矩器失速

13. 送到离合器或制动带伺服机构的油压，是由______控制导通或泄放。

（A）压力调节阀　（B）换挡阀

（C）节气阀　（D）速控器阀

14. 通常油泵是由______驱动。

（A）曲轴　（B）涡轮轴　（C）A/T输入轴　（D）A/T输出轴

15. 对换挡阀的叙述______错误。

（A）换挡阀是控制ATF流动方向的阀门

（B）换挡阀可用来控制A/T的升、降挡

（C）换挡阀柱塞的其中一端为调速器压力

（D）换挡阀为单阀环设计

16. 对阀体的叙述______正确。

（A）阀体内许多通道因阀柱塞的移动而开闭

（B）阀体装在变速器的顶部

（C）阀体一般是不可分解式

（D）上、下阀体间只有垫片无隔板

17. 在汽车加速时提高主管路压力______。

（A）以减少油泵动力损耗　（B）以防止离合器及制动带打滑

（C）可提高输出转矩　（D）可减少汽油消耗

18. 各挡换挡阀其控制压力为______。

（A）节流压力　（B）管路压力　（C）压力修正压　（D）调速压力

19. 驾驶自动变速器的汽车，为了要超车希望从4挡换成3挡，应该______变换。

（A）将加速踏板踩到底　（B）将变速杆从D挡换到L挡

（C）将加速踏板放松　（D）将变速杆从4挡换到3挡

20. 油压系统不包括下列______零件。

（A）油盆　（B）油泵　（C）换挡阀　（D）单向离合器

21. 调速器是由______所驱动。

（A）曲轴　（B）涡轮轴　（C）A/T输出轴　（D）最后传动齿轮轴

22. 下列______属于离心调压器的功用。

（A）调节自动变速器内的主油压　（B）调整到液力变矩器的油压

（C）调节油泵的油压　（D）调节控制阀体油压，使其升挡或降挡

23. 缓冲器（蓄压器）______。

（A）可调节液力变矩器压力　（B）能减低ATF温度

（C）可缓和换挡振动　（D）能减少ATF消耗

24. 自动变速器的液压控制系统的原理，是采用______。

（A）欧姆定律　（B）浮力原理　（C）阿基米德原理　（D）帕斯卡原理

25. 如下图所示的液压系统，则活塞B的面积是______。

（A）5　（B）10　（C）50　（D）400

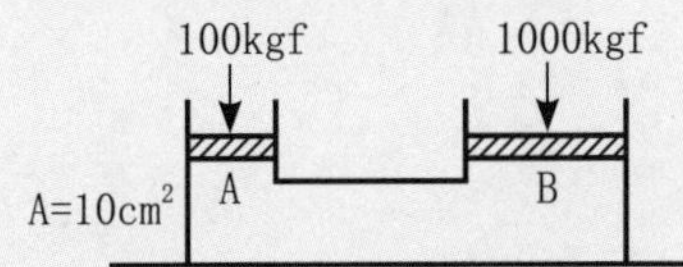

二、简答题

1. 液压控制系统中所使用油泵其种类有哪些？
2. 试述压力调整阀的功用及作用情况。
3. 试述1–2挡换挡阀的作用情况。
4. 试述具有一只调压阀的调速器的作用情况。
5. 试述节流阀功用是什么。绘图并说明真空控制膜片式节流阀作用情况。
6. 为什么需要使用压力修正阀？试绘图并说明其作用情况。
7. 补偿阀的功用是什么？
8. 试问增压阀的功用是什么？
9. 绘图并说明释放阀的作用情况。
10. 试问缓冲阀的功用是什么？
11. 绘图说明限孔阀的作用情况。
12. 试述次序阀作用情况。
13. 试问自动变速器所使用的辅助阀大概可分哪几大类？
14. 试述辅助阀的功用。

各变速挡位的作用

学习目标

- 5.1 概述
- 5.2 四速自动变速器结构介绍
- 5.3 液压控制系统
- 5.4 各变速挡位的齿轮传动
- 5.5 其他自动变速器的变速方式

- ◆ 能够熟悉目前自动变速器的一般构造
- ◆ 能够了解液压控制系统各控制的功用及动作
- ◆ 能够分析各挡位油压控制方式
- ◆ 能够了解各挡位的齿轮传动情况
- ◆ 能够熟悉其他自动变速器的变速方式

5.1 概　述

近年来由于汽车科技大幅度进步，发动机的功率及转矩不断提升， 传统的三速自动变速器已不能满足汽车的需要，取而代之是以四速自动变速器为主流；对于一些更大输出功率的发动机，已使用六速自动变速器，以提供圆滑顺畅的转矩输出，并降低油耗。本章将介绍以四速自动挡为主的各挡位动作，并加以液压回路说明，读者若能配合前4章的基本原理介绍在本章综合应用，将有助于对自动变速器深一层次的认知。

一般汽车制造厂家都会在其修护手册上提供该自动变速器的液压回路图，以及各液压阀原理、伺服机构动作等，利用这些资料我们可了解在不同的操作下，自动变速器是如何工作，并且经由此资料可协助我们诊断许多系统性事故。

5.2 四速自动变速器结构介绍

本章介绍广泛使用的日产RL4F03A型自动变速器，如图5-1a）所示。本自动变速器是特别设计使用于前置发动机驱动前轮的车辆上。它使用了两组行星齿轮组，同时搭配四组多片离合器、一组复合式制动带［图5-1b）］、一组制动器及二组单向离合器，能够提供四个前进挡及一个倒挡，图5-2所示为视图，说明了各伺服机构、行星齿轮组等的名称及位置。

图5-1b）为复合式制动带的构造，此制动带有三个压力室，根据换挡选择可使油压进入不同的压力室。油压作用在活塞，推杆可使制动带放松或束紧倒挡离合器鼓。其工作状况为皆无油压时，弹簧将活塞向后推，故不作用。在2挡时，油压作用在2挡施压侧，使制动带束紧。3挡时油压同时作用在2挡施压侧及3挡释放侧，因为释放侧作用面积大于施压侧（力=压力×作用面积）故制动带为释放。在4挡除上述3挡的作用外另加4挡施压侧油压，故制动带为束紧。在2挡和4挡制动带皆束紧，之所以如此区分，是因为发动机转矩在4挡比起2挡较有换挡振动，故必须有不同束紧力来降低发动机转矩的振动。

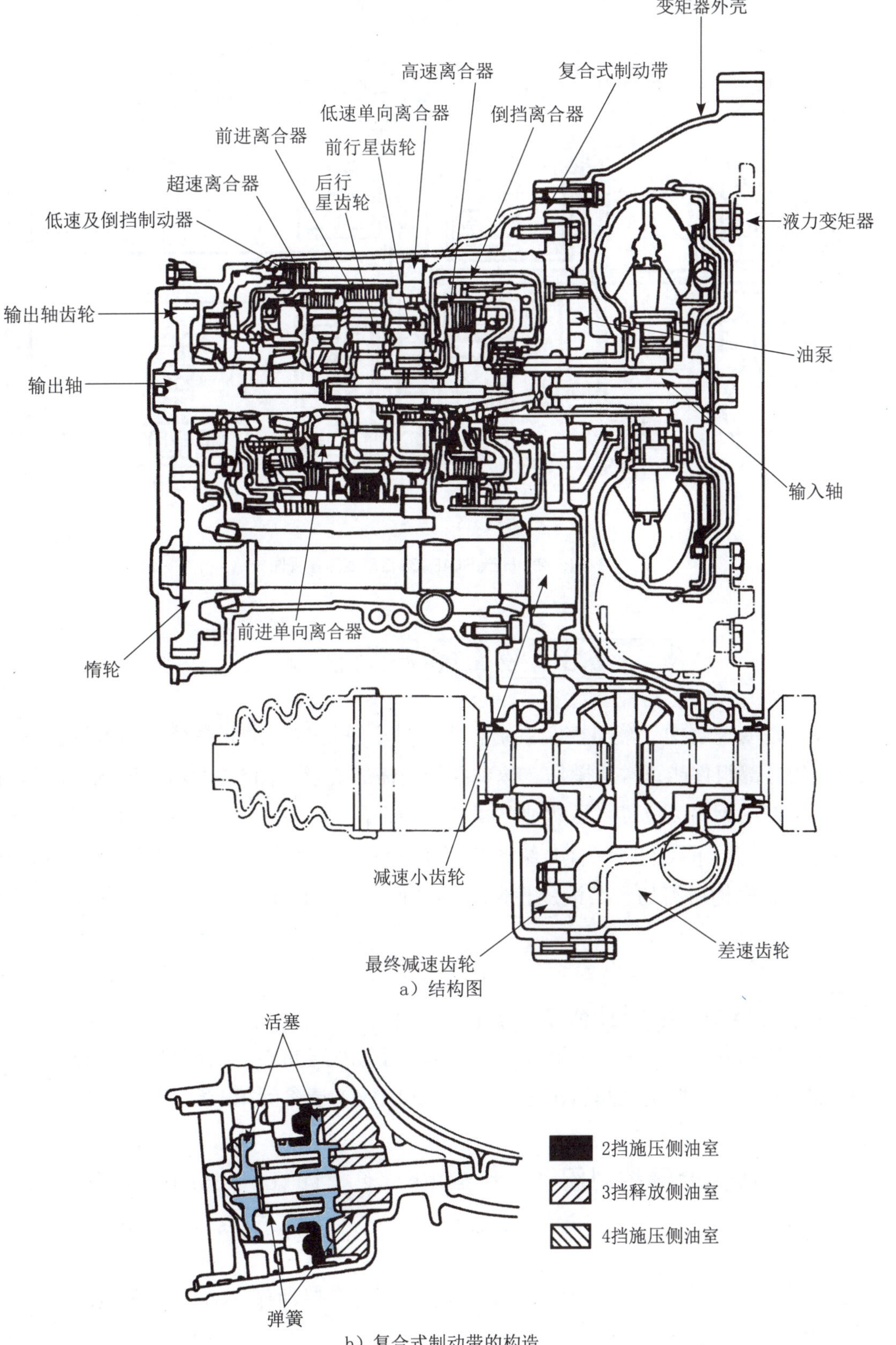

a）结构图

b）复合式制动带的构造

◆ 图5-1　裕隆日产 RL4F03A型自动变速器

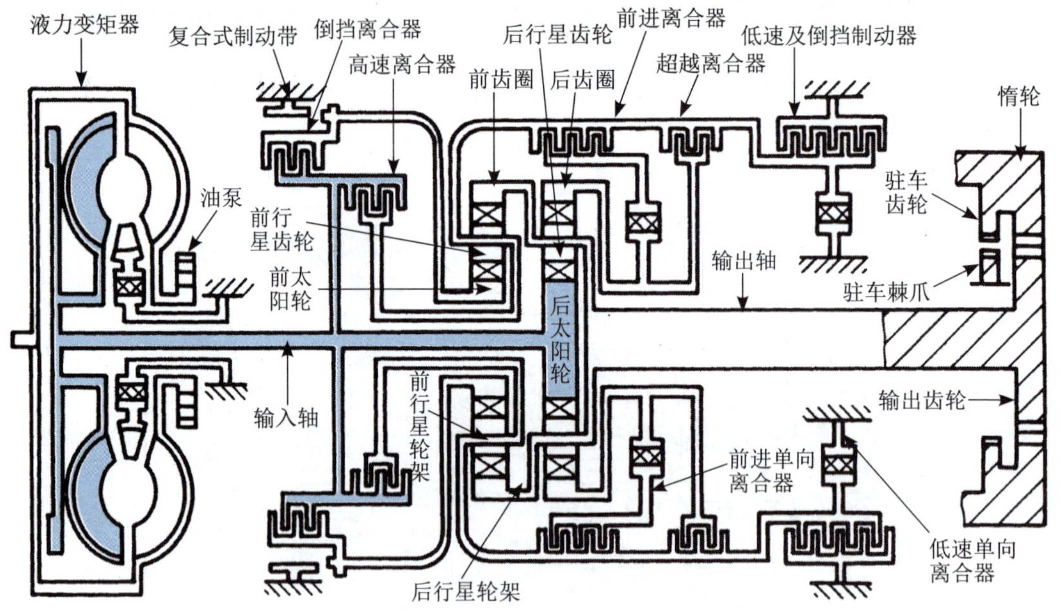

◆ 图5-2　日产 RL4F03A自动变速器视图

5.3　液压控制系统

在自动变速器中，液压控制系统相当于其心脏地位，由此系统送出各种控制油压，使得各部组件能正常地操作，达到我们所需的要求。图5-3所示为油压控制回路及各部分控制阀相关位置，虽然油路稍嫌复杂，但也是缺一不可。在第4章我们已学过各种阀门，以下我们将综合介绍各个控制阀的功能及其如何动作，另外也将提及供给各伺服机构所需的管路油压控制、换挡回路等。图5-4所示为其系统控制流程框图。

一、各控制阀的功能及动作

压力调整阀（PRV）、节流阀（THV）、手动阀（MV）、换挡阀、强迫降挡阀（KDMV）、3—2挡正时阀、锁定控制阀（LUDV）请参阅第4章，其他控制阀如下所述：

1. 超越离合器控制阀（overrunning clutch control valve，OCCV）

功能：

在汽车减速滑行时，某些挡位必须在超越离合器动作接合时，才能产生发动机制动。

注：本节各阀门请直接参考图5-3液压回路图。

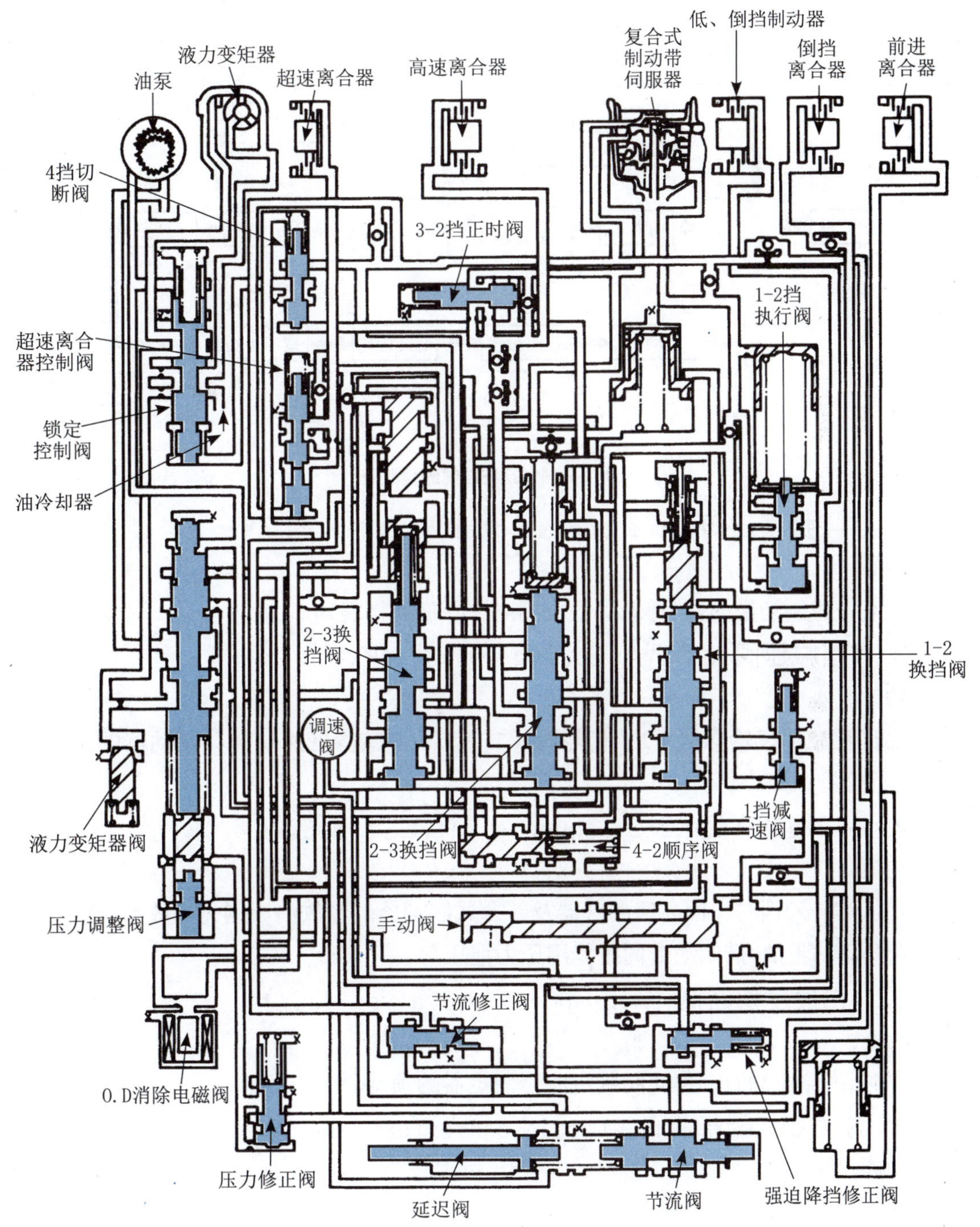

◆ 图5-3 液压控制回路（日产汽车）

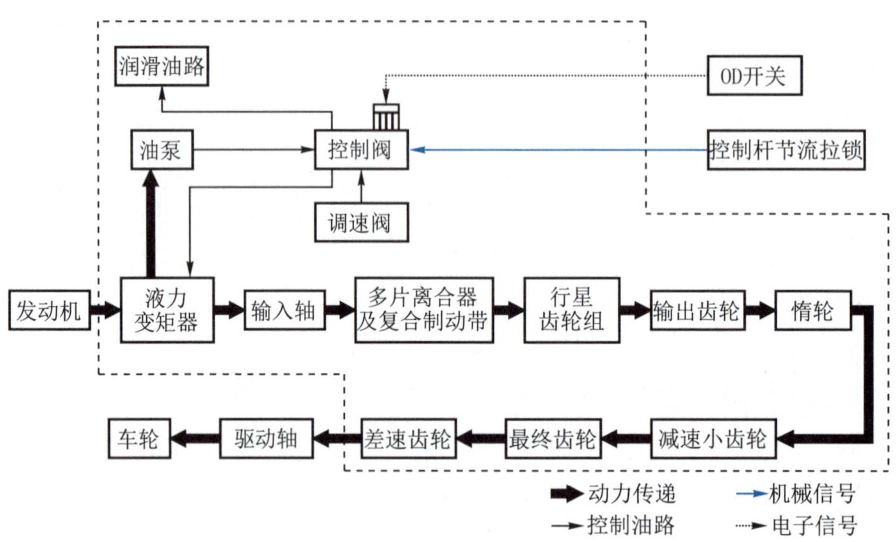

◆ 图5-4 系统控制流程框图

2. 1-2挡蓄压阀（1-2 accumulator valve，1-2 AV）

功能：

在复合式制动带的2挡制动伺服作用时，降低换挡振动。

3. 1挡减压阀（“1” reducing valve，1RV）

功能：

在1挡位2挡齿轮降挡至1挡齿轮时（$1_2 \rightarrow 1_1$），减少低速及倒挡制动器的压力，以缓冲振动。

4. 4-2挡顺序阀（4-2 sequence valve，4-2 SQV）

功能：

在从4挡→2挡时，使高速离合器及复合式制动器的释放油压侧先排放油压后，再让复合式制动带的4挡制动带伺服作用压力泄压。

5. 4挡速度切断阀（4th speed cut valve，4SCV）

功能：

在4挡齿轮驱动时，由此阀判定液力变矩器的锁定。

6. 液力变矩器释放阀（torque converter relief valve，TCRV）

功能：

防止液力变矩器过度升压。

7. 节流修正阀（throttle modifier valve，TMV）

功能：

（1）调整（降低）强迫降挡修正压并导引至3-4换挡阀及2-3换挡阀。

（2）在3→4换挡时，减少其冲击。

二、管路压力控制

请参考图5-5管路压力控制图。

管路压力是从油泵送出，其压力随着发动机转速增加而提高。此压力直接导引至压力调整阀（pressure regulator valve，PRV）的点，使得该阀向下移动。同时管路压力到强迫降挡修正阀（kickdown modulator valve，KDMV）而被此阀降压产生强迫降挡修正压力；此压力再度被导引至节流阀，因而再次降压产生节流压力。节流压力随后到压力修正阀（pressure modulator valve，PMV）而又降压产生了压力修正压（pressure modulator pressure），压力修正压就是作用在压力调整阀（PRV）的一个修正压力。

从上述，应可明白油压导引到每一个阀门都受到调压（降低），以维持各操作情况下管压的平衡，基本上压力调整阀向上移动量越多，则可得到越高的管路压力。

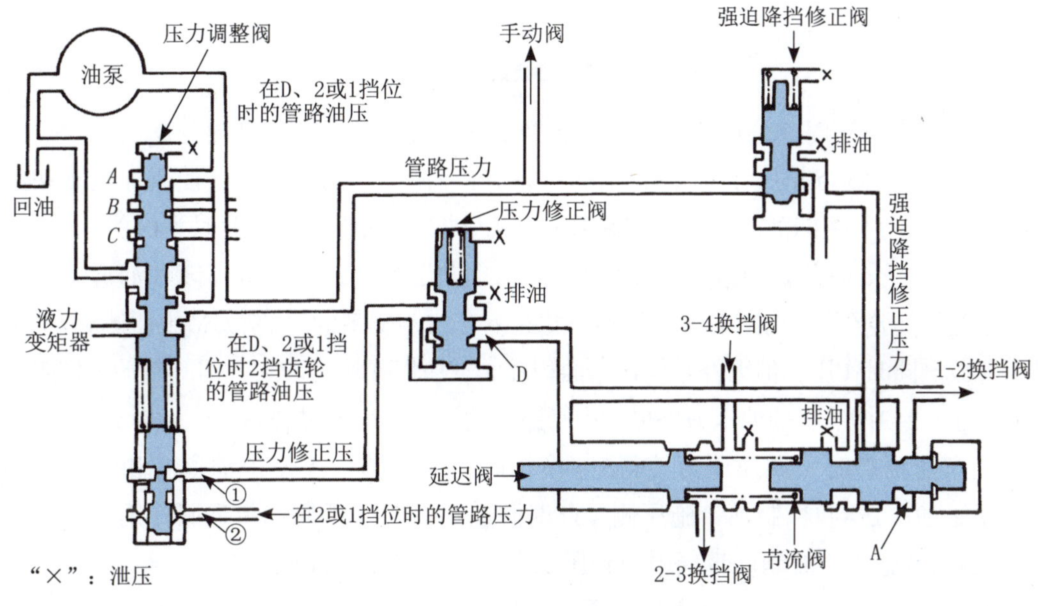

◆ 图5-5　管路压力控制

三、换挡控制

1. “D”挡位的换挡控制

图5-6所示为在D挡时简明的液压回路换挡控制图，详细相关位置请读者参照图5-3。

如图5-6所示，当手动阀在D挡位时管路油压经由手动阀的“D”口，导引至前进离合器并使之动作，另外经由调速器而产生调速压力（调速压力和车速成正比），作用在所有的3-4换挡阀，2-3换挡阀及1-2换挡阀，其阀门往上或往下都根据调速压力来决定。

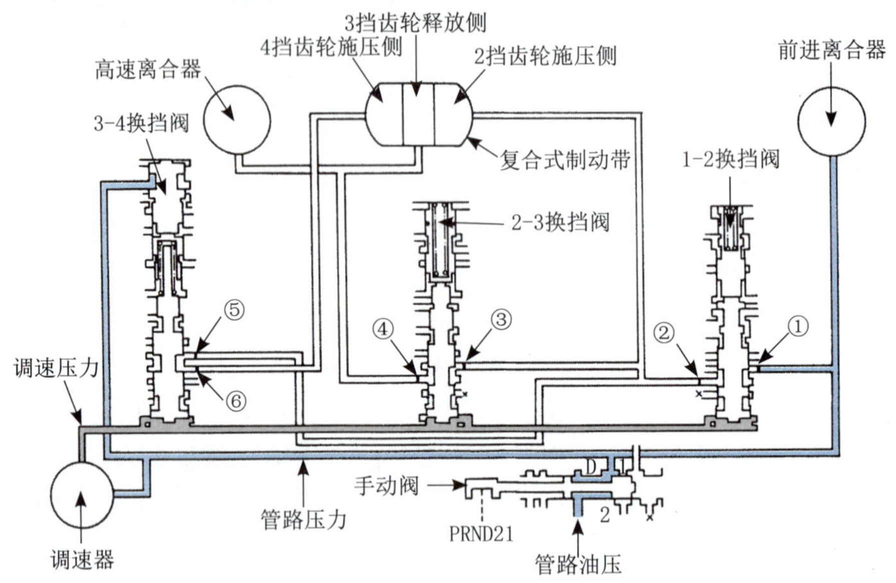

注：此图范例为D_4挡位，所以1-2换挡阀，2-3换挡阀及3-4换挡阀皆上移。

◆ **图5-6 D挡位换挡控制液压回路**

当车速在低速时，调速压力不大，各换挡阀皆保持在下方，此时为D_1挡。

在设定车速达到时，调速器送出的压力将1-2换挡阀向上移，这使得油道①和油道②相通，于是油压送至2挡制动带施压侧，使制动带伺服施压，此时为D_2挡。

车速进一步提升，调速压力使得2-3换挡也向上移，这使得油道③和油道④也相通，于是油压送到了3挡制动带释放侧，此时复合式制动带的2挡制动带施压侧和3挡制动带释放侧同时作用，但因释放侧作用面积较大，所以作用力较大，因此制动带伺服为释放状态。2-3挡送出的油压另外也经由管路，使高速离合器动作接合，此时为D_3挡。

当车速更高时，调速压力使得3-4换挡阀也向上移，这使得油道⑤和油道⑥相通，于是油压送到4挡制动带施压侧，此时除前述2挡、3挡制动带伺服作用外，又加上4挡制动带施压，故制动带伺服为施压状态，其余作用与前述相同。

在D挡位就是利用调速器送出的压力作用在各换挡阀，使得能产生1挡和2挡、2挡和3挡及3挡和4挡之间的换挡作用，并且作用于离合器和制动带等。以上总结见表5-1。

挡位的各组件作用 **表5-1**

齿轮位置	前进离合器	高速离合器	复合式制动带	1-2换挡阀	2-3换挡阀	3-4换挡阀
D_1	作用	释放	无油压	保持在下	保持在下	保持在下
D_2	作用	释放	2挡施压侧作用	保持在上	保持在下	保持在下
D_3	作用	作用	*2、3挡释放侧作用	保持在上	保持在上	保持在下
D_4	*1作用	作用	*3、4挡施压侧作用	保持在上	保持在上	保持在上

*1 在D_3、D_4挡作用，但不担任动力传递。

*2 油压同时作用在2挡施压侧和3挡释放侧，但因释放侧作用面积大于施压侧故制动带释放。

*3 如上*2所述再加上4挡施压侧压力，故制动带为施压作用。

2. “2”挡位的换挡控制

图5-7为在2挡位时简明的液压回路换挡控制图，详细相关位置请对照图5-3。

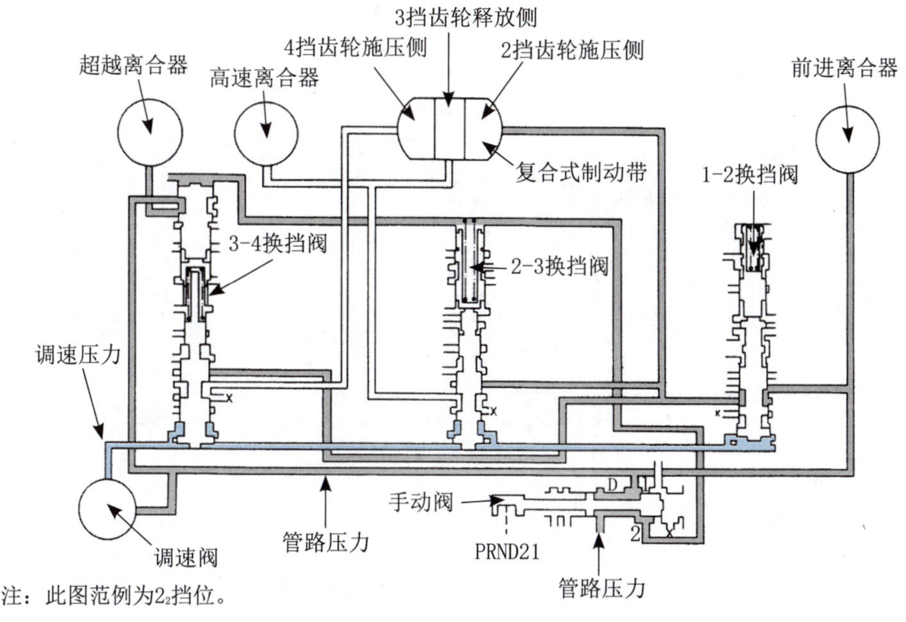

◆ 图5-7　2挡位换挡控制液压回路

如图5-7所示，当手动阀在2挡位时，管路油压经“2”口及“D”口分别导引至各换挡阀。从“D”口的油压仍经过调速器形成调速油压，此油压使前进离合器动作接合，及经3-4换挡阀使超越离合器动作接合，另外又作用在各换挡阀的下端油室，但因为从手动阀“2”口的油压作用在2-3换挡阀及3-4换挡阀上端油室，所以只有1-2换挡阀会随调速油压而做换挡动作。和前述D_2挡一样，复合式制动带在2_2挡时，2挡制动带施压侧动作，所以制动带伺服为施压状态。

2挡位总结见表5-2。

2挡位时各组件的作用　　表5-2

齿轮位置	前进离合器	超越离合器	复合式制动带	1-2换挡阀	2-3换挡阀	3-4换挡阀
2_1	作用	作用	无油压	保持在下	保持在下	保持在下
2_2	作用	作用	2挡施压侧作用	保持在上	保持在下	保持在下

注意：在2挡位，只有超越离合器作用，是无法作动力传递的，需加上制动带作用才能作动力传递。（详细请看5-4-2，5-4-3）

3. “1”挡位的换挡控制

图5-8为在1挡位时简明的液压回路换挡控制图，详细相关位置请参照图5-3。

如图5-8所示，当手动阀在1挡位时，管路压力与手动阀的“D”、“2”及“1”三口皆相通，关于“D”及“2”口和前述2挡位是相同的。而“1”口则将管路油压导引至1挡减速阀后到达1-2换挡阀的⑦口及⑧口而作用在低速及倒挡制动器上，并使之接合制动。其余前进离合器和超越离合器也同样动作接合。

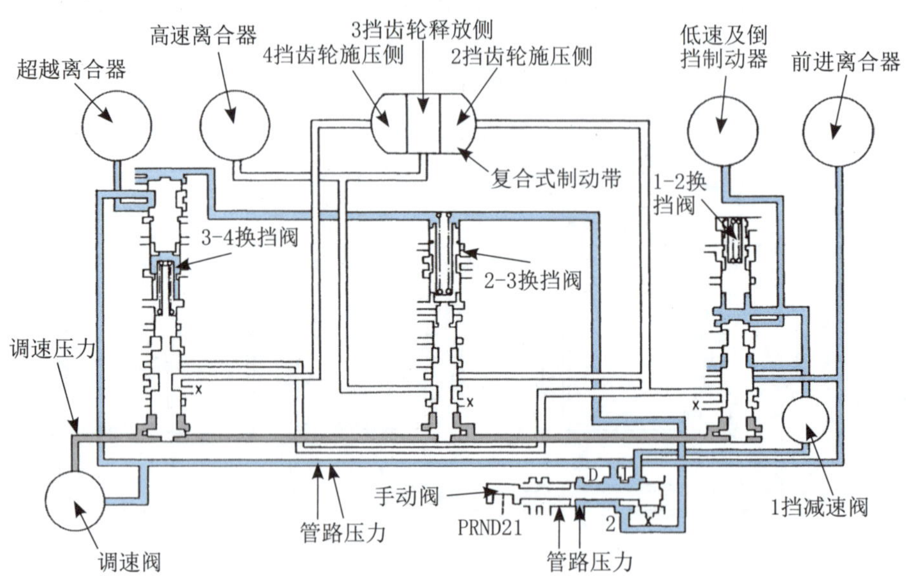

◆ 图5-8 1挡位的换挡控制液压回路

四、超速传动（OD）控制——D_4挡

超速传动在此也是D_4挡。在此种传动下，因输出轴转速比输入轴（发动机）转速快，故常称为超速传动（overdrive，OD）。

超速传动是由变速杆上的OD控制按钮操作。当OD开关设定在“ON”时，D_4挡才能产生，若开关在“OFF”时，即使车速加快也无法获得D_4挡超速传动。

以下我们说明OD控制情况。

1. OD控制开关在“ON”

如图5-9所示：OD开关在“ON”时，OD释放电磁阀是未激磁情况（OFF），所以管路油压经由此阀泄压。其结果是3-4换挡阀上端油室无油压，所以只要调速油压达到规定值，即可由3-4换挡阀下端将换挡阀往上移。此时超越离合器保持在未接合状态（无发动机制动）及可获得D_4挡超速传动。

2. OD控制开关在“OFF”

如图5-10所示，OD开关在“OFF”时，OD释放电磁阀是激磁情况（ON），所以电磁阀柱塞堵住排放口，故管路压力作用在3-4换挡阀的上端，迫使换挡阀向下移动。此时即使调速油压增加，3-4换挡阀仍然保持在下方，所以就无法获得D_4挡了。同时管路油压经3-4挡阀①口及②口到超越离合器控制阀③口，再通往④及⑤口而将控制阀上推至泄压口泄压而和控制阀弹簧保持平衡，此时超越离合器动作接合（有发动机制动）。

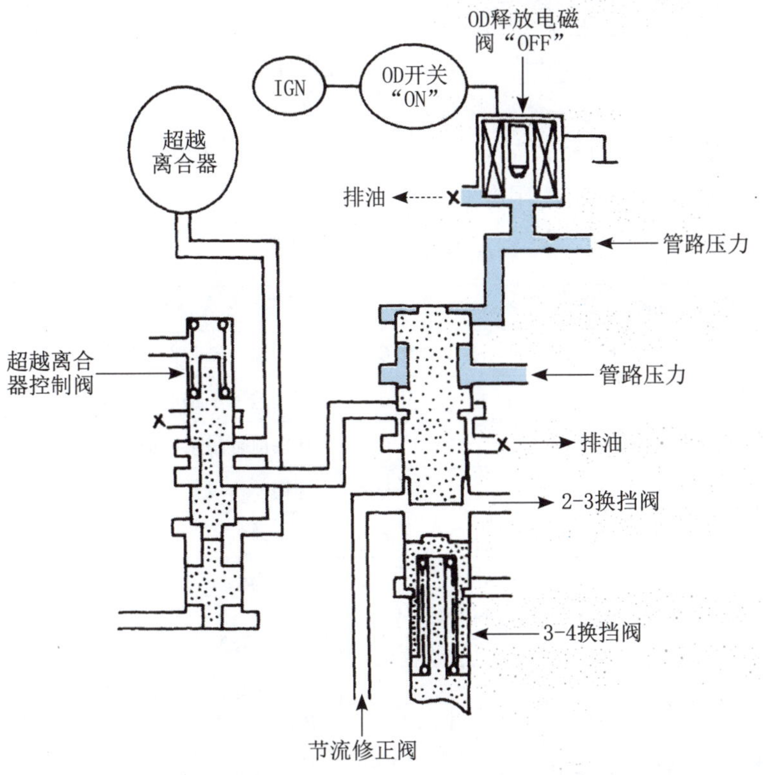

◆ 图5-9　D_3挡位（OD开关“ON”时）

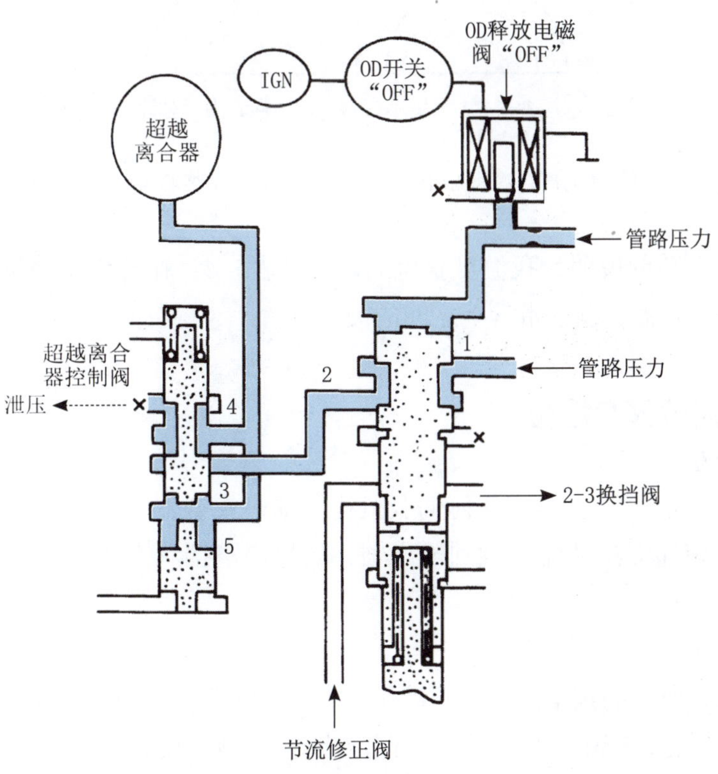

◆ 图5-10　D_3挡位（OD开关“OFF”时）

5.4　各变速挡位的齿轮传动

关于各变速挡位的齿轮传动，必须了解各伺服机构的功用。对照图5-2、表5-3为有关各伺服机构所担负的功用介绍。

各伺服机构及其作用　　表5-3

伺服机构名称	缩　写	功　　用
倒挡离合器(reverse clutch)	R/C	连接输入轴和前太阳轮
高速离合器(high clutch)	H/C	连接输入轴和前行星架
前进离合器(forward clutch)	F/C	连接前行星架和前进单向离合器
超越离合器(overunning clutch)	O/C	连接前行星架和后齿圈
制动带(brake)	B/B	固定前太阳轮
前进单向离合器(forward one-way clutch)	F/O.C	若后齿圈相对于前行星架是与发动机回转相同方向时为自由转动。反之，反方向旋转将会经由低速单向离合器而固定不动。见注1.
低速单向离合器(low one-way cluth)	L/O.C	前行星架若与发动机回转同向将会自由转动，反之，若以反方向旋转将被固定不动。见注2.
低速和倒挡制动带(low&reverse belt)	L和R/B	固定前行星架

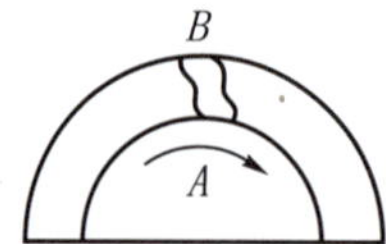

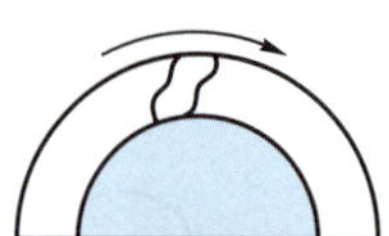

注：1. 如左上图，前进单向离合器*A*与后齿圈连接，*A*的转向若为顺时针（发动机回转方向），将成为空转。反之则*A*与*B*接合。

2. 如右上图，低速单向离合器外侧与前行星架相连接，行星架若为顺时针回转将成为空转，反之则固定。

再从前面章节的说明，我们可获得的总结见表5-4：在各传动挡位各挡齿轮与伺服机构（多片离合器、制动带等）之间的关系。

一、N挡位及P挡位

1. N挡位

在空挡时，油压并未作用任何伺服机构，前进离合器和倒挡离合器两者皆为放松，所以动力传递无法从输入轴到输出轴，故呈现空挡状态。图5-11为齿轮传动示意图。

2. P挡位

在驻车时，所有的伺服控制都不动作，类似于空挡；不同的是连接到变速杆的驻车掣卡住驻车齿轮，产生了机械连锁而固定惰轮，然后一起将输出轴锁定，使汽车产生驻车作用，如图5-11所示。

各挡齿轮传动与各伺服组件关系　　表5-4

伺服器 / 挡位齿轮		R/C	H/C	F/C	O/C	复合式制动带			F/O.C	L/O.C	L和R\B	备　注
						2挡施压	3挡释放	4挡施压				
P												驻车
R		○									○	倒挡
N												空挡
D	1挡			○	○*1				•	•		自动换挡 1↔2 2↔3 3↔4
	2挡			○	○*1	○			•			
	3挡		○	○	○*1	○*2	○*2		•			
	4挡		○	○		○*3	○*3	○*3				
2	1挡			○	○				•	•		自动换挡 1↔2
	2挡			○	○	○			•			
1	1挡			○	○				•		○	1挡齿轮 2↔1
	2挡			○	○	○			•			

注意：*1—— 在“OD”开关OFF时才作用。

*2—— 此复合式制动带请参考图5-1b），因3挡伺服释放侧作用面积比2挡伺服施压侧为大，产生差动往释放侧移动，故制动带不作用。

*3—— 因为油压也作用在4挡伺服动作侧，加上*2的结果，制动带作用。

“•”表示车辆加速期间会动作（单向动作）。

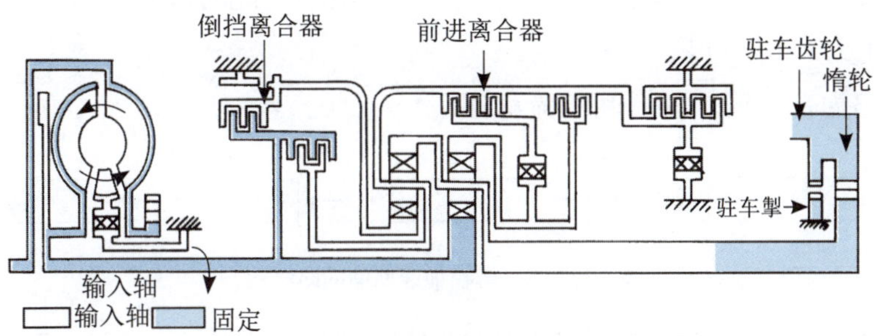

◆ 图5-11　N挡位及P挡位的伺服机构及齿轮传动

二、D_1挡位及2_1挡位

根据前述液压控制回路（5.3.3节）及表5-4所示，我们可获得在D_1挡位和2_1挡位各组件的动作情况，见表5-5。

D_1挡位及2_1挡位各组件的动作情况　　表5-5

组件名称	作用情况	组件名称	作用情况
前进离合器	动作	低速单向离合器	操作
前进单向离合器	操作	超越离合器	动作

在D挡位和2挡位的1挡齿轮传动如图5-12所示。

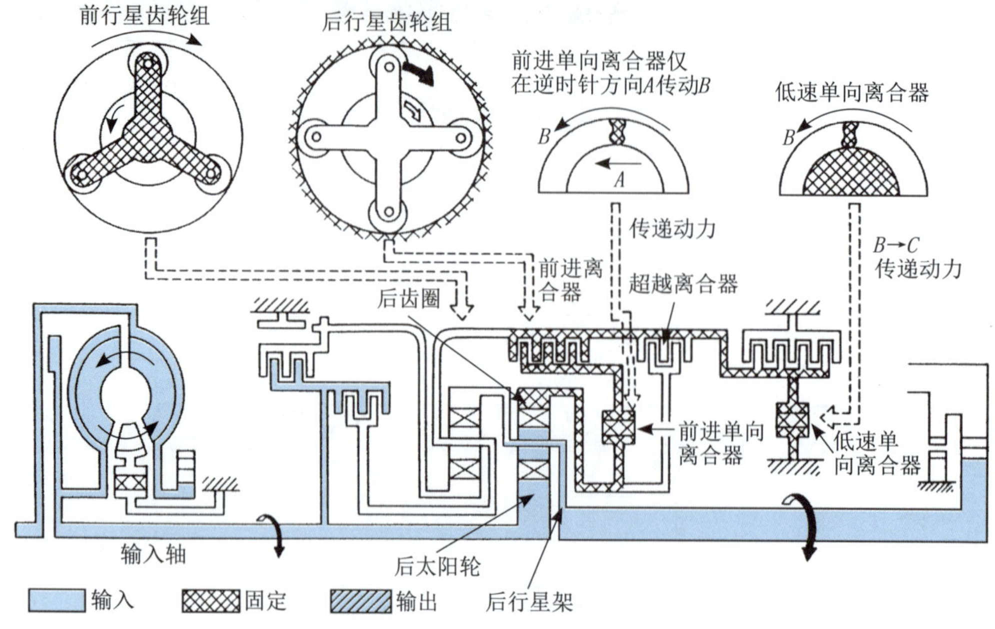

◆ 图5-12　D_1挡位及2_1挡位加速期间，伺服机构及齿轮传动情况

当车辆加速时，动力连续地从输入轴传到后太阳轮，此时太阳轮顺时针回转，而后行星轮则以逆时针回转。因为输出轴有车轮阻力，所以后行星架类似固定，而使得后齿圈有以逆时针转动的趋势，可是后齿圈被前进离合器和低速单向离合器所固定，所以后行星架只能以顺时针转动，传输动力至输出轴，此时后行星齿轮组为同向大减速：减传动比为2.861 : 1。

如图5-13为在车辆加速期间的流程图。

◆ 图5-13　车辆加速期间的路程图

当车辆减速时，动力传递可视为从输出轴传回A/T本体内。后行星架以顺时针方向（与发动机回转同向）转动，后太阳轮也以顺时针转动，但是后行星架转速高于后太阳轮，所以后齿圈是以顺时针转动。而在D_1挡位，OD开关“ON”时，超越离合器为放松状态；后齿圈又以顺时针方向转动，结果前进单向离合器也为自由转动，在无齿轮固定下，所以反向动力无法经由后太阳轮传到发动机，故无发动机制动。

当车辆减速时，若在D_1挡位或2_1挡位，OD开关在“OFF”情况下，超越离合器动作接合，减速时后齿圈仍以顺转经超越离合器到低速单向离合器，因低速单向离合器为自由转动，故仍和上述一样无法产生发动机制动。

三、D_2挡位、2_2挡位及1_2挡位

由前述5.3节液压控制回路及表5-4所示，得到在D_2挡位、2_2挡位及1_2挡位各组件

的动作情况，见表5-6。

D_2、2_2及1_2挡位各组件的动作情况　　表5-6

组件名称	作用情况	组件名称	作用情况
1. 前进离合器	动作	3. 复合式制动带	动作
2. 前进单向离合器	操作	4. 超越离合器	动作

在D挡位、2挡位及1挡位时其2挡齿轮传动如图5-14所示，图上表示为车辆加速期间的传动。

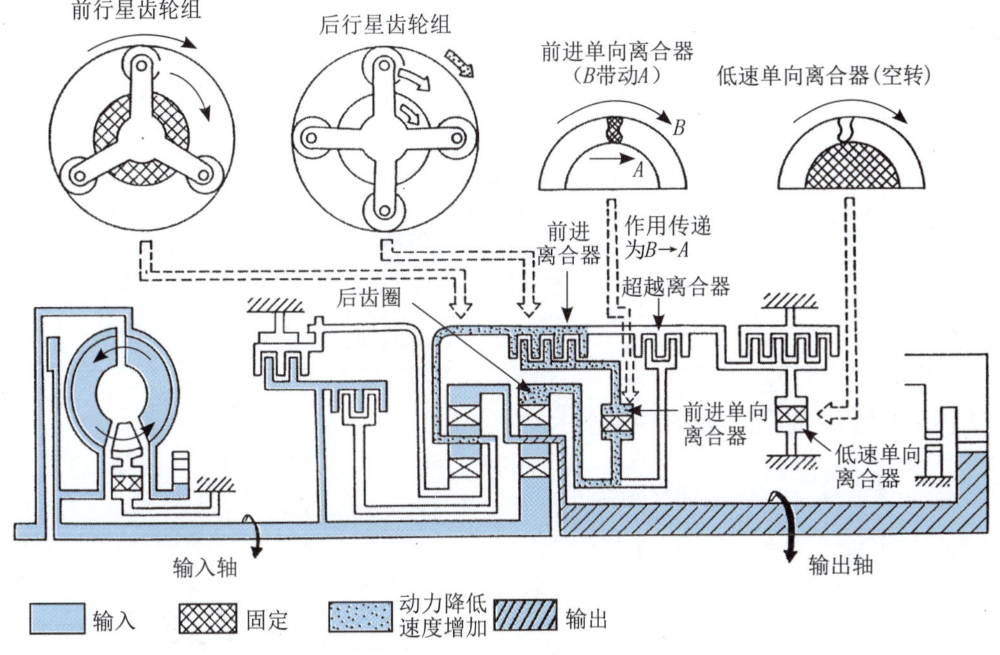

◆ 图5-14　D_2挡位、2_2挡位及1_2挡位加速期间伺服机构及齿轮传动情况

在车辆加速时，前进离合器动作使得前行星架经由前进单向离合器和后齿圈连接。发动机驱动力从输入轴到后太阳轮，这使得后行星架和前齿圈以顺时针方向（与发动机转向相同）、相等转速回转。（此时后齿圈企图以逆时针回转，但被经由前进离合器到低速单向离合器所固定）

因为复合式制动带动作使得前太阳轮固定，前齿圈主动，则经由前行星架、前进离合器及前进单向离合器（如图*B*→*A*），使得后齿圈以顺时针方向旋转。

当后齿圈转动，同时后太阳轮也输入转速，所以在行星架获得的转速比一挡齿轮传动来得快。此为2挡齿轮传动，其减传动比为1.562∶1。

当减速时，超越离合器放松（例如D_2挡OD开关“ON”），后齿圈以顺时针方向转动，前进单向离合器为自由转动，所以反向动力不能传递到发动机，是故无发动机制动。

但是减速，超越离合器有动作时（例如D_2挡OD开关“OFF”或2_2挡位、1_2挡

位），则前进单向离合器不再是自由转动，所以反向动力传到发动机，这样便产生发动机制动。图5-15是加速时，D_2挡位、2_2挡位及1_2挡位的齿轮传动流程。

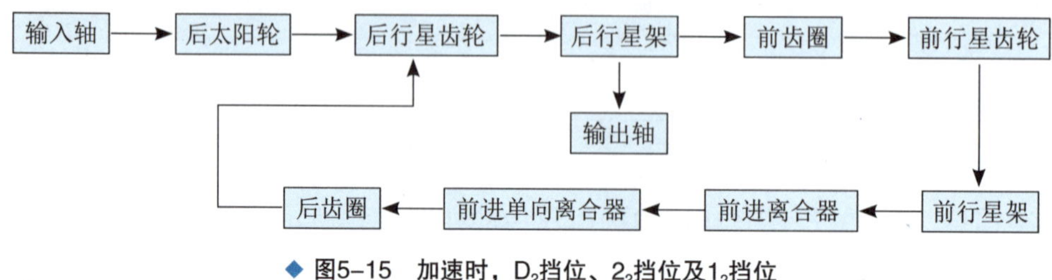

◆ 图5-15　加速时，D_2挡位、2_2挡位及1_2挡位

四、D_3挡位

由前述5.3节液压控制回路及表5-4，我们可得到在D_3挡位各组件的动作情况，见表5-7。

D3（加速期间）各组件的动作情况　　表5-7

组件名称	作用情况	组件名称	作用情况
1. 高速离合器	动作	3. 前进单向离合器	操作
2. 前进离合器	动作	4. 超越离合器	动作

D挡位3挡齿轮的传动如图5-16所示。

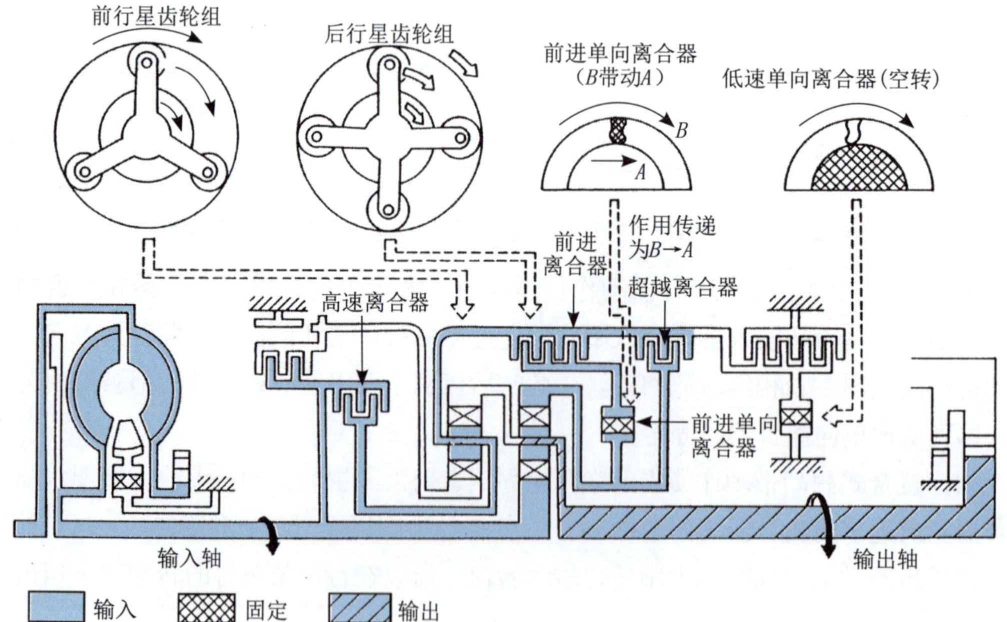

◆ 图5-16　挡位在加速期间各伺服机构及齿轮传动情况

在车辆加速期间，高速离合器动作使得输入轴和前行星架连接一起。前进离合器和前进单向离合器的同时作用也使得前行星架和后齿圈连接。

驱动力从输入轴到后太阳轮及后齿圈，这使后太阳齿轮和后齿圈以相同的速度传动，因此后行星架只得跟着后太阳轮及后齿圈一起传动，此为直接传动，其减传动比为1：1。

当减速且超越离合器放松时（OD开关“ON”），后齿圈以顺时针回转；前进单向离合器就自由转动，所以反驱动力无法传递至发动机，故无发动机制动作用。

但当减速而超越离合器作用时（OD开关“OFF”），前进单向离合器被限制自由转动，这样使反驱动力可传递至发动机，所以也就有发动机制动作用了。图5-17是加速期间D_3挡齿轮传动的流程图。

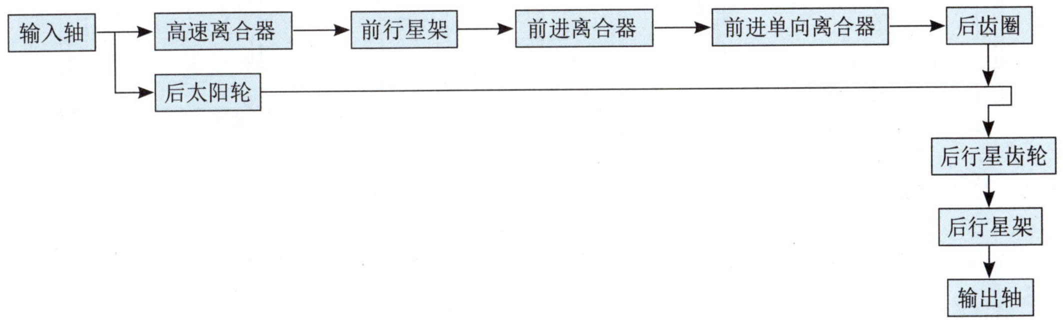

◆ 图5-17 加速期间D_3挡齿轮传动的流程图

五、D_4挡位

在5.3.4节我们阐述到超速传动控制D_4挡。而从表5-4可得知在D_4挡位各组件的动作情况，见表5-8。

D4（加速期间）各组件的动作情况 表5-8

组件名称	作用情况	组件名称	作用情况
1. 高速离合器	动作	3. 复合式制动带	动作
2. 前进离合器	动作		

在D挡位4挡齿轮传动如图5-18所示。

当车辆加速期间，高速离合器动作接合，所以输入轴和前行星架是连接一起的。复合式制动带则固定前太阳轮。动力经由高速离合器到前行星架输入，前太阳轮固定，故在前齿圈产生小加速输出。至于后行星齿轮组，在前进单向离合器的部分，因前齿圈输出也为后行星架的输入，且转速比后太阳轮为快，故后齿圈转速大于由前行星架传来的转速B，故在前进单向离合器产生空转。所以输出轴转速仍为前齿圈的转速，其减传动比为0.697：1。

在减速期间，超越离合器虽为放松状态，但反向驱动力仍能经由高速离合器传递至发动机，所以仍能得到发动机制动。但请注意：高速挡的发动机制动没有低速挡的发动机制动性能好，故长时间减速仍应挂入低速挡。

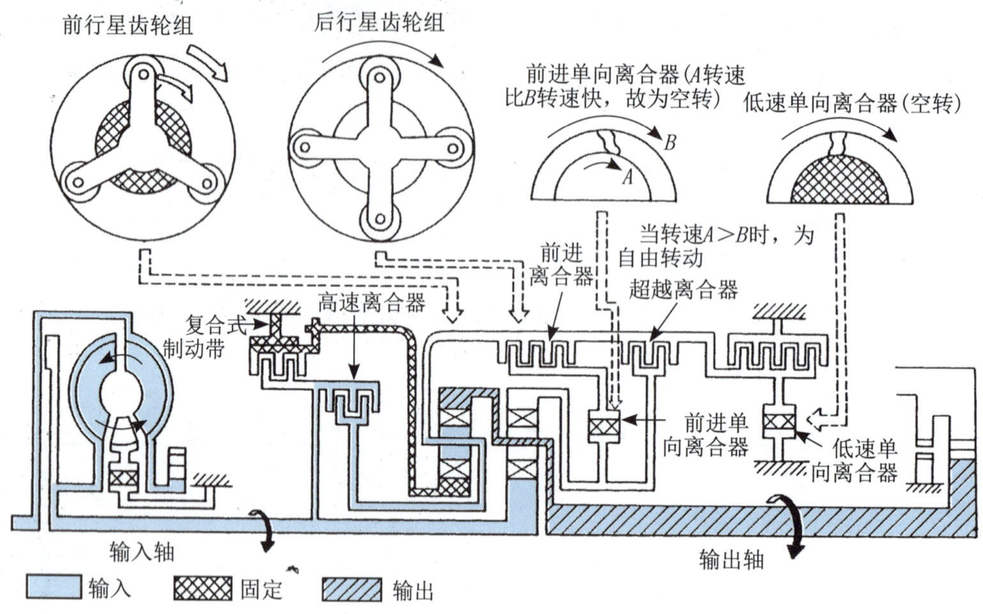

◆ 图5-18　D_4挡位（OD传动）加速期间伺服机构及齿轮传动情况

图5-19为加速期间驱动力传递顺序：

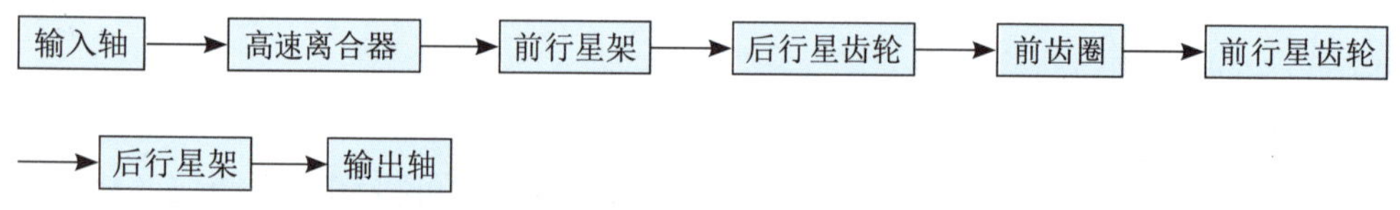

◆ 图5-19　加速期间驱动力传递顺序

六、1_1挡位

由前述液压控制回路及表5-4，我们可得知在1_1挡位各组件的动作情况，见表5-9。

11挡位（加速期间）各组件的动作情况　　表5-9

组件名称	作用情况	组件名称	作用情况
1. 前进离合器	动作	3. 超越离合器	动作
2. 前进单向离合器	操作(加速时)	4. 低速及倒挡制动器	动作

在1挡位1挡，齿轮传动情况如图5-20所示。

因为前进离合器和超越离合器都作接合，所以前行星架和后齿圈是连接在一起。低速及倒挡制动器动作使前行星架和后齿圈保持在固定不动。

其驱动力传递路径和D挡位及2挡位的2挡齿轮传动是很类似的。即后太阳轮主动、后齿圈固定、后行星架为输出，此时为大减速，减传动比仍和D挡相同，为2.861∶1。

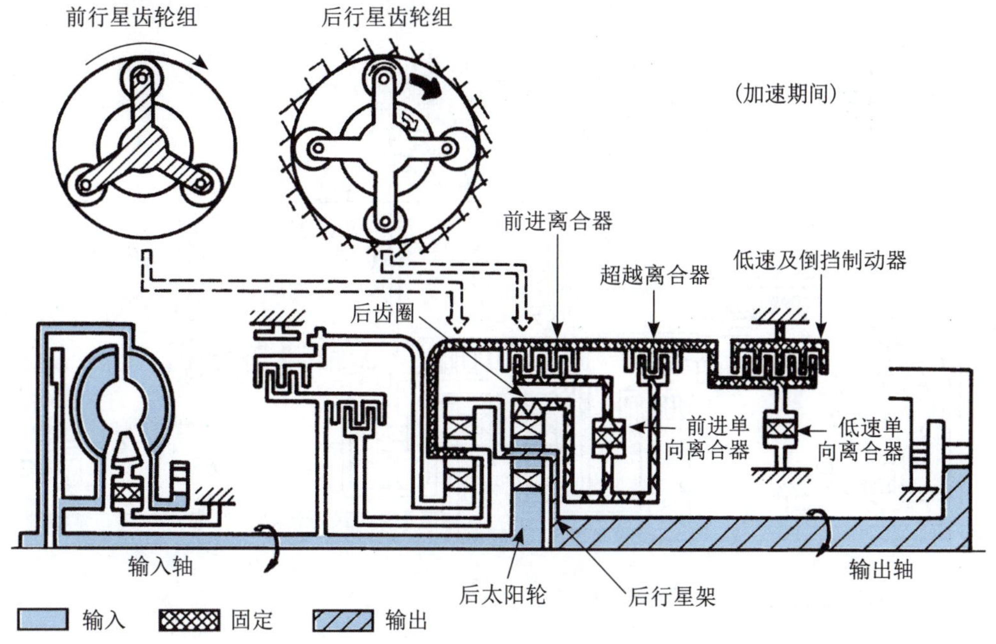

◆ 图5-20 1_1挡位加速期间各伺服机构及齿轮传动情况

但是在发动机制动方面，1_1挡有不同方式。因为超越离合器是动作的，则前进单向离合器被固定住，与此同时低速及倒挡制动器也先于低速单向离合器而将后齿圈固定住了。

因此，前进单向离合器和低速单向离合器都限制了自由转动。这样反向动力也就能传递至发动机，故有发动机制动。

图5-21所示为1_1挡位在加速期间的动力传递流程图。

◆ 图5-21 1_1挡位在加速期间的动力传递流程图

七、R挡位

在倒挡位时，只有倒挡离合器动作和低速及倒挡制动器动作。其齿轮传动如图5-22所示。

在换入倒挡后，经由液压作用使得倒挡离合器动作。驱动力从输入轴传至前太阳轮。

低速及倒挡制动器也动作，因而使行星架固定。此时前太阳轮以和发动机回转同向转动，前行星架固定，故前齿圈是以反向减速输出，其减传动比为2.310：1。另外后组行星齿轮组则空转。图5-23所示为R挡位的动力传递流程图。

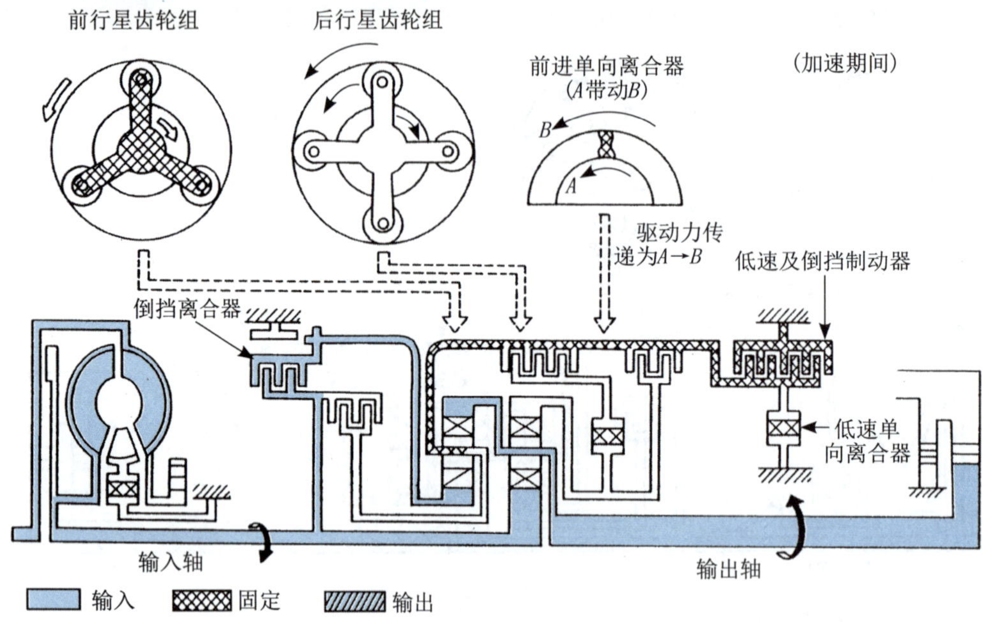

◆ 图5-22　R挡位在加速期间各伺服机构及齿轮传动情况

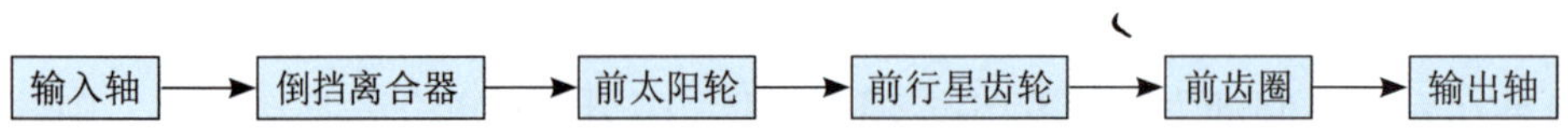

◆ 图5-23　R挡位的动力传递流程图

5.5　其他自动变速器的变速方式

一般自动变速器大都采用单中心轴设计，但也有部分车型采用双轴式或三轴式自动变速器，如本田PRG-E4AT或丰田A240L自动变速器，如图5-24所示。

此外，通常自动变速器的第4挡如同一个超速传动组件，但丰田A240L自动变速器第4挡如同一个减速组件（齿轮比>1），不称OD行星齿轮组，而是称为UD行星齿轮组。现说明如下：

（1）变速器在4挡齿轮传动，如图5-25所示，3挡行星齿轮组和第4挡行星齿轮组皆为直接传动，而在驱动齿轮产生一个0.892的齿轮比来驱动。

（2）变速器在1挡、2挡及3挡的齿轮传动，如图5-26所示。3挡行星齿轮组能产生各挡减传动比，动力传到副轴驱动轮，由于副轴的传动齿轮为超速传动（齿轮比为0.892），因此副轴从动齿轮至4挡行星齿轮组再次被以齿轮比1.452的减传动比减速，才传送至差速器驱动小齿轮。表5-10为各挡齿轮减传动比。

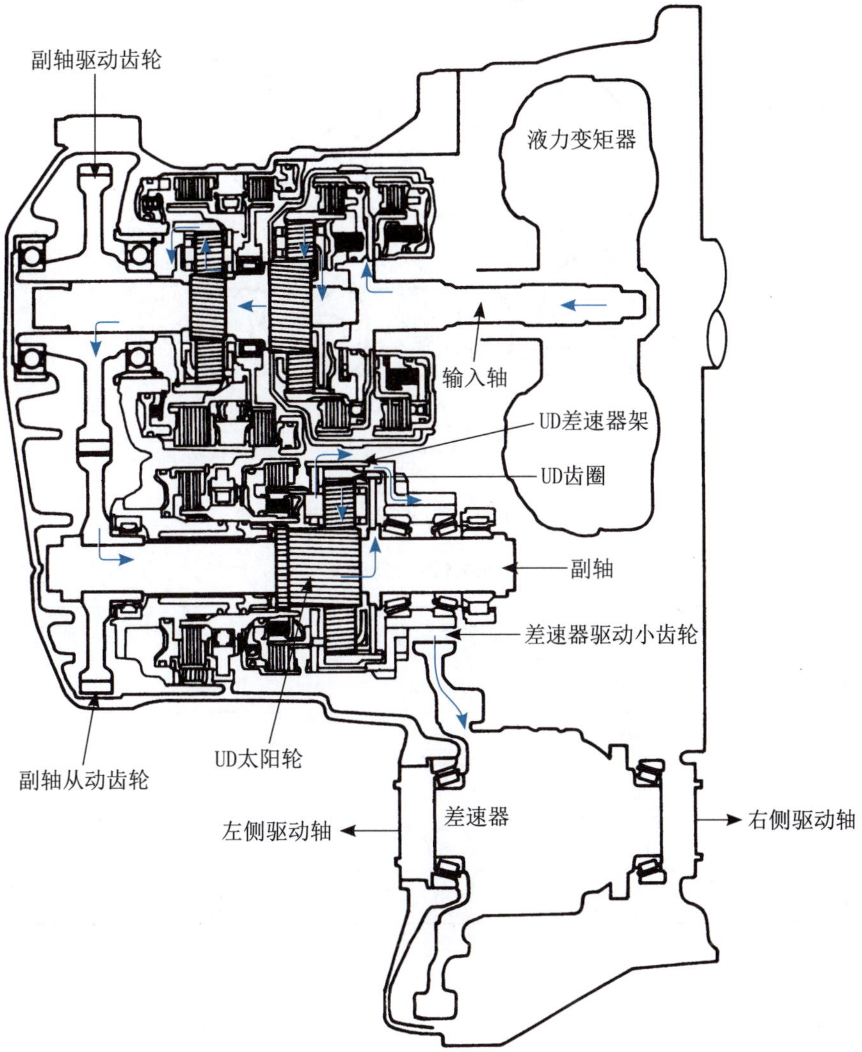

◆ 图5-24　丰田汽车A240L自动变速器的构造

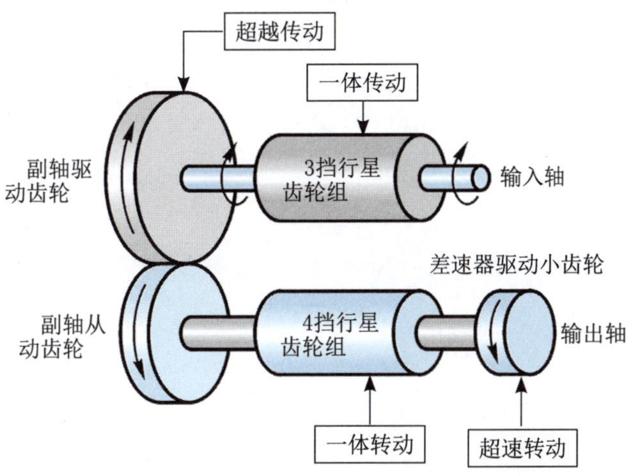

◆ 图5-25　4挡齿轮传动方式

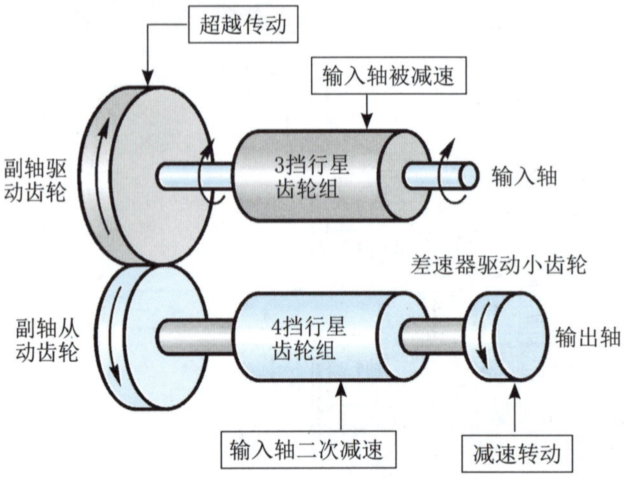

◆ 图5-26 1挡、2挡及3挡齿轮传动方式

各挡齿轮减传动比 表5-10

挡 位	3挡行星齿轮组	副轴从动齿轮	4挡行星齿轮组	变速器齿轮比
1挡	2.810	0.892	1.452	3.643
2挡	1.549	↑	↑	2.008
3挡	1.000	↑	↑	1.296
4挡	↑	↑	1.000	0.892
倒车	2.296	↑	1.452	2.977

理论测试

一、选择题

1. 自动变速器的换挡阀______。

（A）是一个压力调整阀　　（B）是由驾驶人直接操控

（C）是一个由调速油压控制的控制阀　　（D）其构造为膜片型式

2. 如下图，高速离合器动作时______。

（A）动力输入可传至前太阳轮　　（B）动力可传至前行星架

（C）使前太阳轮固定　　（D）使后太阳轮固定

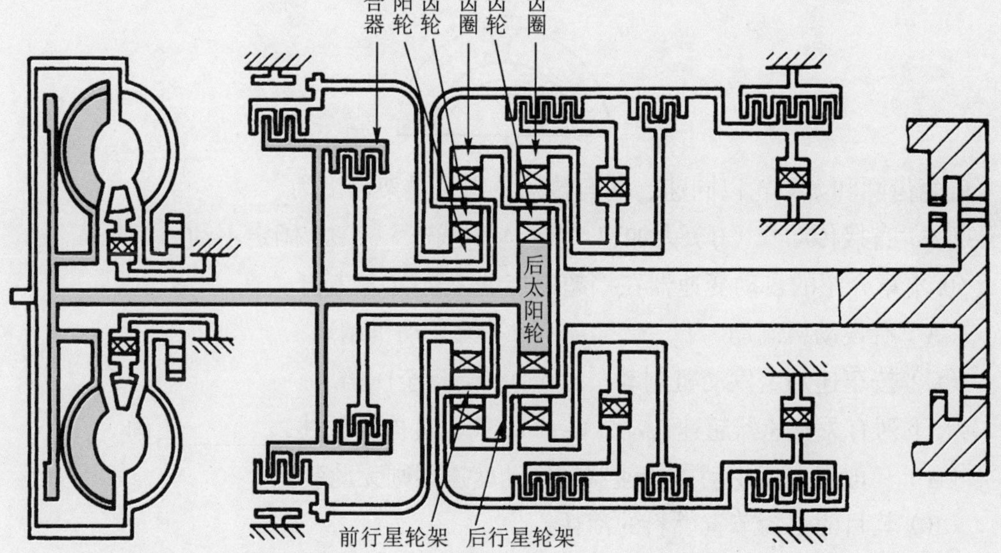

3. 有关制动器伺服的叙述______正确。

（A）形式只有带状制动摩擦环　　（B）有类似多片离合器的制动器

（C）制动带作用时也可能传动动力　　（D）制动带的油压是油泵直接供给

4. 当我们操作强迫换挡时是______。

（A）延迟阀和节流阀共同控制油压　　（B）锁定电磁阀所控制

（C）3-2挡正时阀所控制　　（D）手动阀所控制

5. 在D挡位各挡齿轮中______服务器一直维持动作。

（A）高速离合器　　（B）前进离合器
（C）复合式制动带束紧动作　　（D）超越离合器

6. 各挡换挡阀其控制压力为______。
（A）油泵压力　（B）管路压力　（C）压力修正压　（D）调速压力

7. 以下叙述______正确。
（A）3-2挡正时阀在发动机低速时延迟制动带释压时间较长
（B）3-2挡正时阀在2挡→3挡时动作
（C）3-2挡正时阀在发动机高速时延迟制动带释压时间较长
（D）3-2挡正时阀是与发动机点火正时相配合

8. 如下图所示为前进单向离合器，以下叙述______正确。
（A）A顺时转动可带动B
（B）B逆时转动可带动A
（C）当A转速较B快且均为逆时针转动，则A、B可接合
（D）当B转速较A快且均为逆时针转动，则A、B可接合

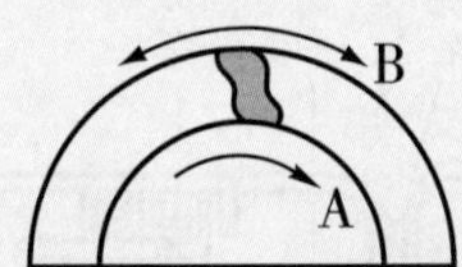

9. 当齿圈和太阳轮以同速、同向转动，则行星架输出为______。
（A）直接传动　（B）大加速　（C）小减速　（D）固定不动

10. 本章介绍的自动变速器在挡超速传动，若OD控制开关在“ON”则______。
（A）有发动机制动　　（B）无发动机制动
（C）按车速判定发动机制动　　（D）会降至D_3挡

11. 下列有关变速器超速传动（Over Drive）机构的叙述，______正确。
（A）一般仅采用手动挡变速器，自动变速器则无此装置
（B）其目的是为节省燃料的消耗
（C）超速传动挡的适用时机为车辆低速高负荷时
（D）使用超速传动挡时，发动机与传动轴的转速比为1:1

12. 在自动变速器中，随汽车行驶速度变化，在适当时机自动从低速挡换到高速挡是由下列______控制。
（A）自动换挡阀　（B）离心调压器　（C）手动阀　（D）油压调节器

13. 对超速传动的叙述，______正确。
（A）踢低开关故障则超速传动不啮合

（B）超速传动系统性事故，需先检查机械部分

（C）使用超速传动时，太阳轮被固定，行星架主动，齿圈被动

（D）所谓超速传动，即在超车时使速度增快

14. 以下______与减低换挡振动无关。

（A）锁定变换阀　（B）旁通阀　（C）低速减压阀　（D）2-3正时阀

15. EC-AT各蓄压器（缓冲器）都是用来作为______。

（A）减低换挡振动　（B）提高换挡速度

（C）增加动作转矩　（D）改变锁定状况

二、简答题

1. 试述管路油压的控制情况。
2. 请说明超速传动时，OD电磁阀的作用情况。
3. 试述在D_1挡时的齿轮传动情况。
4. 试述在D_2挡时发动机制动如何作用。并说出其反向传动路径。
5. 试述在D_3挡时齿轮传动是如何进行。有哪些服务器会动作？
6. 请说明复合式制动带在D挡位各挡齿轮中，其作用情况。
7. 丰田A240L自动变速器有何特征？

电子控制式自动变速器

学习目标

- 6.1 概述
- 6.2 电子控制式自动变速器的优点
- 6.3 电子控制系统
- 6.4 液压控制系统

◆ 能了解电子控制式与传统液压式自动变速器不同处

◆ 能了解电子控制式自动变速器的优点

◆ 能了解电子控制式自动变速器电子控制系统功能及作用

◆ 能分析各挡位的换挡控制回路及锁定控制

◆ 能了解电子控制式自动变速器自我诊断的功能

6.1 概　　述

一般自动变速器的作用是由车辆速度所得到的调速压力及由发动机节气门开度所得到的节流压力构成其两个基本压力。经由液压控制阀组来控制换挡动作以及各伺服机构的动作，各行星齿轮组再受制于伺服机构，如制动带、多片离合器等，因而产生了各高低挡位的变换，如此状态下的装置为全液压控制式自动变速器，也称为机械式自动变速器。

在行星齿轮机构、伺服控制机构方面，电子控制式自动变速器的作用方式和传统自动变速器并无多大差异，但液压控制系统则显得精确多了。电子控制式自动变速器是由电子传感器来获得车辆速度和节气门开度等信号，再将此类信号送至A/T电脑（或称ECU），ECU内已记录任一种行驶模态的程序，此经由ECU判断，而送出最适合于发动机及变速器行驶条件的变速比和变速时间信号。信号送给电磁阀以操作各类控制阀，再使制动带（器）及多片式离合器动作，而能顺利平稳地换挡。图6-1所示为丰田A140电子控制式自动变速器A/T的动作模式。

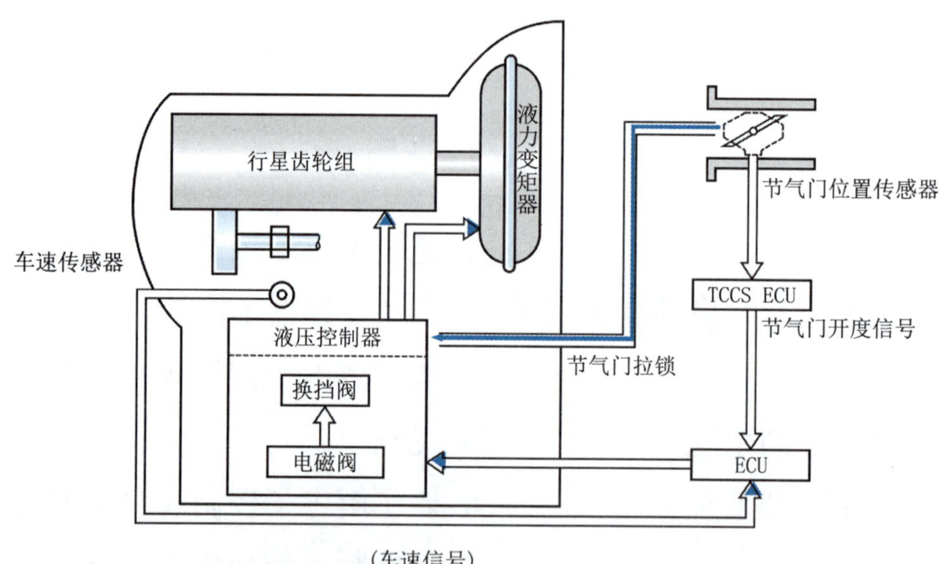

◆ 图6-1　丰田 A140自动变速器换挡控制

6.2　电子控制式自动变速器的优点

相比于一般自动变速器，电子控制式自动变速器有以下优点：

一、增进驾驶性能

在许多种类的自动变速器中，皆有多种驾驶模式可供选择，例如Normal和Power

（一般模式和动力模式）、Economy和Sport（经济模式和运动模式）或转化成手动/自动模式等，驾驶人可依路况而简单操作，获得所需求驾驶情境。另外自动变速器也能减少换挡冲击的感觉，因换挡期间，发动机控制单元能使发动机点火正时稍作延迟，可瞬间减少发动机转矩，使换挡更加“圆滑”。而在液力变矩器的锁定控制上，锁定电磁阀精密的ON/OFF动作更促进锁定的圆滑性。

二、降低油耗

灵敏的电子控制锁定使车速在低速时仍能动作，减少液力变矩器的滑差以节省燃油；有些车型还能在减速时配合发动机控制单元切断发动机燃料供给，降低废气排放。

三、改善修护性能

自动变速器内的ECU有一套自诊断系统，如变速器有故障时可自动记忆，维修技术人员经由诊断接头取出故障代码，协助维修技术人员排除系统性事故。

6.3　电子控制系统

电子控制式自动变速器最大的不同点在于多了一组电子控制系统，此系统控制着液压阀门总成；利用电磁阀的ON/OFF动作，使油压通路打开或关闭，来控制液压回路。

电子控制系统的动作模式一般由三个子系统构成。

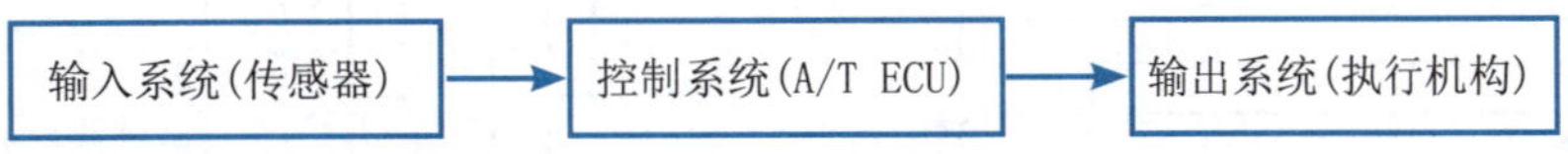

（1）输入系统：各传感器能感知车速、节气门开度和其他情况，并且将这类信号送至ECU判读。

（2）控制系统：控制系统主要是自动变速器的电子控制单元，部分车型也含发动机控制单元。ECU接受传感器的信号，来决定换挡及液力变矩器锁定的时间，并控制液压控制组件的电磁阀动作。

（3）输出系统：电子控制式自动变速器的执行机构为电磁阀，由数个电磁阀作用在液压阀，再以此精密液压来控制换挡和锁定正时。

图6-2所示为电子控制变速器（ECT）的电子控制系统框图，对照图6-3电子控制回路图，看其各相关位置。

输入系统(传感器)
驱动选择开关
空挡起动开关
节气门位置传感器
No. 1和No. 2车辆速度传感器
制动灯开关
OD主开关
定速控制电脑
冷却液温度传感器
控制系统
换挡时间控制
锁定时间控制
自我诊断系统
备用系统
输出系统(执行机构)
No. 1电磁阀
No. 2电磁阀
No. 3电磁阀
OD OFF指示灯

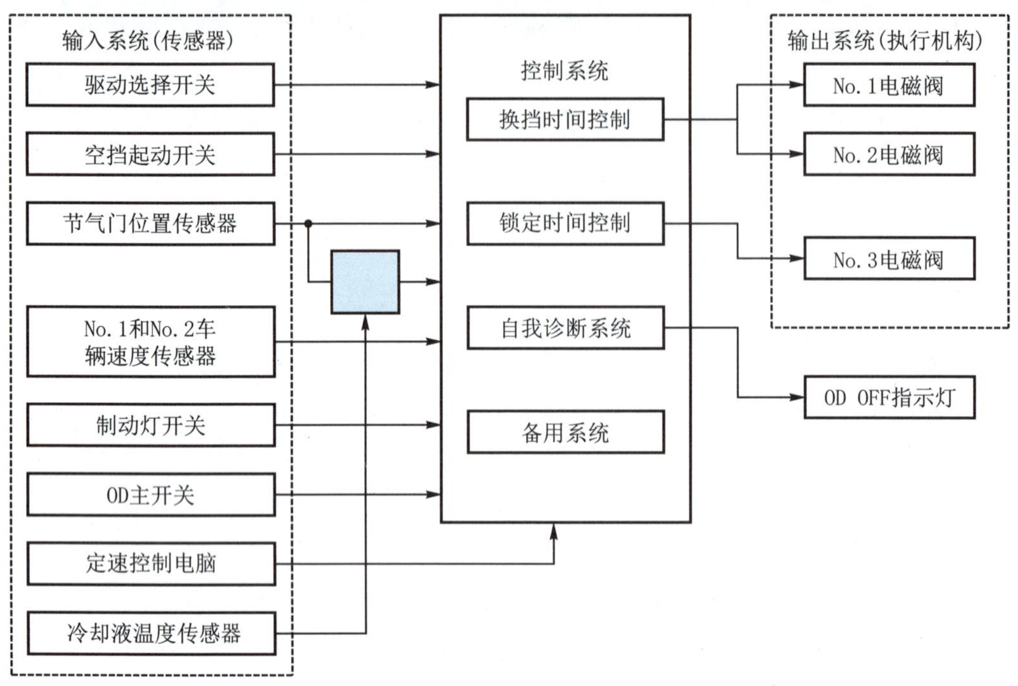

◆ 图6-2　丰田自动变速器电子控制系统框图

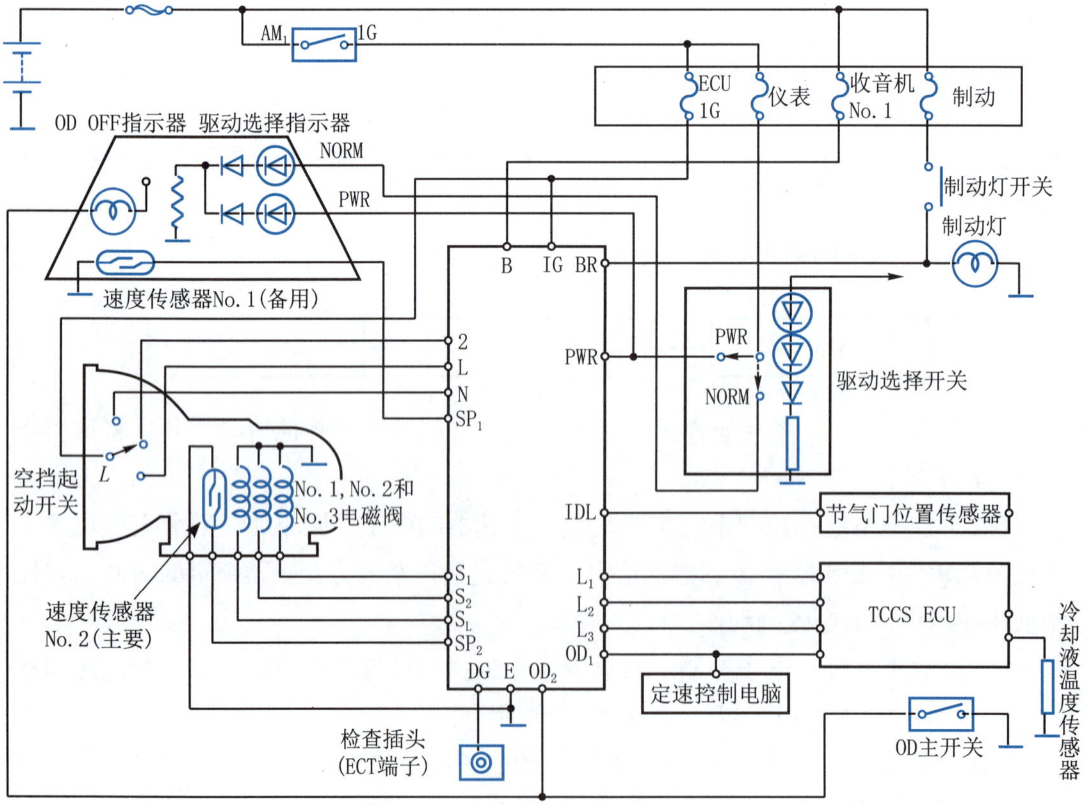

AM1
1G
ECU 1G
仪表
收音机 No. 1
制动
OD OFF指示器 驱动选择指示器
NORM
PWR
制动灯开关
制动灯
B
IG
BR
速度传感器No. 1(备用)
2
L
N
SP1
PWR
PWR
NORM
驱动选择开关
空挡起动开关
L
No. 1, No. 2和No. 3电磁阀
IDL
节气门位置传感器
S1
S2
SL
SP2
L1
L2
L3
OD1
速度传感器No. 2(主要)
TCCS ECU
DG
E
OD2
定速控制电脑
冷却液温度传感器
检查插头(ECT端子)
OD主开关

◆ 图6-3　电子控制自动变速器的电子回路（丰田）

一、输入系统

1. 节气门位置传感器（throttle position sensor，TPS）

节气门位置传感器是取代全液压控制自动变速器中的节流阀，此传感装置在节气门本体上（图6–4），为一种线性可变电阻（图6–5），节气门位置传感器将节气门开度转换成电压信号（图6–6），VCC端子为发动机控制单元送来稳压5V电源，当节气门开度变化时，接点跟着滑动，VTA端子输出电压形成线性的电压改变。当节气门全闭时，IDL和E_2端头连接，于是将IDL信号送至ECU，告知节气门在全闭位置。在一些汽车制造厂，A/T电子控制系统常常和原发动机控制计算机连线使用，所以是共用一个节气门位置传感器。

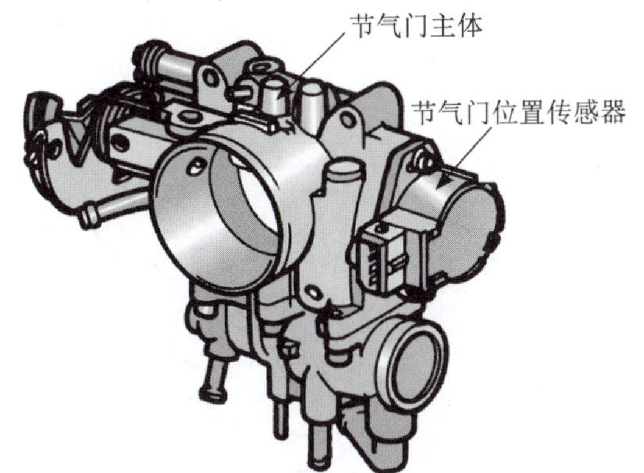

◆ 图6–4 节气门位置传感器位置图

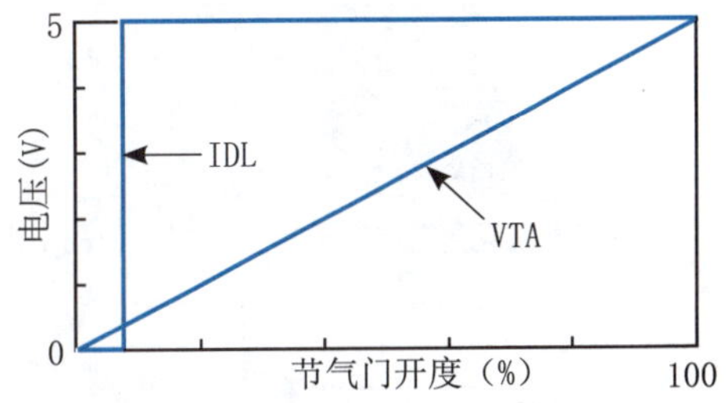

◆ 图6–5 输出电压与节气门开度是呈正比

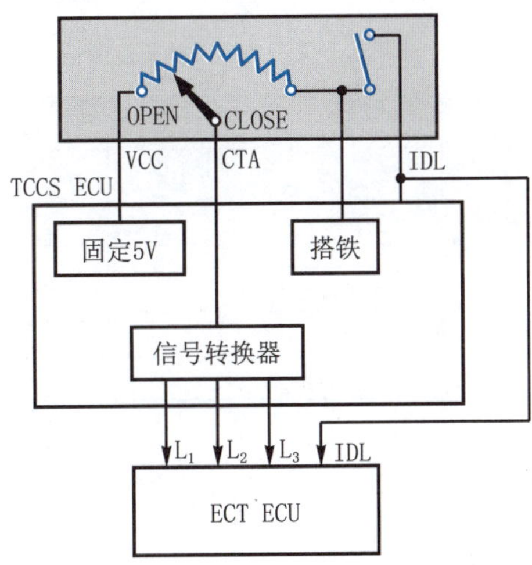

◆ 图6–6 节气门位置传感器输出电压

2. 速度传感器（speed sensor）

速度传感器是用来取代全液压控制自动变速器中的调速阀。速度传感器配合TPS可以精密地使ECU操作，来决定换挡时机，速度传感器和节气门位置传感器的信号是电子控制自动变速器最主要的输入信号。速度传感器的构造如图6-7所示，一个转子内部有磁铁，装在驱动小齿轮轴上，当转子转一圈，磁铁会使速度传感器产生一个信号送至ECU，由此信号即能检测到车速。在图6-3中，有两个速度传感器（No.1 和No.2）No.1为备用速度传感器，装在速度表内，当No.2出现故障时，就由No.1取代送信号至ECU。

3. 空挡起动开关又称抑制开关

如图6-8所示，空挡起动开关装在自动变速器本体侧边。表6-1为空挡起动开关在各挡位端子接通情况，经此开关告知驾驶人目前的操作挡位，另一功能可防止非空挡（P及N）而起动发动机。

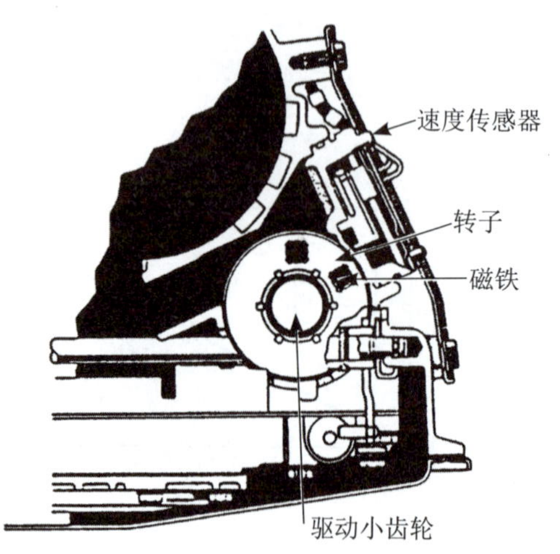

◆ 图6-7 速度传感器

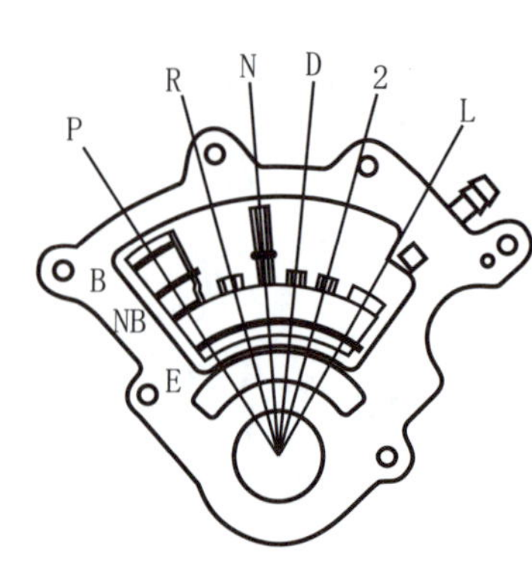

◆ 图6-8 空挡起动开关（抑制开关）

空挡起动开关于各挡位端子接通情况 表6-1

端子 / 变速杆挡位	空挡起动		变速杆位置指示器						
	B	NB	E	P	R	N	D	2	L
P	○—	—○	○—	—○					
R			○—	—	—○				
N	○—	—○	○—	—	—	—○			
D			○—	—	—	—	—○		
2			○—	—	—	—	—	—○	
L			○—	—	—	—	—	—	—○

注：○——○表示接通。

4. 驾驶模式选择开关

驾驶模式选择开关是装在变速杆箱上，驾驶人可按行驶环境及喜好选择任一驾驶模式，如图6-9所示。“Normal”为一般驾驶，换挡点相对应正常的发动机转速，强调省油性，故又称“Economy”；“Power”为强力加速驾驶，其换挡点相对应发动机转速较高，输出转矩维持高值，强调动力性跑车化，故又称“Sport”模式。

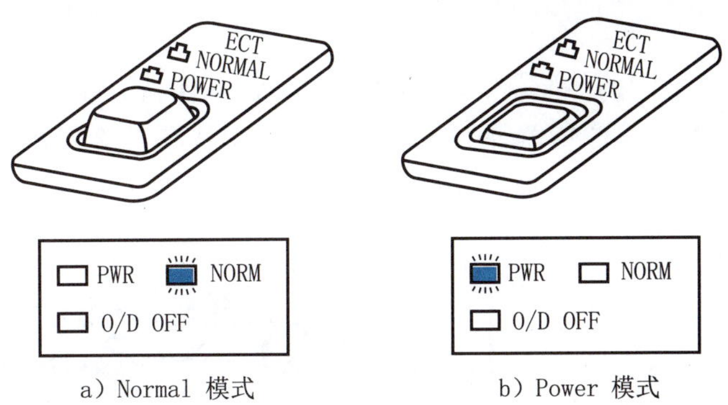

a) Normal 模式　　b) Power 模式

◆ 图6-9　驱动选择指示灯会告知驾驶人目前的驾驶模式

5. 制动灯开关

制动灯开关装在制动踏板支架上，当踩下制动踏板时，开关为“ON”信号送给A/T控制计算机，此信号能解除液力变矩器的锁定。

6. 超速传动开关（OD开关）

超速传动开关装在变速杆头侧边，如图6-19所示，可控制变速器换入超速传动。当OD开关“ON”时，如图6-10a）所示，蓄电池电压到ECU使变速器能换入OD挡位。而OD开关在“OFF”时，如图6-10b）所示，变速器无法换入超速传动，同时OD OFF指示灯亮。

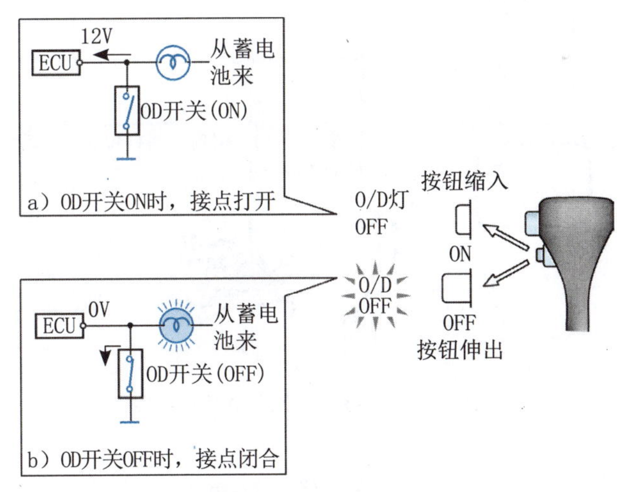

◆ 图6-10　OD开关的作用

7. 定速控制计算机

如车速低于10km/h，定速控制计算机将信号送给ECT/ECU，使液力变矩器的锁定离合器不作用，并防止换入OD挡位。

8. 冷却液温度传感器

冷却液温度传感器用以检测发动机冷却液温度，再将冷却液温度信号由发动机控制单元（ECU）传送给A/T控制计算机（ECU），当冷却液温度低于设定温度时，防止变速器将挡位换入超速传动，及使液力变矩器的锁定离合器不能作用。

9. 其他

在其他A/T也有不同的传感器，如福特的EC-AT的保持开关（Hold SW.），脉冲产生器、自动变速器油温传感器等，图6-11所示为福特车系输入系统，表6-2为其各组件的功能。

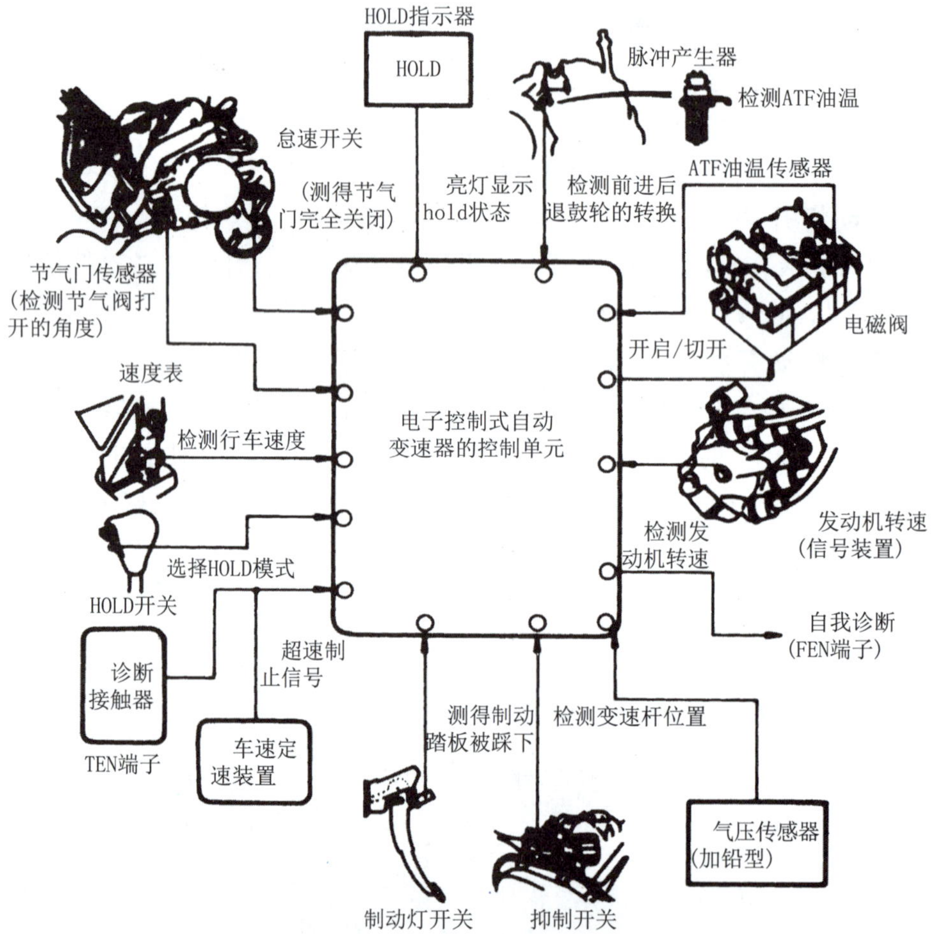

HOLD指示器
HOLD
脉冲产生器
检测ATF油温
怠速开关
（测得节气门完全关闭）
亮灯显示hold状态
检测前进后退鼓轮的转换
ATF油温传感器
节气门传感器（检测节气阀打开的角度）
电磁阀
开启/切开
速度表
检测行车速度
电子控制式自动变速器的控制单元
发动机转速（信号装置）
检测发动机转速
选择HOLD模式
HOLD开关
自我诊断（FEN端子）
超速制止信号
诊断接触器
TEN端子
车速定速装置
测得制动踏板被踩下
检测变速杆位置
气压传感器（加铅型）
制动灯开关
抑制开关

◆ 图6-11　福特 EC-AT输入系统组件

福特EC-AT各输入信号组件的功能　　表6-2

组件名称	功　能
电子控制式自动变速器的控制单元	根据各种传感器的信号，将ON/OFF信号传到电磁阀，而调整换挡点和锁定点
脉冲发生器	测定倒车和前进轮转速
汽车速度传感器	测定车速
加速踏板传感器	测定加速踏板开度位置
怠速开关	测定节气门全关的位置
抑制器开关	换挡选择器的位置(挡)
保持开关	设定保持模式

续上表

组件名称	功　能
制动灯开关	制动的使用情况
冷却液温度信号	指示发动机冷却液温度
自动变速器油温度传感器	自动变速器的油温

雷诺（Renault）M型A/T的多用途开关（CM）、计算机（BE）等输入系统，如图6-12所示。

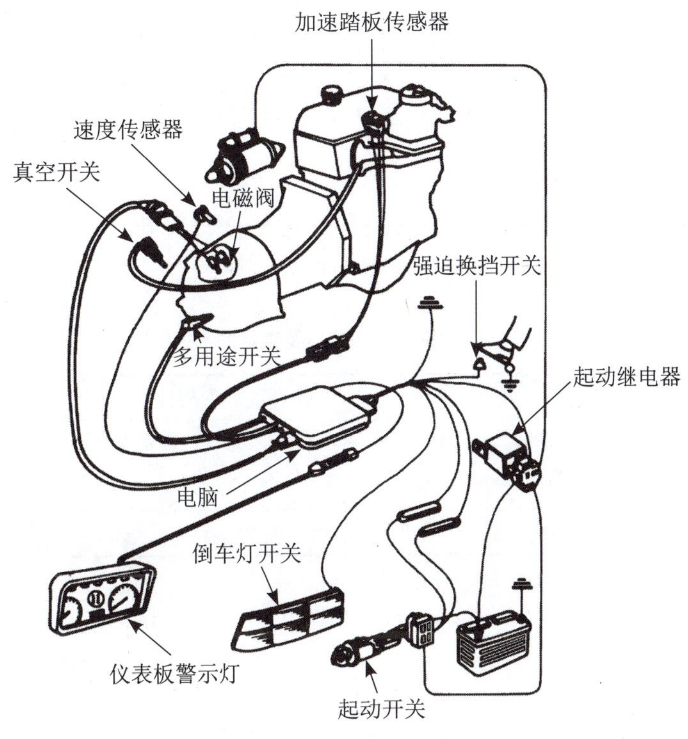

◆ 图6-12　Renault M型AT

二、自动变速器的电子控制单元（ECU）

自动变速器电子控制单元依照各传感器信号，判定正确换挡和锁定时间，再将控制信号输出到电磁阀做ON-OFF动作。本身并具有自我诊断系统及备用系统，福特EC-AT为故障-安全程序（Fail-safe program）等功能。

1. 换挡时间控制

A/T的电子控制单元能记忆住各挡位“D”、“2”或“L”挡位和驱动选择模式的换挡曲线，再按照车速传感器及节气门位置传感器来的信号，使得NO.1和NO.2电磁阀ON或OFF，控制多片离合器和制动带的油路开启或关闭，让A/T能换高速挡或低速挡。图6-13所示为电子控制单元的输入/输出各类信号及本身换挡曲线记忆图形。

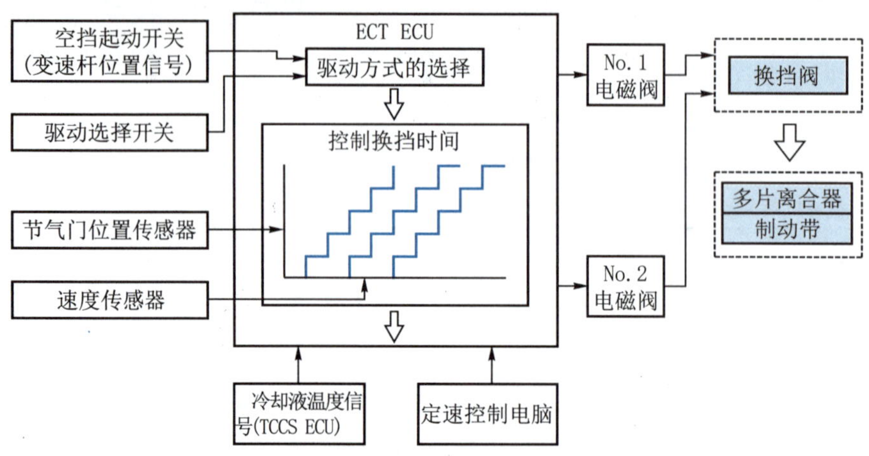

◆ 图6-13 丰田 ECT换挡时间控制流程图

2. 换挡和锁定形式

如表6-3所示，换挡和锁定形式图形已记忆在计算机（ECU），ECU根据驱动选择方式和挡位，就能够选定换挡和锁定的形式。

计算机选定换挡及锁定的形式 表6-3

挡位 / 驱动选择方式	"D"挡位		"2"挡位		"L"挡位	
	换挡形式	锁定形式	换挡形式	锁定形式	换挡形式	锁定形式
NORMAL	S-1	L-1	S-3	—	S-4	—
POWER	S-2	L-2	↑	—	↑	—

图6-14所示为在D挡位、Normal驱动模式。从表6-3得知，换挡为"S-1"模式，锁定为"L-1"模式。

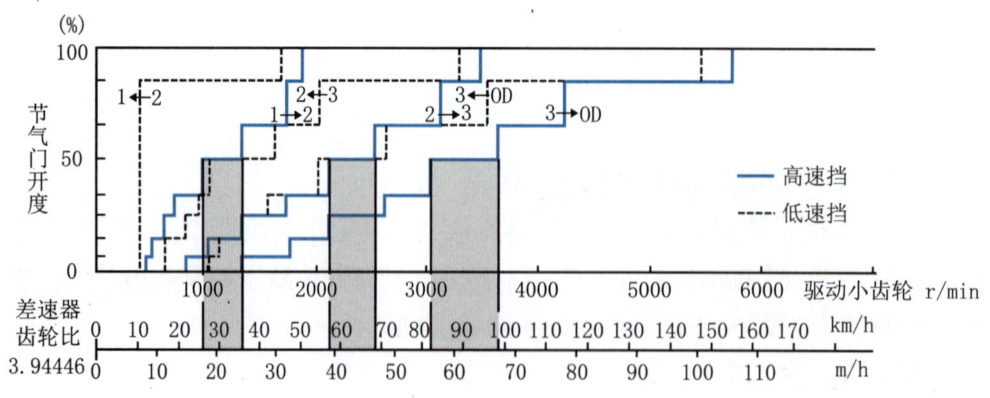

◆ 图6-14 "D"挡位Normal驱动模式（S-1）

由图6-14来分析S-1模式，实线部分为换往高速挡。以节气门开度50%（中负荷）为例，在车速为25～35km/h会从1挡换至2挡，在车速为57～67km/h会从2挡换至3挡，而车速在81～97km/h会从3挡换至OD挡传动（以上值为约略数值）。当然了，负荷越大其换挡车速相对提高。虚线部分为换往低速挡情况，读者请自行参考。电子控制式自动变速器驱动各换挡电磁阀即按此记忆图形来动作。

表6-4所示为液力变矩器的锁定离合器锁定点。例如D挡位OD齿轮，Normal驱动模式为L-1锁定方式,其锁定车速如表所示。

锁定点参考表　　表6-4

齿　　轮	驱动选择方式	锁 定 方 式	锁定车速(km/h)	
			作用	不作用
OD(D挡位)	NORMAL	L-1	68～74	63～68
	POWER	L-2	81～87	76～82

另外D挡位下，2挡、3挡及OD挡齿轮，都可能发生锁定作用，因为电子控制锁定动作主要是根据车速而定的。在各挡位、不同驱动选择方式之下，其记忆图形皆有不同，以适应各种驾驶要求。

3. 换挡控制的超速传动及换挡振动控制说明

（1）超速传动控制：如果OD开关在“ON”状态，且变速杆在D挡位，就可能以超速传动驾驶。但当车速在10km/h以下时，A/T控制计算机将接受解除OD信号来解除超速传动，而在冷却液温度低于70℃时变速器也无法挂入超速传动齿轮。

（2）由“N”换至“D”挡位的换挡振动控制，图6-15所示。

当变速器由“N”挡换入“D”挡位时，本系统会控制先换入2挡齿轮，再换至1挡齿轮，以减少换挡的振动。但此作用必须在以下条件成立时才能发生：

①车辆停止状状态。

②制动灯开关在“ON”位置（踩下制动踏板）。

③IDL端头“ON”（节气门全关）。

④冷却液温度在70℃以上。

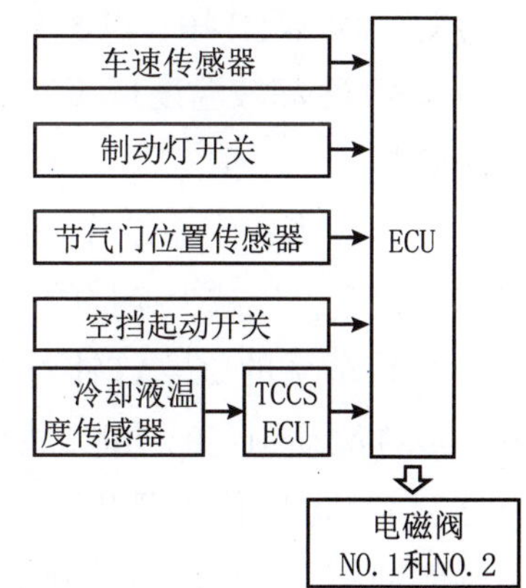

◆ 图6-15　换挡振动控制模式

4. 锁定系统的控制（Lock-up）

A/T的ECU在每一驱动选择模式（Normal或Power）都有锁定离合器图形的记忆作用，根据锁定图形，以及车速信号、节气门开度信号，ECU能判读使NO.3电磁阀作用或不作用。图6-16所示为执行锁定控制的流程图。

下列三种情况同时发生，A/T ECU将使NO.3电磁阀操作锁定系统产生锁定作用：

（1）车辆在D挡位，以2挡、3挡或OD挡齿轮行驶。

（2）车辆速度及节流门开度在规定值以上。

（3）ECU未接收锁定系统消除的信号。

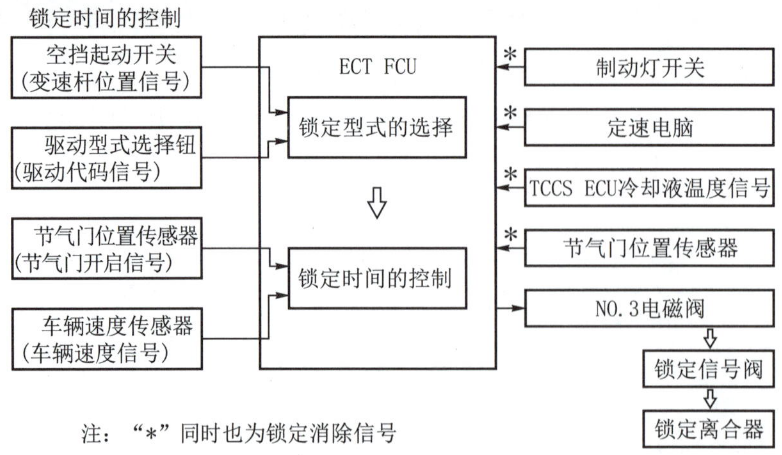

◆ **图6-16　锁定控制流程图**（丰田）

如有以下任一情况存在，ECU将使NO.3电磁阀在OFF状态，而使锁定离合器不作用：

（1）制动灯开关作用。

（2）节气门位置传感器的IDL接点接通。上述（1）、（2）的消除锁定目的是避免车轮被锁定时防止发动机失速（失速：指液力变矩器涡轮（输出侧）锁止时，泵轮（输入侧）所能回转的最高转速）。

（3）车辆使用定速控制系统行驶，而速度低至10km/h时。此解除锁定的目的在使液力变矩器恢复作用，以使低速转矩增加（因为锁定时，液力变矩器无转矩增加）。

（4）冷却液温度低于70℃时，其解除锁定目的是增进行驶性能，并且使变速器迅速暖机。

另外，当锁定系统作用时，在A/T变换高、低挡的同时，如$D_2 \rightarrow D_3$，ECU将会暂时解除锁定，以减少换挡的振动。

福特车系的EC-AT针对锁定控制，除了一般的锁定外，另有半锁定（half lock up）或称滑动锁定的功能，如图6-17所示。按照脉冲、节气门传感器、发动机转速传感器、ATF温度传感器及挡位判断，EC-AT控制单元可选定锁定状况，并将信号传给电磁阀动作。当EC-AT控制单元决定进入滑动锁定时，锁定电磁阀会调整锁定活塞作用压力与释放压力之差，而使锁定活塞半啮合，此种半啮合传动状态称为滑动锁定。

由上述可知在电子控制下的锁定控制显然精确多了，它并不固定在某一挡位才锁定；甚至可进入滑动锁定范围，对于行车的稳定性和省油性皆可改善不少。

5. 自我诊断系统

电子控制式自动变速器一般皆有自我诊断系统，借由此系统可以协助维修人员能迅速排除变速器故障。各汽车制造厂虽然电子控制系统有所差异，但其自我诊断系统仍大都以警告灯闪烁来表示，例如以“OD OFF”指示灯或“HOLD”指示灯等来告知故障码。另外也可用外接检修仪器来读取故障码。总之经由此系统能大大提高维修

A/T的能力。图6-18a）为福特KF车系EC-AT的故障码及信号形式。图6-18b）为丰田A140E的故障码和信号形式。

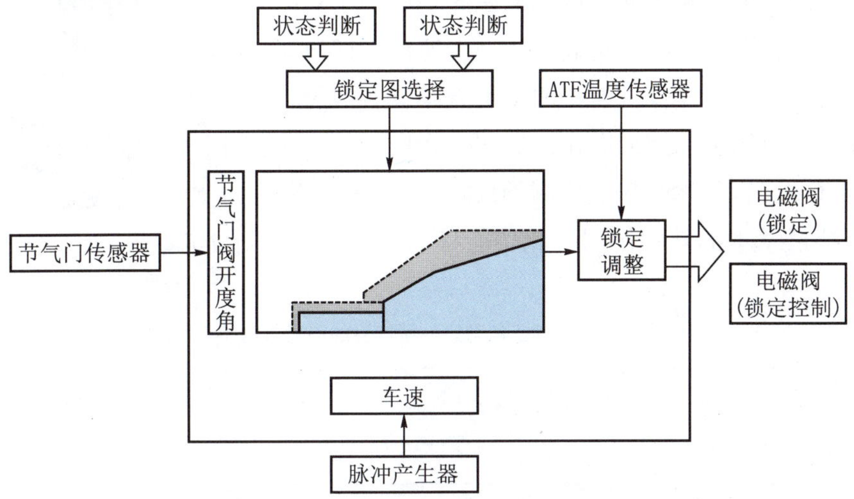

◆ 图6-17 福特 EC-AT锁定与半锁定控制情况

故 障 区 域	故障码No.	HOLD指示器（灯）
发动机转速信号	01	开启 关闭
车速传感器	06	
节气门传感器	14	
脉冲产生器	55	
ATF温度传感器	56	
减压转矩信号	57	

a）福特KF车系EC-AT故障码及信号形式

故 障 码	OD OFF指示器	说 明
42	ON OFF	No. 1速度传感器（备用速度传感器）不良，或是它的电线短路或脱落
61		No. 2速度传感器（主要速度传感器）不良，或是它的电线短路或脱落
62		No. 1电磁阀的电线脱落，或是它的电缆线的电线脱落或短路
63		No. 2电磁阀的电线没有接妥或短路，或是它的电缆线的电线短路或脱落
64		No. 3电磁阀的电线没有接妥或短路，或是它的电缆线的电线短路或脱落
—		正常

b）丰田自动变速器自我诊断故障码及信号形式

◆ 图6-18 故障码及信号形式

许多电子控制式自动变速器为防止因A/T故障而抛锚，所以都有故障防护系统。表6-5为各电磁阀在正常及意外下所产生的齿轮传动，如果电磁阀当中一个有故障，ECU仍可利用另一电磁阀继续控制变速器，使汽车仍在故障安全下圆滑操作，万一两个电磁阀皆有故障，自动变速器可以用手动挡来操作，如图6-19所示。

EC-AT在当自我诊断功能检测到故障时，EC-AT控制器将保持最基本的驾驶作用。此功能称为“故障-安全功能”。

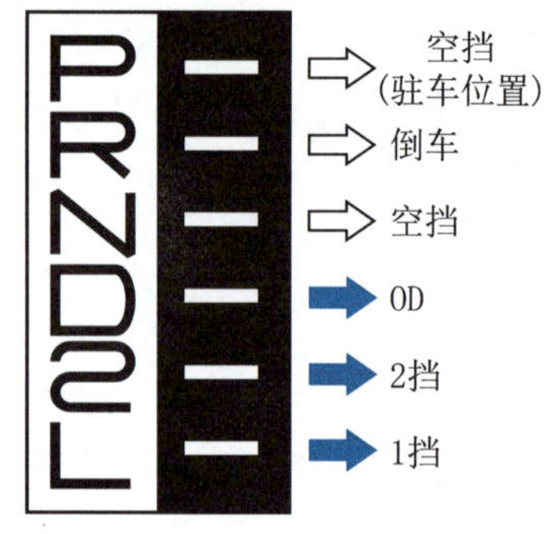

◆ 图6-19　两个电磁阀皆有故障，自动挡车用手动挡换挡

各电磁阀正常与意外所产生的齿轮传动（丰田汽车）　表6-5

挡位	正　常			No. 1电磁阀故障			No. 2电磁阀故障			两个电磁阀皆发生故障
	电磁阀		齿轮	电磁阀		齿轮	电磁阀		齿轮	变速杆各挡位代表的挡速(齿轮)
	No. 1	No. 2		No. 1	No. 2		No. 1	No. 2		
D	ON	OFF	1挡	×	ON(OFF)	3挡(OD)	ON	×	1挡	OD
	ON	ON	2挡	×	ON	3挡	OFF(ON)	×	OD(1挡)	OD
	OFF	ON	3挡	×	ON	3挡	OFF	×	OD	OD
	OFF	OFF	OD	×	OFF	OD	OFF	×	OD	OD
2	ON	OFF	1挡	×	ON(OFF)	3挡(OD)	ON	×	1挡	3挡
	ON	ON	2挡	×	ON	3挡	OFF(ON)	×	3挡(1挡)	3挡
	OFF	ON	3挡	×	ON	3挡	OFF	×	3挡	3挡
1	ON	OFF	1挡	×	OFF	1挡	ON	×	1挡	1挡
	ON	ON	2挡	×	ON	2挡	ON	×	1挡	1挡

注：×:故障，（　）：没有故障安全作用

三、输出系统

电子控制系统的输出部分主要为电磁阀。图6-20a）所示为No.1和No.2电磁阀的构造，是控制整个液压系统管路油压的电磁阀；No.3电磁阀是用来控制锁定系统的动作，如图6-20b）所示。

电磁阀是一个执行器（Actuator），依据A/T的电子控制单元的信号来做ON-OFF动作。在一个4速A/T中至少有2个电磁阀控制换挡动作，表6-6所示为日产汽车的A/T各挡位的电磁阀作用情况，读者可参照表6-5比较两者的差异。

电磁阀的动作方式大致分为两种：

（1）ON-OFF型电磁阀——如换挡电磁阀（1-2挡，2-3挡，3-4挡）如图6-20a）所示，负责不同的管路油压。

（2）频率型电磁阀（负载循环型）——由负载循环（Duty Cycle）的负载比值

（Duty Ratio=$\frac{ON}{ON+OFF}$×100%）控制开关，如锁定电磁阀、管路油压电磁阀等皆属于此类型，如图6-20b）所示。

锁定电磁阀：负责控制锁定离合器的管路油压控制。

管路油压电磁阀：控制主油道的管路油压。

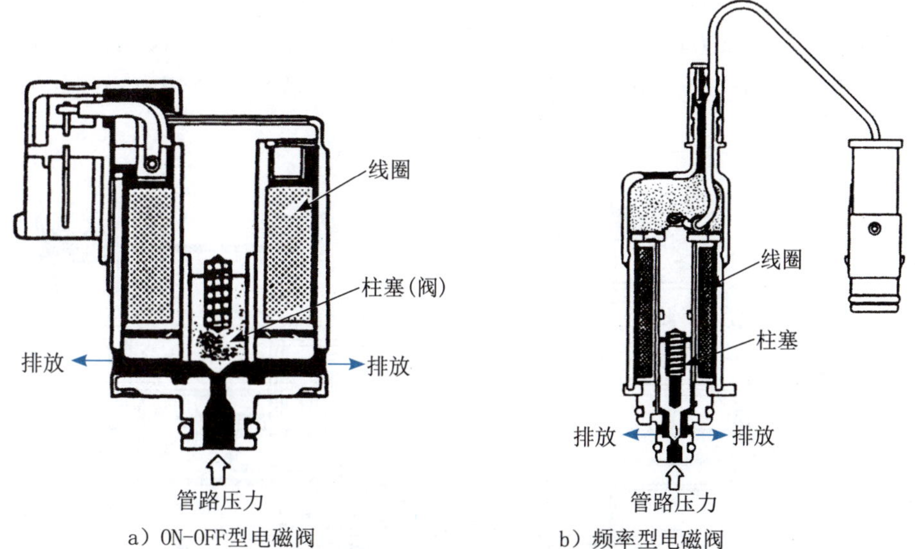

a）ON-OFF型电磁阀　　b）频率型电磁阀

◆ 图6-20　电磁阀的构造

日产及丰田 A/T电磁阀作用情况　　表6-6

挡　位	日　　产		丰　　田	
	No. A换挡电磁阀	No. B换挡电磁阀	No. 1换挡电磁阀	No. 2换挡电磁阀
第1速	ON	ON	ON	OFF
第2速	OFF	ON	ON	ON
第3速	OFF	OFF	OFF	ON
第4速	ON	OFF	OFF	OFF

以下表示福特GF4A-EL型电子控制输出系统各组件及功能：

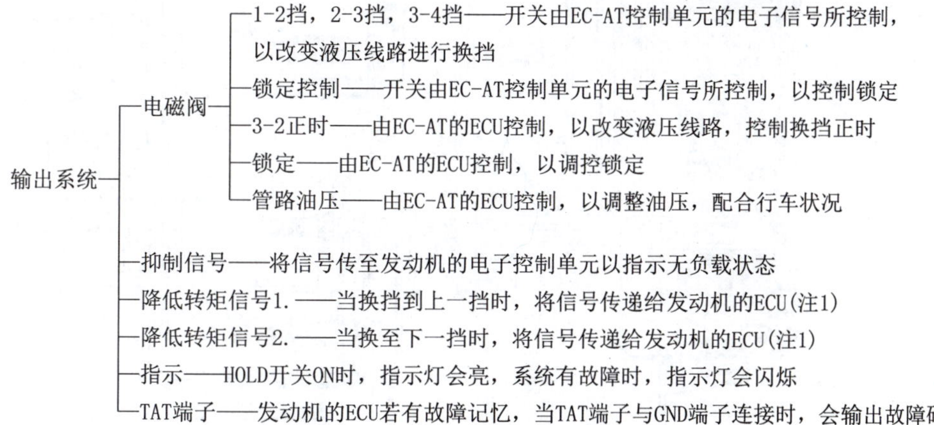

注1：换挡时，EC-AT的ECU会经由这两个信号传递给发动机的ECU，以暂时阻断喷油，降低发动机转矩，增加换挡流畅性。

6.4 液压控制系统

在电子控制式自动变速器中，有许多基本阀门是与传统A/T的阀门类似，例如换挡阀、调速器阀、节流阀、止回阀及压力修正阀等。这些阀门基本上在第4章已有说明。而在电子控制A/T方面不同之点，是经由电磁阀来做换挡控制、锁定控制及管路油压控制，图6-21所示为一电子控制液压回路图。以下我们将介绍电磁阀如何在换挡上做控制。

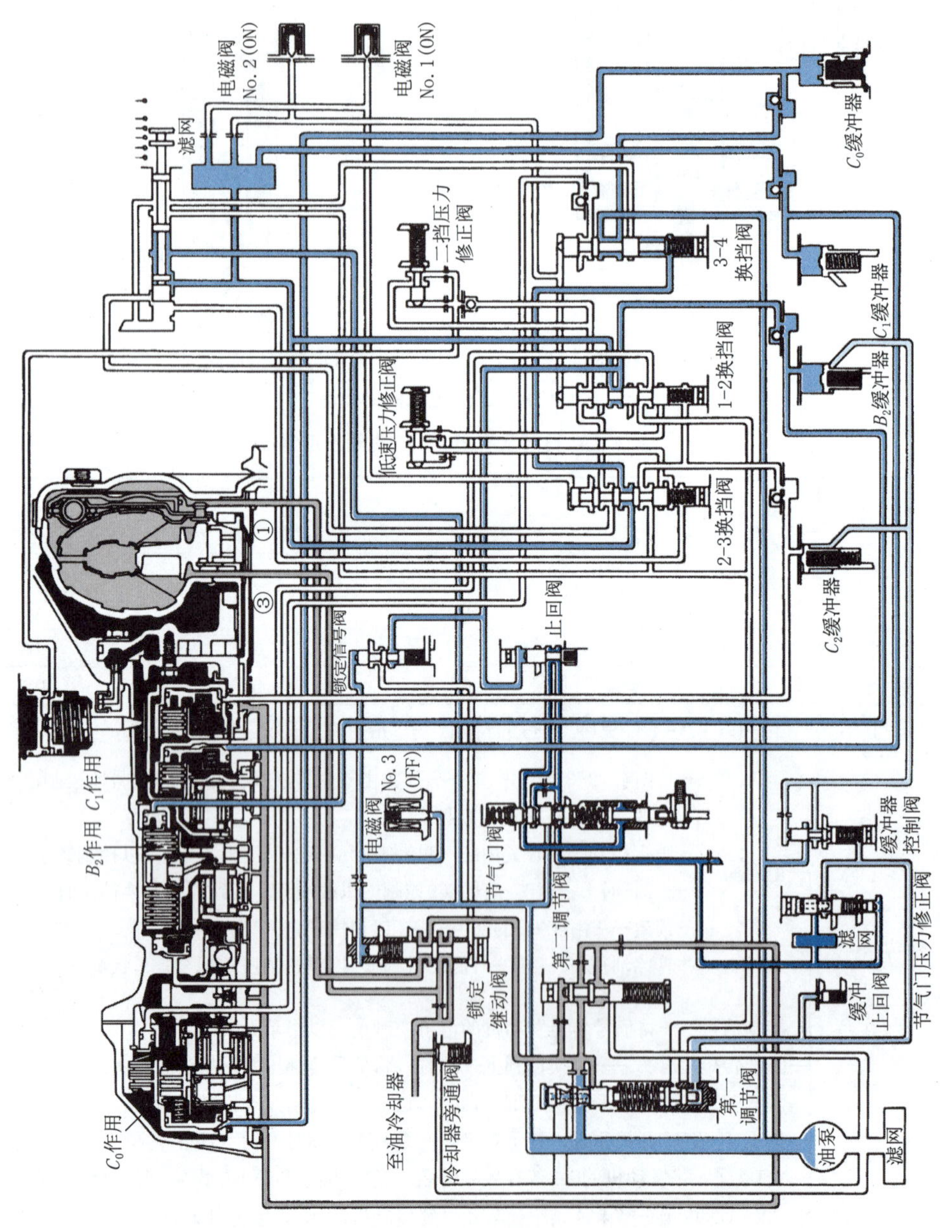

◆ 图6-21　电子控制液压回路图（丰田）

在电子控制A/T中，电磁阀是少不了的动作元件，也是直接由ECU来控制的元件。电子信号就是在此转换成液压信号，此液压显得灵活而精确，这能让A/T不管在换挡时机或锁定控制上都高上一等，因而也获得更平顺圆滑的换挡动作及锁定动作。

一、换挡控制

换挡控制主要由电磁阀No.1及No.2控制1–2换挡阀、2–3换挡阀及3–4换挡阀，再由换挡阀输出作用油压至各服务器，以操控各挡位变换。图6–22所示为换挡控制流程图。表6–7为各挡位的电磁阀和服务器等的动作关系。

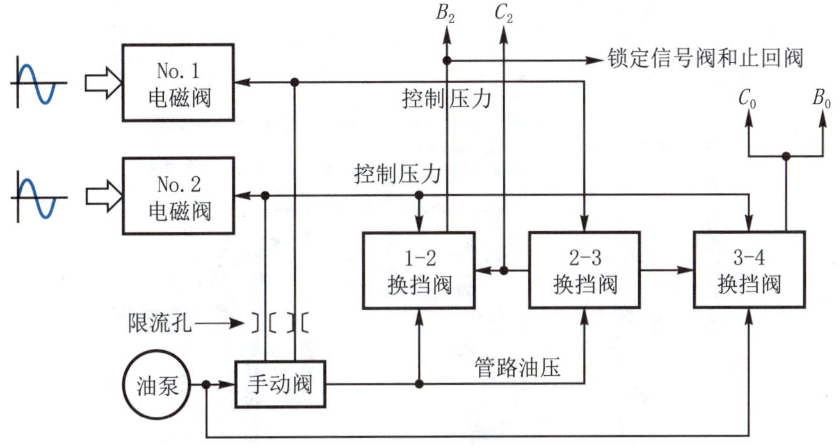

◆ 图6–22 换挡控制流程（C_0、C_2、B_0、B_2皆为服务器）

各挡位的电磁阀和服务器动作关系表（丰田A140E） 表6–7

挡位	齿轮	电磁阀		C_2	C_1	B_1	B_2	F_1	F_2	B_3	C_0	F_0	B_0	传动比
		NO. 1	NO. 2											
P	驻车	ON	OFF								○			—
R	倒挡	ON	OFF	○						○	○			2. 296
N	空挡	ON	OFF								○			—
D, 2	一挡	ON	OFF		○				○		●	○		2. 810
D	二挡	ON	ON		○		●	○			●	○		1. 549
D, 2	三挡	OFF	ON	●	○		●				●	○		1. 000
D	四挡(OD)	OFF	ON	●	○		●						●	0. 706
2, L	二挡	ON	ON		○		○	○			○	○		1. 549
L	一挡	ON	OFF		○				○		○	○		2. 810

辅助说明：

○：作用

●：受No. 1及No. 2电磁阀动作而作用。

F_1：单向离合器No. 1
F_2：单向离合器No. 2 } 不受液压控制，而受转动方向控制。
F_0：OD单向离合器

C_1：只要手动阀排在前进挡位即保持动作。

1. 1挡控制

由表6-7得知，1挡时No.1电磁阀为“ON”、No.2电磁阀为“OFF”状态。如图6-23所示，No.2电磁阀控制1-2换挡阀及3-4换挡阀上端处，油压使1-2换挡阀向下移动，2-3换挡阀因为No.1电磁阀“ON”，油压经由电磁阀泄压，使阀门被弹簧张力向上移动，从手动阀来的管路油压经2-3换挡阀到3-4换挡阀下端处，此压力加上弹簧张力一起克服3-4换挡阀处压力，故阀门向上，此时油压往OD直接离合器（C_0），因此为1挡齿轮传动。（请参照表6-7一挡齿轮）。

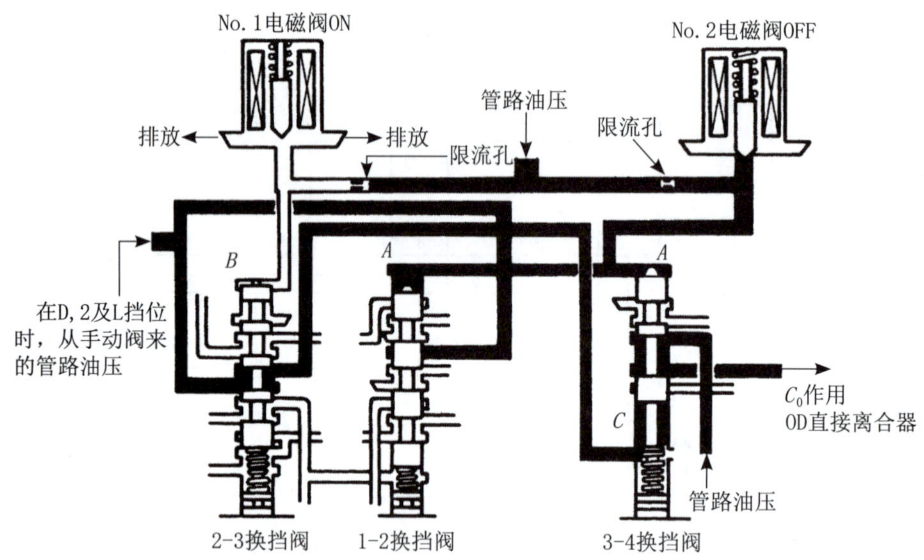

注：图上限流孔目的在电磁阀泄压时，不会让管路油压整体失压。

◆ 图6-23　1挡换挡控制回路图

2. 2挡控制

2挡齿轮传动，No.1电磁阀为“ON”及No.2电磁阀为“ON”，如图6-24所示。No.2电磁阀“ON”，使得1-2换挡阀及3-4换挡阀A处油均在电磁阀泄压。弹簧张力使两个阀门均往上移动，2-3换挡阀与前述一样。故1-2换挡阀管路油压到止回阀及锁定控制信号阀又到2挡制动带（B_2）作用，3-4换挡阀管路油压通往OD直接离合器作用C_0，此时为2挡齿轮传动。（请参阅表6-7的2挡齿轮）。

3. 3挡控制

3挡齿轮传动，No.1电磁阀为“OFF”，No.2电磁阀为“ON”，如图6-25所示。No.2电磁阀“ON”控制油路和2挡一样，1-2换挡阀及3-4换挡阀均往上移动。No.1电磁阀“OFF”所以2-3换挡阀B处油压建立，克服弹簧张力而将阀门向下移动。从手动阀来的管路油压经1-2换挡阀到2挡制动带（B_2）作用、同一管路又到止回阀和锁定控制信号阀。2-3换挡阀则有管路油压到直接离合器（C_2）作用。3-4换挡阀的管路油压到OD直接离合器（C_0）作用。在如此状态下变速器挂入3挡齿轮传动。（请参阅表6-7的3挡齿轮）。

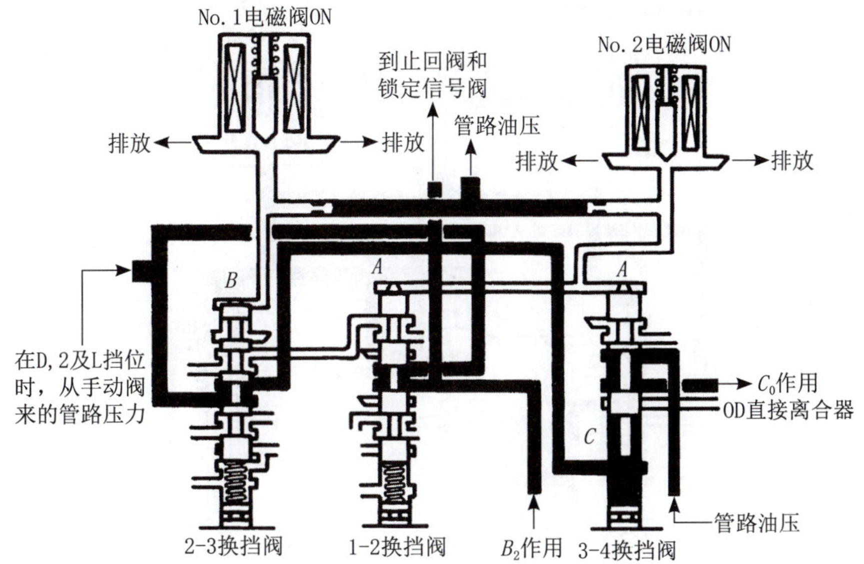

◆ 图6-24　2挡换挡控制回路图

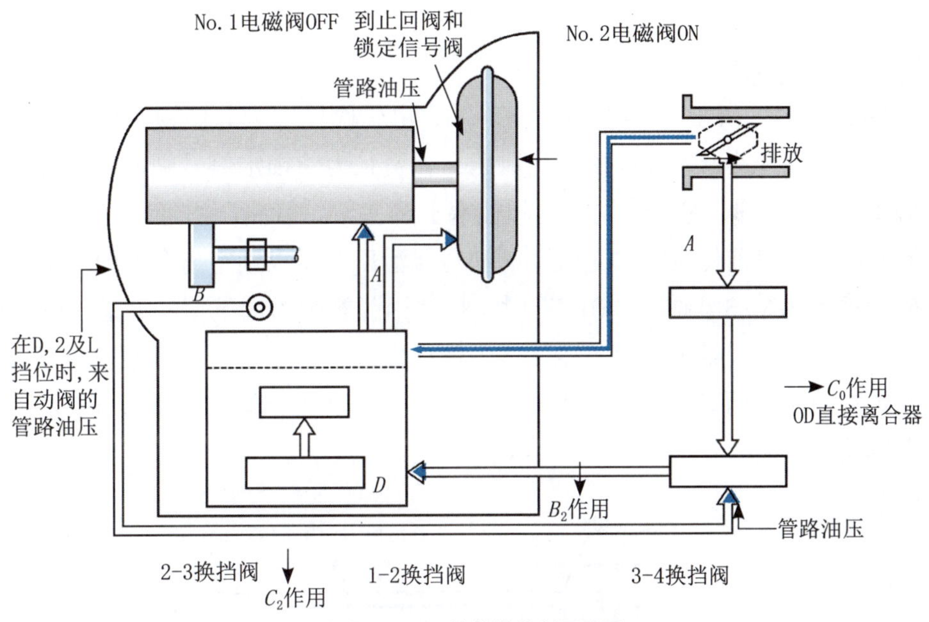

◆ 图6-25　3挡换挡控制回路图

4. 4挡控制

4挡齿轮传动，No.1和No.2电磁阀均为“OFF”，如图6-26所示。No.1电磁阀的动作和3挡控制一样，*B*处油压建立使2-3换挡阀克服弹簧张力向下移动。

No.2电磁阀“OFF”时，*A*处的油压建立，1-2换挡阀下端*D*处油压加上弹簧张力一起将阀门向上移动，3-4换挡阀则因*A*处油压而使阀门向下移动。

从手动阀来的管路油压经2-3换挡阀到直接离合器（C_2）作用，经1-2换挡阀到2挡制动带作用，同一管路又到止回阀；3-4换挡阀则有管路油压作用OD制动带（B_0）。在此种状态下为4挡齿轮传动（OD传动）。（请参阅表6-7的4挡齿轮）。

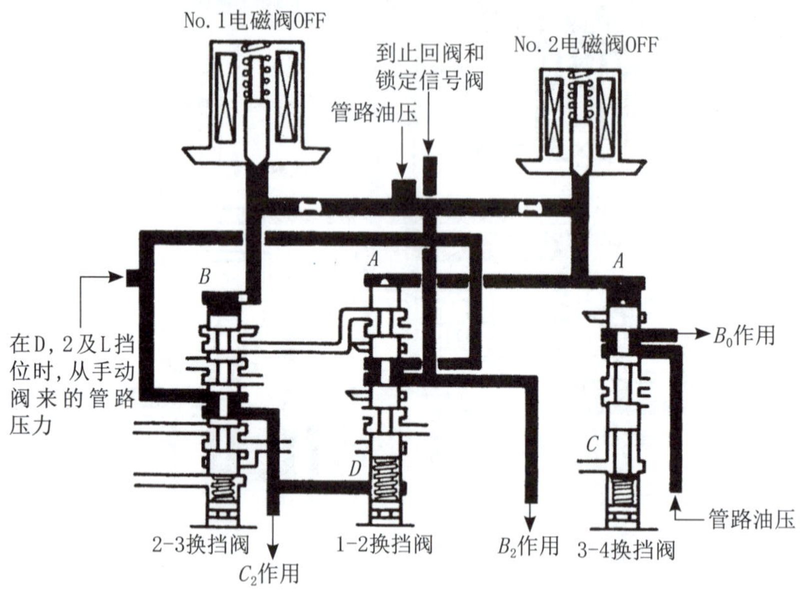

◆ 图6-26　4挡换挡控制回路图

二、锁定控制

如图6-27所示，由于No.3电磁阀“ON”，电磁阀柱塞吸起使锁定信号阀①及锁定继动阀②的管路压力从No.3电磁阀处泄压，弹簧张力使锁定信号阀上升，管路压力经信号阀到锁定继动阀 Ⓐ，使得继动阀柱塞上升，于是管路压力经油道③导引至液力变矩器的后侧，另前侧则从锁定继动阀油道④泄压，所以锁定离合器即发生锁定作用。图6-28所示为No.3电磁阀“OFF”时，柱塞因弹簧弹力向下堵住油道，管路压力作用在信号阀①处，而继电阀②处则受压力使柱塞向下，所以管路压力经油道④导引至锁定离合器前侧，而离合器后侧压力到达油道③，至油冷却器而降压，于是锁定离合器不发生锁定作用。

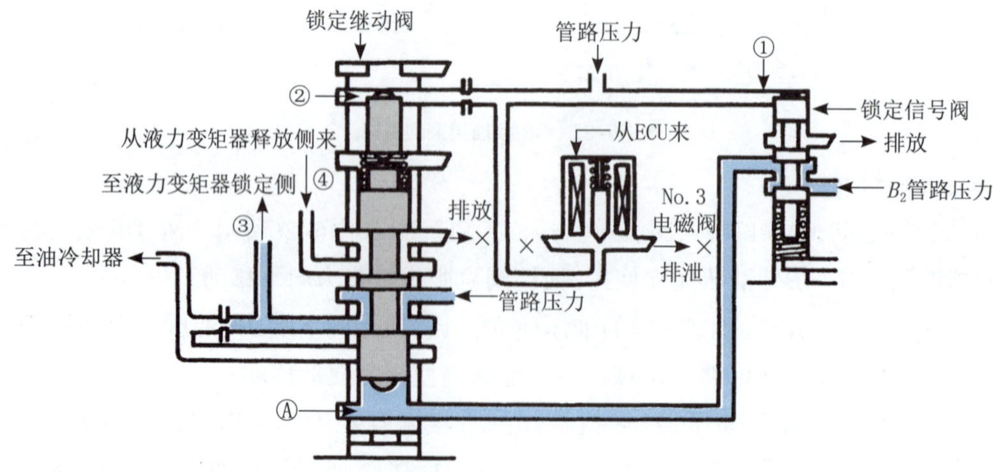

◆ 图6-27　锁定离合器作用

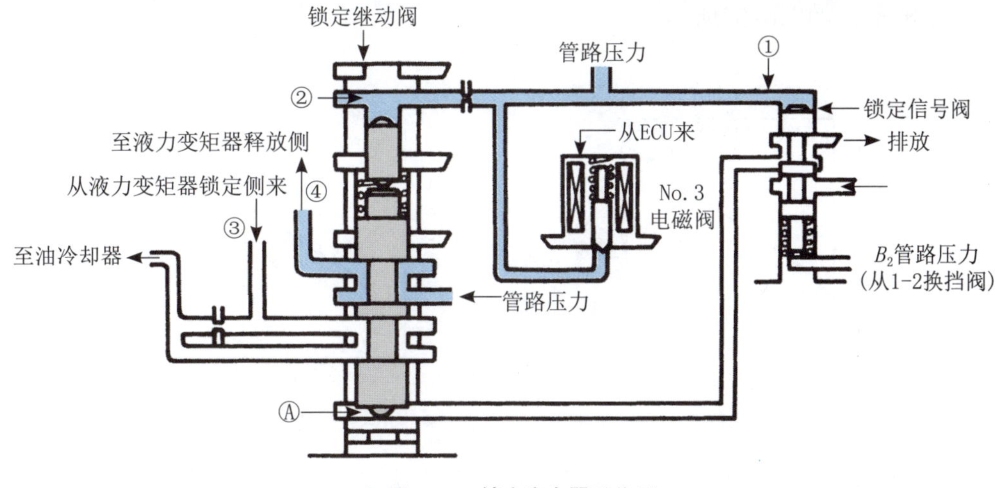

◆ 图6-28 锁定离合器不作用

三、管路油压控制

电子控制式自动变速器的电子控制单元，依照节气门位置传感器传递的节气门开度信号，以检测发动机负荷状况，再送出信号控制电磁阀动作ON-OFF，以调整修正压力。此修正压力的信号可依照行驶情况，控制压力调整阀，以调整从油泵产生的液压至最合适的管路油压。以下为在不同操作、负荷下，管路油压改变的状况说明。

（1）一般状况下如图6-29所示：调整管路油压在最适当状况，不能过高也不能过低，使油泵能量损失降低。从图形可看出R挡位其管路油压需求高于其他前进挡D、S及L。

（2）换挡时如图6-30所示：管路油压会配合发动机输出功率的状况，以降低管路油压、减少振动。并依照每一个挡位，选择最合适的压力。

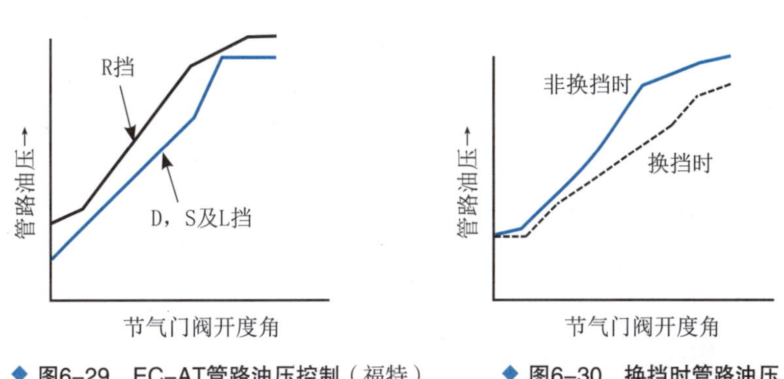

◆ 图6-29 EC-AT管路油压控制（福特）　◆ 图6-30 换挡时管路油压

（3）不同的ATF温度，管路压力也随之变动：如图6-31所示，当温度低于60℃时，会降低管路压力，以避免因ATF温度低黏度上升所造成的换挡振动。而温度低于-12℃时，不论节气门开度为何，均维持在最大值，以提高零件的动力。

（4）当发动机转矩不可能降低时，会使换挡时的管路压力比平时高，以免离合器等产生滑动，如图6-32所示。

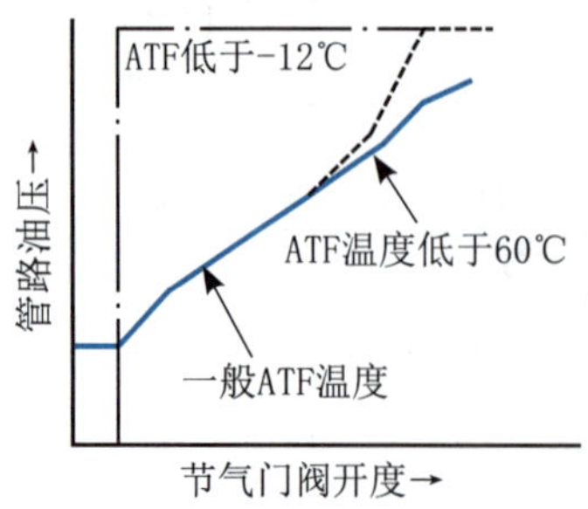

◆ 图6-31 ATF温度不同时管路油压

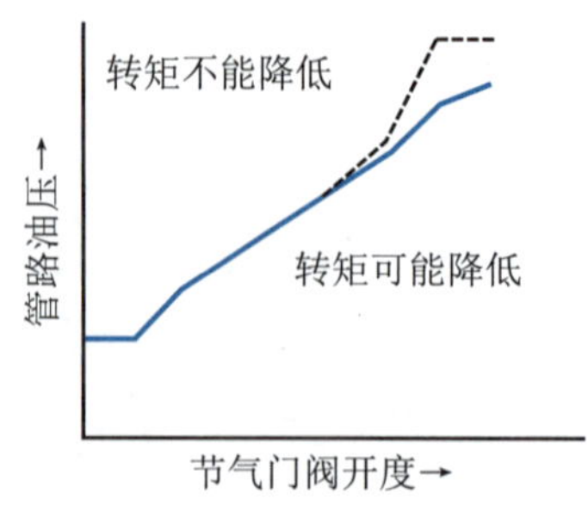

◆ 图6-32 转矩变化时的管路油压

（5）当发动机制动时，如图6-33所示，例如从OD挡换回3挡或2挡，因作用于变速器内的离合器与制动器的作用力较大，因此管路油压必须在发动机制动时升高。

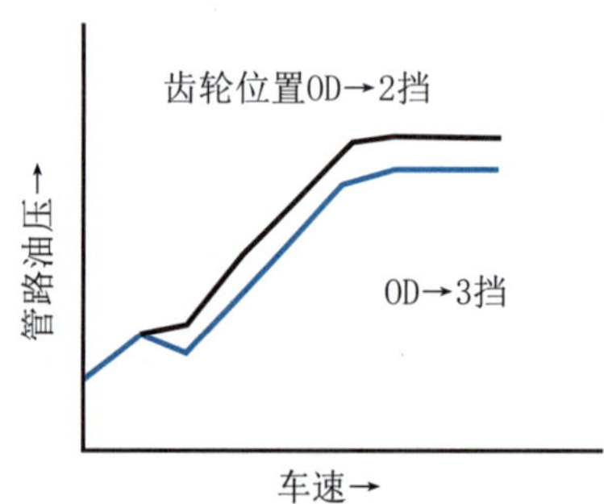

◆ 图6-33 发动机制动时管路油压

一、判断题

1. 电子控制式自动变速器与液压机械式自动变速器最大的不同点，多了一组电子控制系统，此系统控制着液压阀门总成。 （ ）

2. ECT中速度传感器用来取代全液压控制AT的节流压力调整阀。 （ ）

3. 电子控制式A/T驾驶模式选择开关中，“Power”强调省油性，“Economy”则为强力加速驾驶。 （ ）

4. EC-AT中的锁定作用完全依据车速而定。 （ ）

5. 电子控制式AT一般皆有自我诊断系统，借由此系统可以协助维修人员迅速排除变速器故障。 （ ）

6. 在电子控制式自动变速器中的节气门位置传感器的信号，相当于全液压自动变速器的节流压力。 （ ）

7. 电子控制式自动变速器的ECU内部，记忆着驱动模式和各挡位的换挡曲线图。根据各输入信号，可判读最佳的换挡时机和锁定时机。 （ ）

8. 当节气门位置传感器的IDL接点接通或制动开关未作用，则液力变矩器可进入锁定模式。 （ ）

9. 丰田的ECT在No.1和No.2两个电磁阀皆发生故障下，变速杆在2挡位会保持在3挡齿轮传动。 （ ）

10. 电子控制式自动变速器在升降挡时，会传送信号给发动机的ECU，以暂时阻断喷油，降低发动机转矩，增加换挡流畅性。 （ ）

二、选择题

1. 电子控制式A/T的动作器，是指______。

（A）模式选择开关 （B）电磁阀 （C）车速传感器 （D）换挡阀。

2. 电子控制式A/T中的电磁阀，不是用来______。

（A）控制线路的通或断 （B）调节管路压力

（C）控制锁定作用 （D）控制换挡点。

3. 要减少换挡时的振动，通常都是采取______。

（A）延避点火时间　　（B）各缸短暂不点火

（C）关闭节气门　　（D）油泵减少输出。

4. 车辆的各种速度传感器，不是用来计算______。

（A）变速器的滑动量　　（B）升挡及降挡点

（C）排气还流量　　（D）液力变矩器的滑动量。

5. 下列______不是A/T-ECU的输入信号。

（A）怠速位置开关　　（B）点火脉冲信号

（C）发动机冷却液温度传感器　　（D）空调继电器信号

6. 电子控制式A/T，是由计算机送信号给______以控制管路压力、换挡点等。

（A）继电器　　（B）换挡阀

（C）电磁阀　　（D）ISC阀

7. 有关电子控制式A/T的讨论，下列______错误。

（A）计算机内都会有自我诊断系统

（B）可使汽车获得较佳省油性

（C）在换挡瞬间，会自动将点火时间略微延迟

（D）换挡时机主要是利用节流压力及调速器压力来控制

8. 电子控制式A/T，控制相当于速控器压力时，ECU是接收从________传感器信号，以控制电磁阀的开闭时间来调节压力。

（A）CKP　　（B）VSS

（C）KS　　（D）MAF

9. 有关电子控制自动变速器叙述______错误。

（A）速度传感器取代调速器阀

（B）节气门位置传感器取代节流阀

（C）驾驶模式选择开关中的“Power”或“Sport”代表强力省油

（D）使用多个电磁阀动作器

10. 有关电子控制式自动变速器的讨论，下列______错误。

（A）发动机未达工作温度时，计算机会将换挡时机延迟

（B）汽车在低速状态按下OD开关，变速器会立刻降低一个挡位

（C）在高速行驶时按下OD开关，可提高发动机制动性能

（D）在踩下制动踏板时，计算机会立即解除定速控制

11. 有关电子控制式A/T的讨论，甲说：有些汽车在起步急加速时，会自动进入二挡起步，降低变速器的输出转矩，减少车轮产生打滑现象；乙说：有些汽车能让锁定离合器在低速范围作用，以降低发动机的燃料消耗；下列______正确。

（A）甲及乙均对　（B）甲对，乙错　（C）甲错，乙对　（D）甲及乙均错

12. 电子控制式A/T的综合式液力变矩器都装有锁定离合器，其锁定离合器的接合时机______。

（A）汽车在起步时　　（B）汽车在中高速时

（C）汽车在任何速度范围均可能接合　　（D）汽车在冷车行驶时

三、简答题

1. 试述电子控制式AT的优点？

2. 试述自动变速器电子控制系统包含哪三大部分，并简述之。

3. 试述节气门位置传感器和速度传感器的构造及功用。

4. 试述电子控制式变速器的换挡时间如何控制？

5. 在福特车系的EC-AT中，什么是半锁定（滑动锁定）？

6. 简述电磁阀按动作方式可分为哪几类型？

7. 试述在丰田ECT的No.1电磁阀及No.2电磁阀与各挡位的关系，并举一种换挡控制回路说明。

8. 请说明在ECT中，欲进入锁定控制的条件及锁定控制如何进行？

电子控制式无级变速器

学习目标

- 7.1 概述
- 7.2 电子控制式无级变速器
- 7.3 无级变速器的电子控制系统
- 7.4 液压系统
- 7.5 电磁无级变速器的速度特性

- ◆ 能描述无级变速器的构造及动作
- ◆ 能了解电磁粉离合器作用
- ◆ 能了解无级变速器前进和倒挡的变换机构
- ◆ 能解释无级变速器的电子控制系统
- ◆ 能解释无级变速器的液压控制系统
- ◆ 能分析无级变速器的各挡位动作情况

7.1 概　　述

随着汽车传动系统各项新科技的应用，研究开发了无级连续自动变速CVT（Continuously Variable Transmission），连续自动传动装置是由荷兰的VAN DO ORNE TRANSMISSELE制造，特点是没有变速齿轮，而由钢带传动。这种装置在燃料的节省、结构的紧密及造价的降低方面，都是一项科技的突破。

传统的自动变速器是一个或多个行星齿轮组的某部分逐渐锁定而进行换挡的，液力变矩器使变速得以平顺进行，它是一种液力耦合器，可以使传动系统的振动减弱，并让发动机在汽车停止时继续运转，但同时也消耗部分功率，构造复杂而且笨重。

人们对CVT深感兴趣的主要原因在于它的功效。燃料的行驶里程可提高20%～30%，通过选择最佳的传动比，CVT能让发动机保持在窄的转速范围，亦即维持在高转矩，然后以最有效的输出功率传动到车轮。此外CVT比传统的自动变速器轻，结构更简单而紧凑，对于前轮驱动的小型汽车，是个重要的优点。

连续自动变速CVT的工作原理并不稀奇，因为带传动用于工业已有多年的历史，但它的转矩、性能及工作效率方面都有一定的极限。解决的方法是采用一种特制的钢带，这倒是一个不寻常的概念，世界各先进的汽车制造厂均投入研究开发，1986年日本富士车厂自创一格，开发电磁粉离合器的CVT，称为电磁式无级连续自动变速ECVT（Electro-Continuously Variable Transmission），如图7-1所示，电磁装置可提高CVT的适应性，划时代的使用于批量生产的汽车上，如SUBARU JUSTY ECVT。福特公司也将无级变速器装配在汽车上使用，菲亚特小型车（PUNTO）即已搭载Speedgear电子控制无级变速器。又裕隆汽车公司引进日产汽车公司的小型汽车March，也是搭载无级变速器，其名称为NCVT（日产 Continuously Variable Transmission），同样与ECVT一样采用电子控制电磁式离合器。铃木汽车公司于1992年开发出电子控制油压式的无级变速器称为SCVT（Suzuki Continuously Variable Transmission），与ECVT、NCVT有点不同，离合器为湿单片式离合器，钢带改用链条，如图7-2所示。

日产自1992年正式推出第一代NCVT，让大家体验到CVT系统平顺好驾驶的优点。但是由于NCVT所采用的（电磁粉式离合器），在潮湿高温及市区走走停停的环境使用下，磁粉容易结块而失去离合器柔畅的动作。日产于1997年推出了第二代的Hyper CVT系统，将原本的电磁离合器改用扭力转换器（液压离合器），彻底解决NCVT的问题，并拥有更好的耐用度，且能承受更大的扭力，让汽车在低速时更容易驾驶，油耗经济性也大幅提升。其他如三菱New Lancer/Virage及日产 Bluebird 2.0也相同。

MT、AT及CVT的优缺点见表7-1。

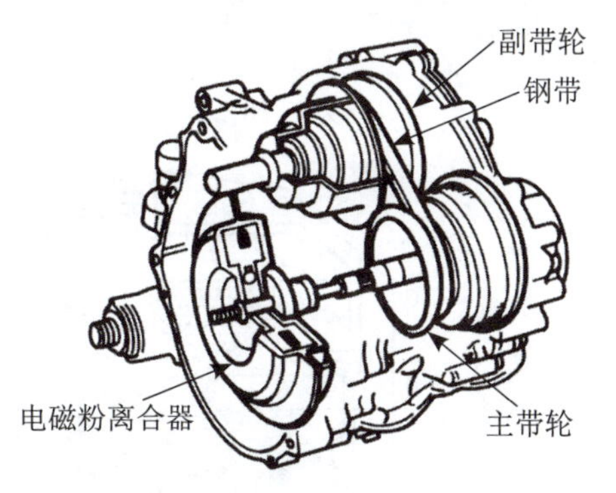

◆ 图7-1 ECVT轴测图

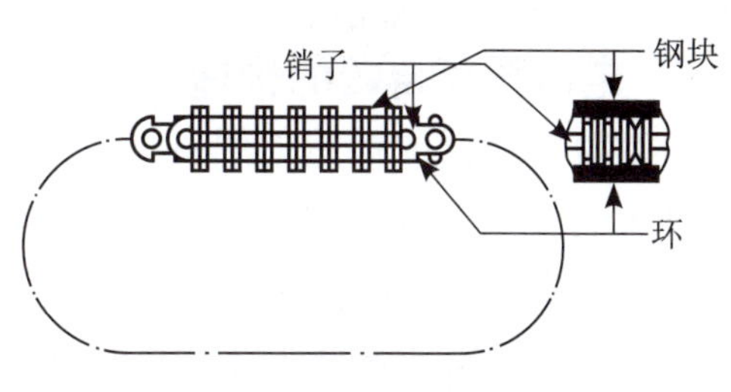

◆ 图7-2 SCVT的链条

MT、AT及CVT优缺点比较 表7-1

型　式	优　点	缺　点
手动挡车(MT)	1. 加速性较好； 2. 油耗较低； 3. 传动效率较高； 4. 维修较简单	操作较复杂
自动挡车(AT)	1. 起步较圆滑； 2. 操作简单； 3. 乘坐舒适性较高	1. 耗油； 2. 加速性较差； 3. 维修困难
CVT	1. 构造简单； 2. 操作方便； 3. 起步较圆滑； 4. 加速性； 5. 维修简单； 6. 行驶性能较平顺	

7.2 电子控制式无级变速器

不论是ECVT或NCVT都是一个电子控制钢带/带轮的驱动系统，它能够从低速到超速提供一个无级变速。利用液压作用在主、副带轮的活动侧，使带轮接触直径成为可变的，于是输入、输出速度就能改变。而液压则来自于经由电子控制单元（ECU）所操控的液压控制阀总成。在变速器与发动机之间的电磁粉离合器负责传输驱动力。前进与倒退的转换类似手动挡变速器的同步换挡机构。另外在D_S挡位，减速时则有发动机制动的作用。

以下先介绍各挡位的意义：

（1）“D”挡位是一般驾驶模式。

（2）“D_S”挡位是爬坡、发动机制动和运动模式挡。

（3）P、N和R挡位和一般自动变速器代表的意义相同。

一、电磁粉离合器

1. 电磁粉离合器的构造

电磁粉离合器的构造如图7-3所示。发动机曲轴连接离合器的外壳部分，此为主动件（drive member），内侧则为从动件（driven member），从动件经由一根输入轴传输动力至CVT本体内，在主动件内缘与从动件外缘之间保持一个小间隙，这个间隙充满了电磁粉，粉末受磁产生磁化，其颗粒即连接成链状，进而形成固体化，使主动件与从动件接合成一体，如图7-4所示，主动件内部装有一个作为磁体用的线圈，传动转矩与线圈内电流强度成正比，如图7-5所示，从分离、半离合到接合的状态，当电流被切断时，传动转矩就马上消失。

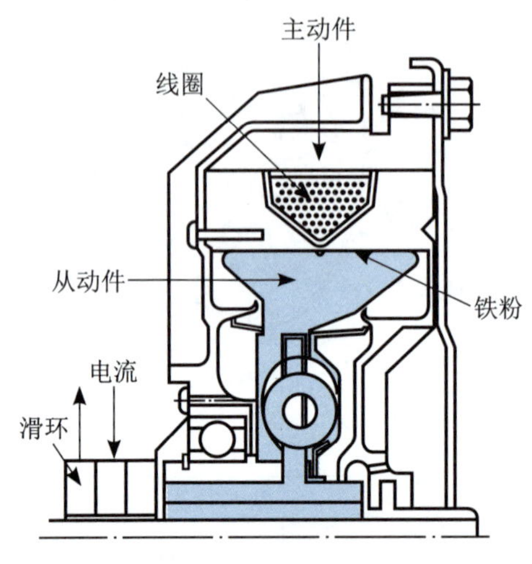

◆ 图7-3 电磁粉离合器构造

当汽车换入D挡或R挡，发动机怠速（未踩加速踏板），电子控制单元不将电流送到电磁线圈，因此，电磁离合器位于松离状态，汽车不会有蠕动现象。（使用综合式液力变矩器的A/T，才会产生蠕动现象）

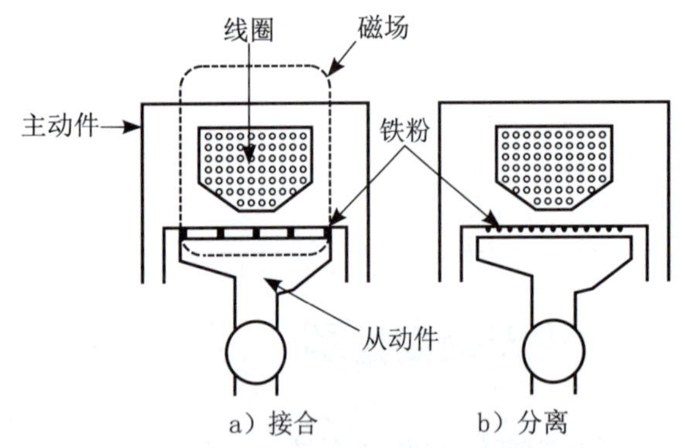

◆ 图7-4 电磁粉离合器作用情况

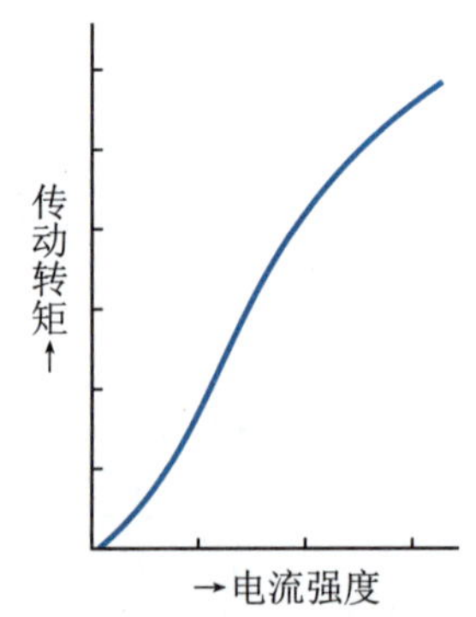

◆ 图7-5 传动转矩与电流强度的曲线图

电磁粉离合器在潮湿高温及市区停停走走的环境使用下，磁粉容易结块而失去离合器柔畅的动作，因此目前CVT倾向采用液压式离合器（液力变矩器）。例如：三菱New Lancer/Virage。

2. 电磁粉离合器的作用

电磁粉离合器控制电流是经由二个电刷到离合器壳外的集电环（类似发电机的磁场线圈输入集电环）输入电，电磁粉离合器的接合或分离就按主动件内的线圈是否激磁来控制的。电子控制单元接收输入的各种信号，经过处理来控制离合器动作，如图7-6所示，若电流通过线圈时，线圈就会变成一个电磁体并产生磁力，由磁力连接成链状的磁粉，可将动力从主动件传输到从动件。

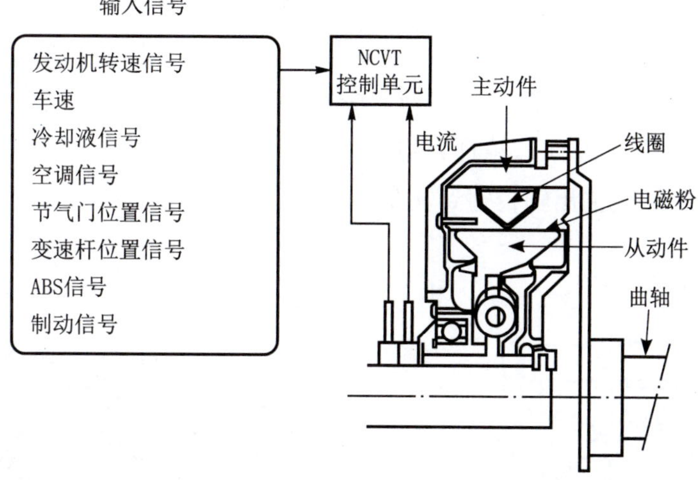

◆ 图7-6 NCVT电子控制单元控制流程

另外在D_S挡位发动机制动时，离合器也能控制防止阻振（指直接接复合分离的振动）。

控制线路本身有自我诊断功能，故障可由诊断仪器检测出来，以便维修。

二、前进和倒挡的变换机构

一般A/T的前进、后退是利用其中的行星齿轮组与伺服机构，而CVT则在电磁离合器和主带轮（输入带轮）之间有一个同步啮合变换机构用来切换前进及后退，此同步机构类似于手动挡变速器的同步机构，它能消除换挡时的吱嘎声，此声音来自于传动钢带在瞬间反转产生的。

（1）图7-7所示为N挡位，此为空挡位状态，同步滑套在中间位置，主传动齿轮并未传至轮毂。

（2）图7-8所示为D挡位和D_S挡位，在此状态，同步滑套移向右边，传动动力经由主动轮再从滑套经由轮毂传至主带轮。

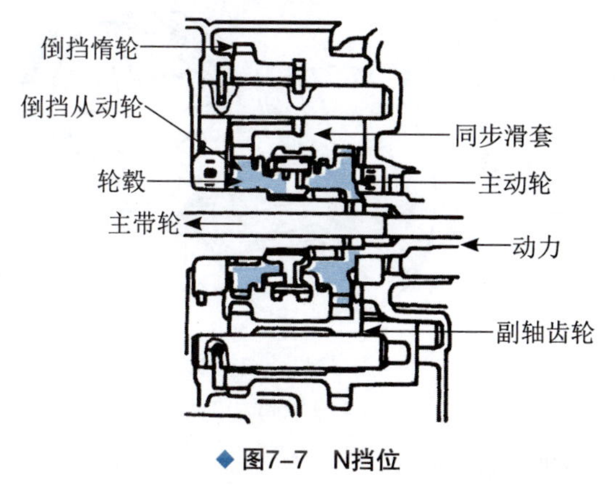

◆ 图7-7 N挡位

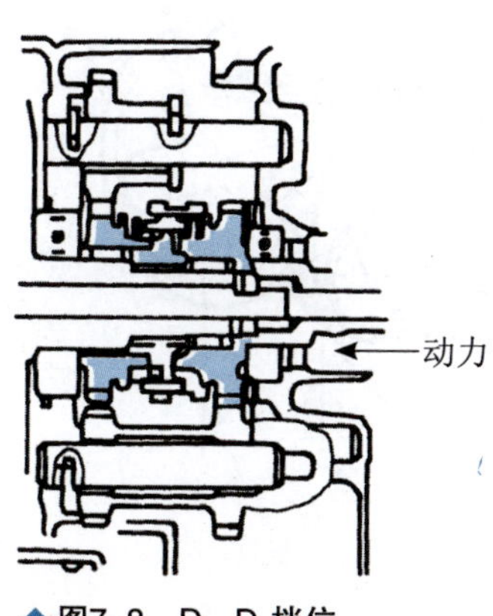

◆ 图7-8 D、D_S挡位

（3）图7-9所示为R挡位，同步滑套移向左边，传动动力经由主动轮、倒挡惰轮及副轴齿轮、倒挡从动齿轮而从同步滑套经由轮毂传至主带轮。因此主带轮与前进操作的旋转方向相反。

（4）图7-10所示为P挡位，同步滑套会停留在R挡相同位置，而变速杆移到P挡经由连杆机构推动停车连杆凸轮杆，迫使驻车掣子卡住副带轮（输出轮）的驻车齿轮，产生机械性的锁定输出轴，达到驻车的效果。

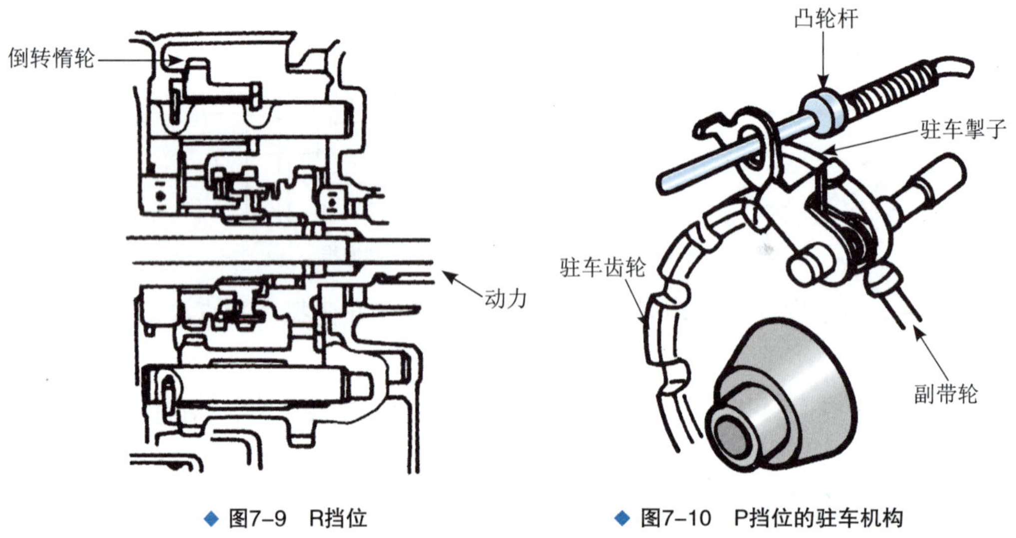

◆ 图7-9 R挡位　◆ 图7-10 P挡位的驻车机构

三、钢带和带轮机构（Belt and pulley）

传输动力是经由一条钢带和一组主、副带轮的安排，如图7-11所示，带轮凹槽宽度在轴向是可变的，根据钢带和带轮接触半径可获得从低速（带轮比为2.503）速度变至超速传动（带轮比为0.497）的速度变换，以下说明钢带和带轮的结构特征。

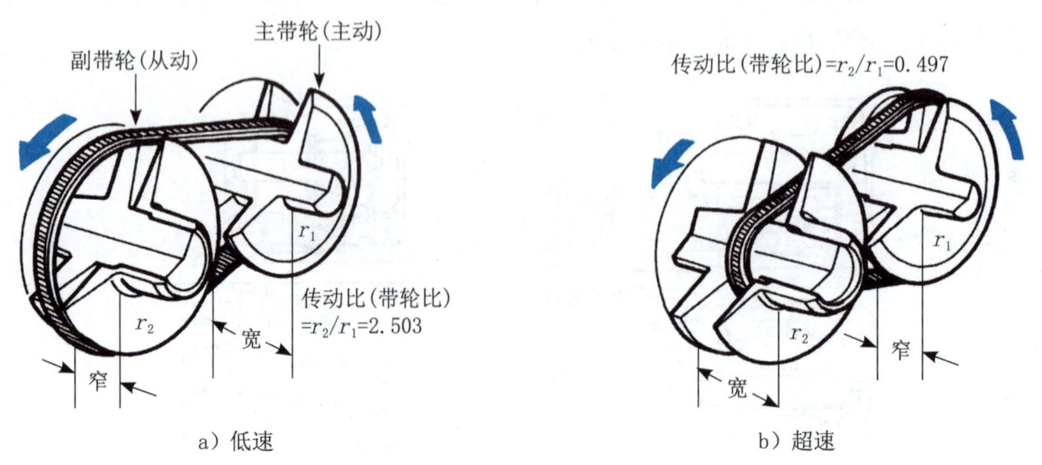

◆ 图7-11 低速与超速的带轮比

1. 钢带

钢带是由两条小钢条来支撑280片钢块，如图7-12所示，小钢条全长约600mm，由10层厚度约0.2mm的小薄钢片叠成，以增加挠曲度，当液压作用副带轮（输出轮），钢块被紧迫而扩张，结果在钢条产生张力，此张力可使钢块与钢带盘间产生摩擦力，使动力能传递。

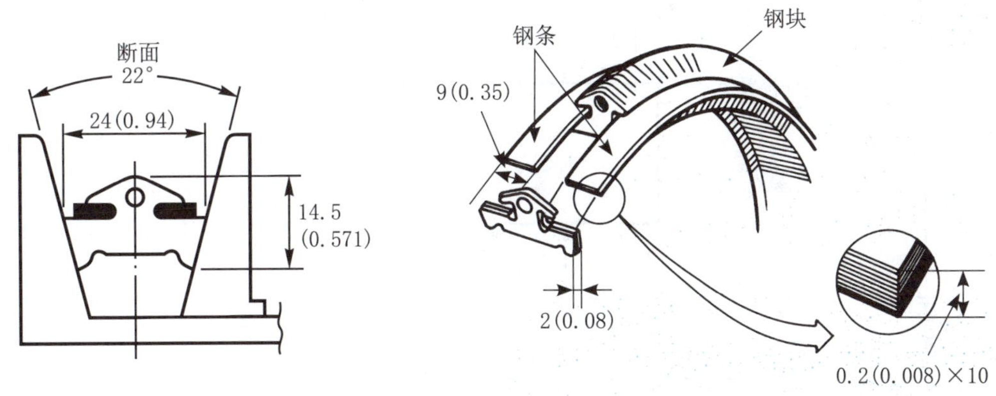

◆ 图7-12 钢带的构造［单位：mm（in）］

2002年，日产已推出第三代X-CVT,采用12层400片钢片的设计，除了有较高的强度、刚性及耐用度，还能提供灵敏的加速反应，且较同型AT车款（传统式）省油10%以上。

2. 带轮

主带轮或副带轮两者都是一侧为固定滑轮而另一侧为活动滑轮，滑轮的斜边为11°（凹槽的角度为22°），在活动滑轮侧面有液压室，油压使活动滑轮可在轴上移动，使得带轮沟槽宽窄产生变化。因为钢带总长度固定，故主、副带轮沟槽变化一定是相对的，如图7-12所示。

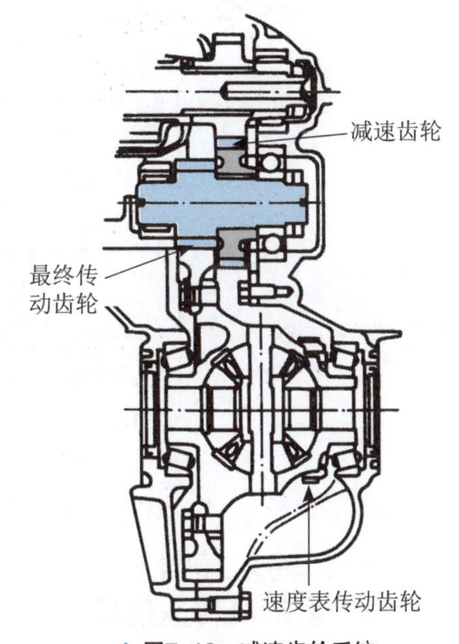

◆ 图7-13 减速齿轮系统

四、最终传动减速齿轮

减速齿轮系统包含减速齿轮和最终传动齿轮，如图7-13所示，齿轮是螺旋齿轮，速度表传送器装在差速器壳上，差速器与一般手动挡变速器类似。

7.3 无级变速器的电子控制系统

现以日产REOF05A为例说明电子控制单元（ECU）的作用，如图7-14所示。

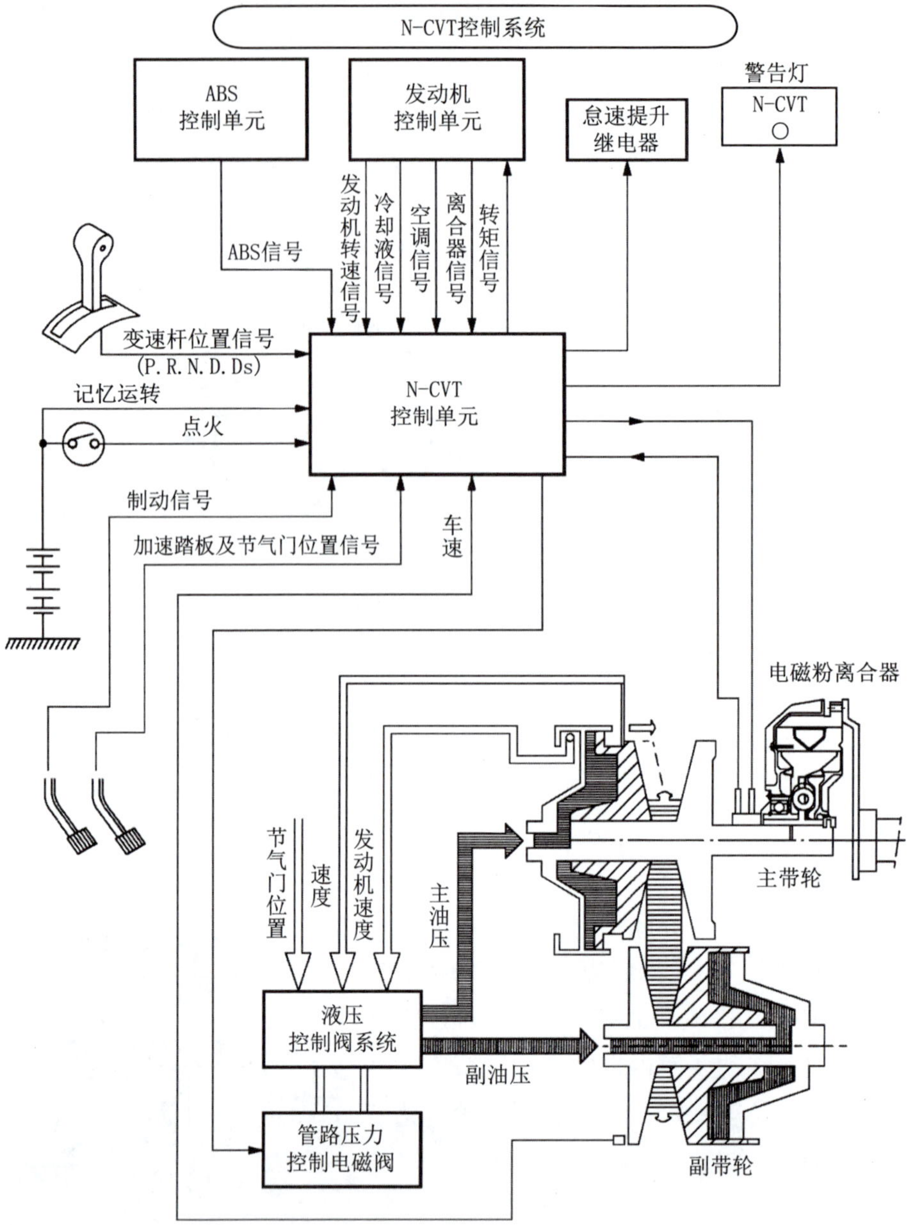

◆ 图7-14　无级变速器的电子控制系统

一、输入信号

1. 发动机转速信号

在起动时，来自分电器负端子的点火脉冲被测出，而获得与发动机转速相对应的离合器电流。

2. 加速踏板开关ON/OFF信号

借着加速踏板上微动开关可测知加速踏板的操作，并且告知ECU在起动时，离合器电流导通，在车辆暂停时，这个信号与车速脉冲一起作用，防止发动机熄火。

3. 节气门位置信号

节气门位置由ECU直接检测，电磁离合器也由此信号来调整电流。

4. 制动信号

制动系统作用被检测到时，电磁离合器电流也由此作修正。

5. 变速杆位置信号

在变速杆旁安装一个开关来获知各挡位信号，如D、D_S和R挡位。

6. 车速信号

装在变速器外壳上的车速传感器，可获得输出轴速度。

7. 冷却液温度

电磁离合器电流必须随着发动机温度变动来做补偿，也就是在冷发动机时可将失速点（stalling point）升高。（失速点：离合器转矩曲线与发动机全转矩曲线相交的点。在此点之下，离合器滑动，而在此点之上，离合器直接接合。）

8. 空调信号

此信号为感测空调机操作，并且调整离合器电流，确保发动机失速点正确。

9. ABS信号

在ABS作用时，离合器电流即关掉。

二、输出信号

1. 电磁粉离合器控制

电磁粉离合器有五种输出模态，以确保输出动力平滑柔顺，如图7-15所示。

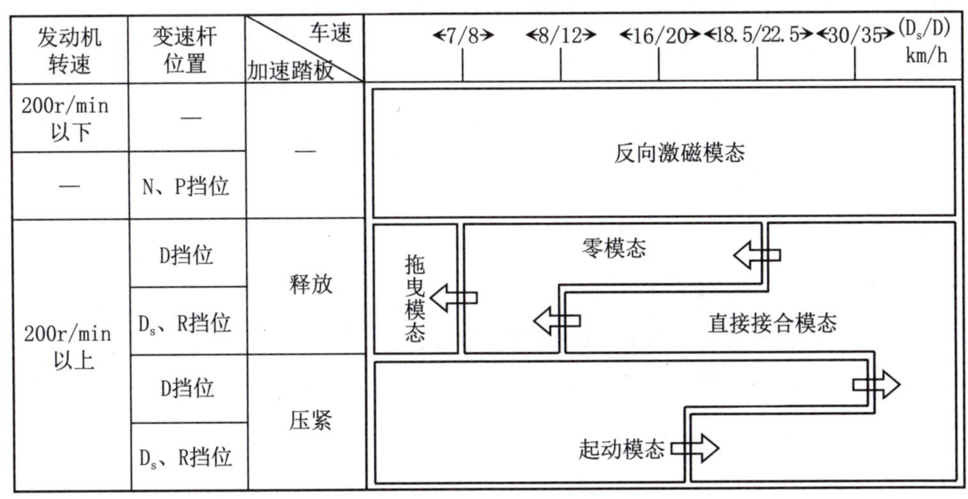

图7-15 电磁粉离合器输出模态

（1）起动模态：在起动时，控制电磁离合器的电流会随着发动机转速及转速的增加率做相对应的电流增加，以便控制离合器转矩。

当汽车在低速巡行（20km/h以下）时，此模态可借着延迟离合器动作来消除加减速时的振动，此消除振动动作会持续到N-CVT输入轴与发动机转速达到几乎一致后才停止。

（2）直接接合模态：当车辆到达预先设定的速度时，此模态可使电磁离合器直接接合。

（3）零模态：当加速踏板放松且在D、D_S或R挡位时，输出模态由直接接合模态转至拖曳模态时，此模态可将电磁离合器去磁而分离。

（4）拖曳模态：当车速在低速（7km/h以下）加速踏板放松情况下，此时离合器仅通过约0.2A的微弱电流，使之产生拖曳转矩（drag torque），如此可维持良好的低速特点。并借着高速信号连续反馈至ECU来防止蠕动和发动机熄火。

（5）反向激磁模态：此模态是消去离合器电磁粉的磁力，即除去残留磁力来防止离合器的分离不良的情况，此模态必须在以下两个条件下才会进入：

①变速杆在N挡位或P挡位。

②发动机转速在200r/min或更低，此模态也让汽车无法推车来发动。

2. 管路油压电磁线圈的控制

管路油压电磁线圈的控制，控制管路压力电磁阀以决定转矩传输。

3. 怠速提升继电器的控制

在有ABS作用时，提升怠速以维持油压。

4. 自我诊断

在ECU内部已设有自我诊断功能，当发生故障时，能够检测到七条线路，可利用N-CVT本身的警告灯得知故障大约区域（请参阅附录三）。

7.4 液压系统

液压系统如图7-16所示，液压系统主要包括：

（1）发动机所驱动的油泵。

（2）控制液压和速度变化的液压控制阀。

（3）与加速踏板、带轮比及发动机转速相对应的输入信号。

（4）换挡锁定的安全机构。

（5）油温冷却器。

现在分别叙述如下：

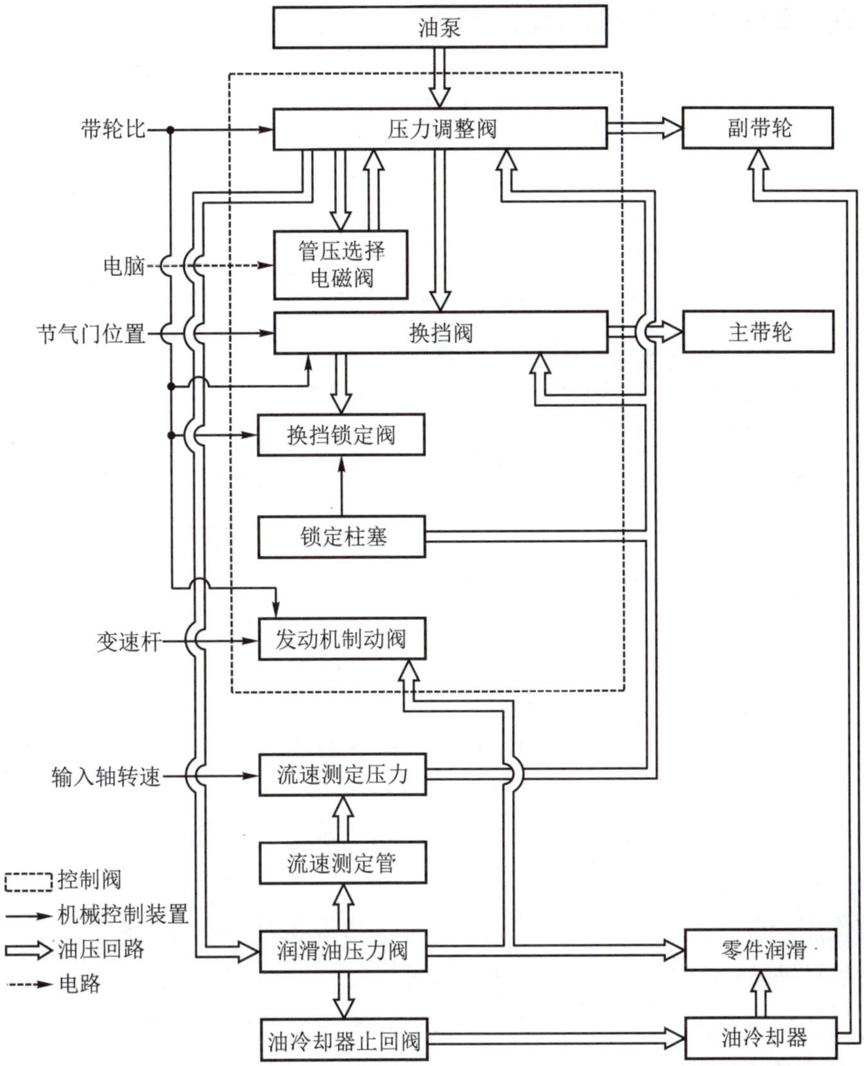

◆ 图7-16 无级变速器的液压控制系统图

一、油泵

油泵是由发动机经由一个通过主带轮的传动轴驱动的。

此泵是一个外接齿轮泵，从油泵排出的油送至液压控制阀，并且作为主带轮及副带轮的操作油压以及各零件的润滑油。如图7-17所示。

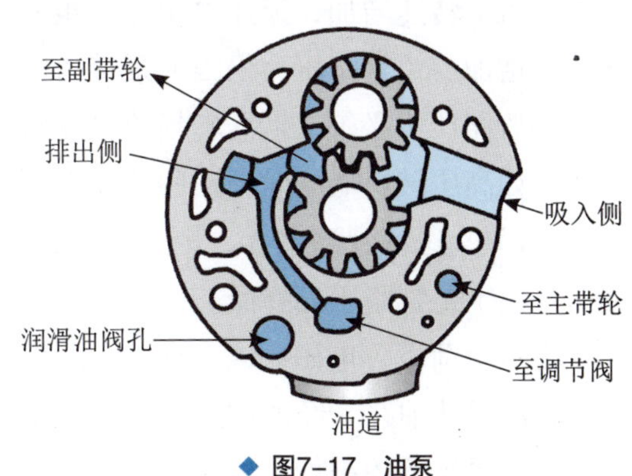

◆ 图7-17 油泵

二、液压控制阀总成（本节可参阅附录一）

液压控制阀总成包括：

1. 压力调节阀，如图7–18所示。

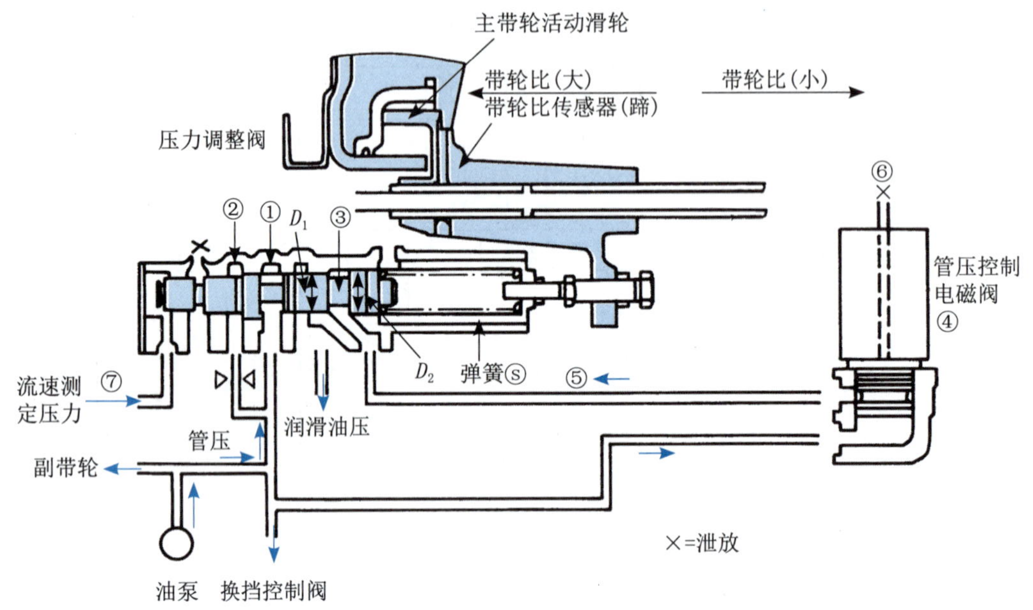

◆ 图7–18 液压控制阀总成

压力调节阀能以最适宜的压力来维持副带轮（输出）的液压，以及根据主带轮沟槽宽度来判定副带轮沟槽的宽度。

油路作用如图7–18所示，油路①和油路②与弹簧③保持平衡，其压力取决于带轮比、发动机转速r/min以及从ECU来的转矩信号。

带轮比传感器检测主带轮的位置以及改变调整阀弹簧长度（传感器类似蹄状）。感测带轮转速的流速测定压力（pitot pressure），是一种动态的压力信号，转速快则压力高，（详细请参考7.4.2.4节）作用在油路⑦，刚好是弹簧的相对侧。当主带轮（发动机）转速增加，流速测定压力也一起增加，因此压力调整阀移向右边来防止管路压力增加。（管路压力仍因油泵转速增加）。

在管路压力必须从低压转换成高压时，管路压力是由电磁阀④经由油路⑤到达油室③（如高压转换低压时则路径相反）。当在部分负荷下，管路压力是由控制电磁阀④（ON），送油到油室③，因梭动阀D_2直径大于D_1直径，所以作用面积大，梭动阀会右移，于是管路压力降低。

在重负荷下，电磁阀④（OFF）关闭，切断油室③的压力，（弹簧迫使梭动阀左移），油压从油路⑤经由油路⑥回油，于是管路压力提高。

油压系统的控制如上述说明。因此，钢带将保持在最佳的夹紧力，同时油泵的传动损失将会被减少至最低。结果在中低负载下的驾驶性能及燃料节省都有增进。如图7–19所示，为管路压力在部分负荷（高速）和重负荷（低速）与带轮比的特点曲线。

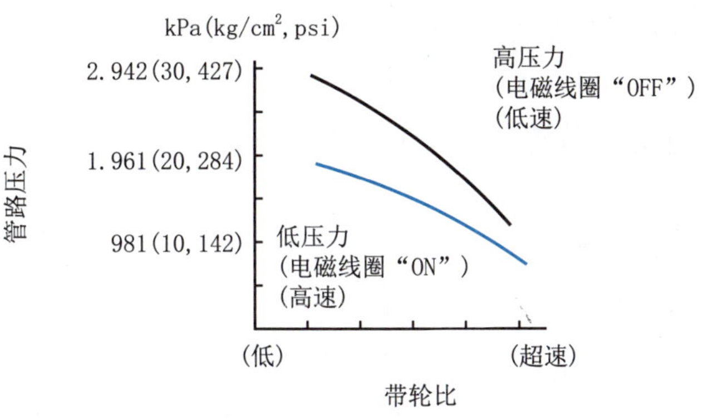

◆ 图7-19 管路压力特点曲线

2. 换挡控制阀

在“D”挡位或“D_S”挡位，换挡控制阀能控制从低速到超速传动的连续变速比，此阀门是根据加速踏板位置和发动机转速传来的信号，来控制流到主带轮的管路油压。

在低速时，如图7-20所示，换挡控制阀在左边。当发动机转速增加，流速测定压力作用控制阀使之移向右边，因而管路压力经由油路直接作用主带轮。主带轮作用压力越大，传动比越小，车速越快。当带轮比从低速变换到超速传动时，借着一个连接带轮比传感器（蹄）到换挡控制阀的调节连杆和补偿柱塞，来获得一个“上升特性（rise characristic）”，使发动机能提升到所需的转速。

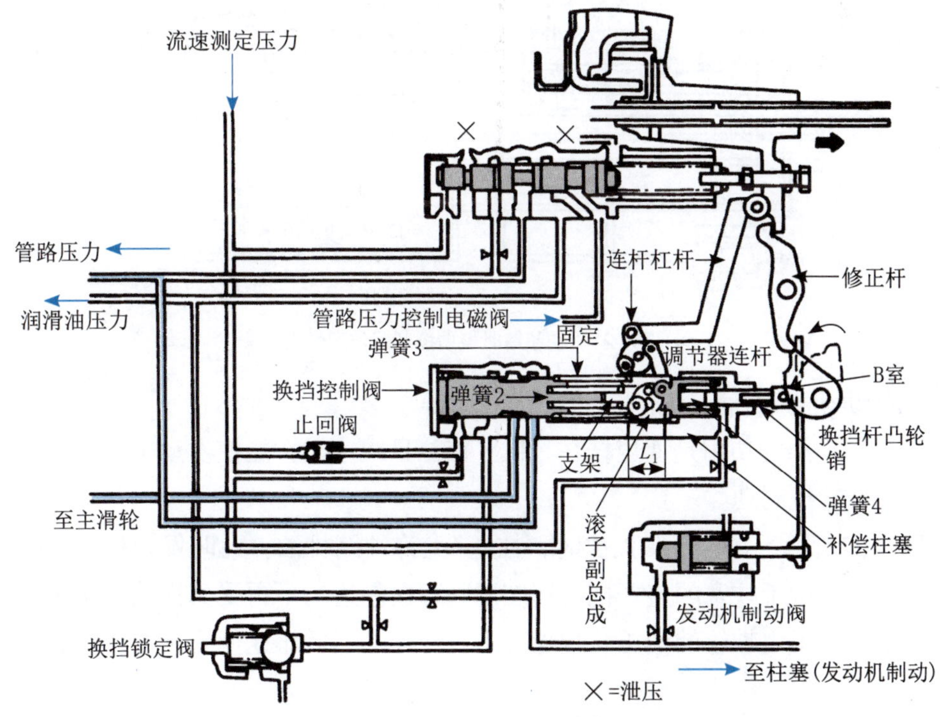

◆ 图7-20 在低速时换挡控制阀作用情况

补偿柱塞安装在换挡控制阀上，此柱塞与弹簧④和销子相接，销子是由加速踏板相连的换挡凸轮所推动。流速测定压力直接到油室B。

在操作中，当带轮比传感器（蹄）从低速到超速传动（OD）时，如图7-21所示，高速弹簧②因支柱与补偿柱塞间$L_1 \rightarrow L_2$长度变长，弹簧②因而被压缩；同时滚子副总成借着连杆及配合传感器（蹄）移动而做顺时针方向转动。此时到主带轮的管路压力升高，车速增快。

当加速踏板突然踩下，感应发动机转速的流速测定压力未及反应，而和加速踏板相接换挡凸轮使得换挡控制阀向左移，此结果会让主带轮油压突降，幸好有补偿柱塞可防止此情况发生。另外在换挡控制阀内有装置一个换挡锁定阀（shift lock valve），来防止油压从主带轮油路泄漏。

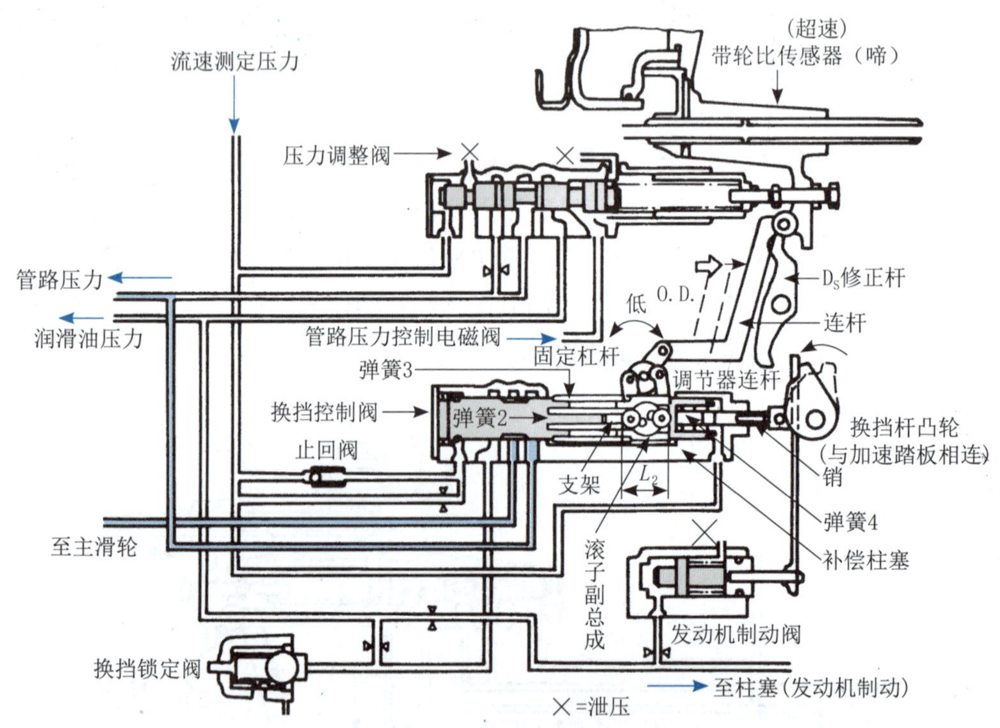

◆ 图7-21　在超速时换挡控制阀作用情况

3. 发动机制动阀（Engine Brake Valve）

发动机制动阀的功用是变速杆在“D_S”挡位且减速时，能使发动机维持相当地高转速，即有发动机制动。

如图7-22所示，在“D_S”挡位时，柱塞A允许油路排油。此时发动机制动阀被弹簧推向左边，连接于柱塞的连杆把换挡控制阀移向左边，不再受到换挡凸轮所控制。在这状况下维持了主带轮的油压，带轮比不再变化，然后车速便受到发动机制动作用而拉下速度。

如图7-23所示为在“D”挡位超速传动时，发动机制动柱塞堵住油道，油压直接作用发动机制动阀，克服阀门弹簧使发动机制动阀移向右边，于是换挡控制阀就受到换挡凸轮所控制，主带轮油压是可变的，也就无发动机制动。

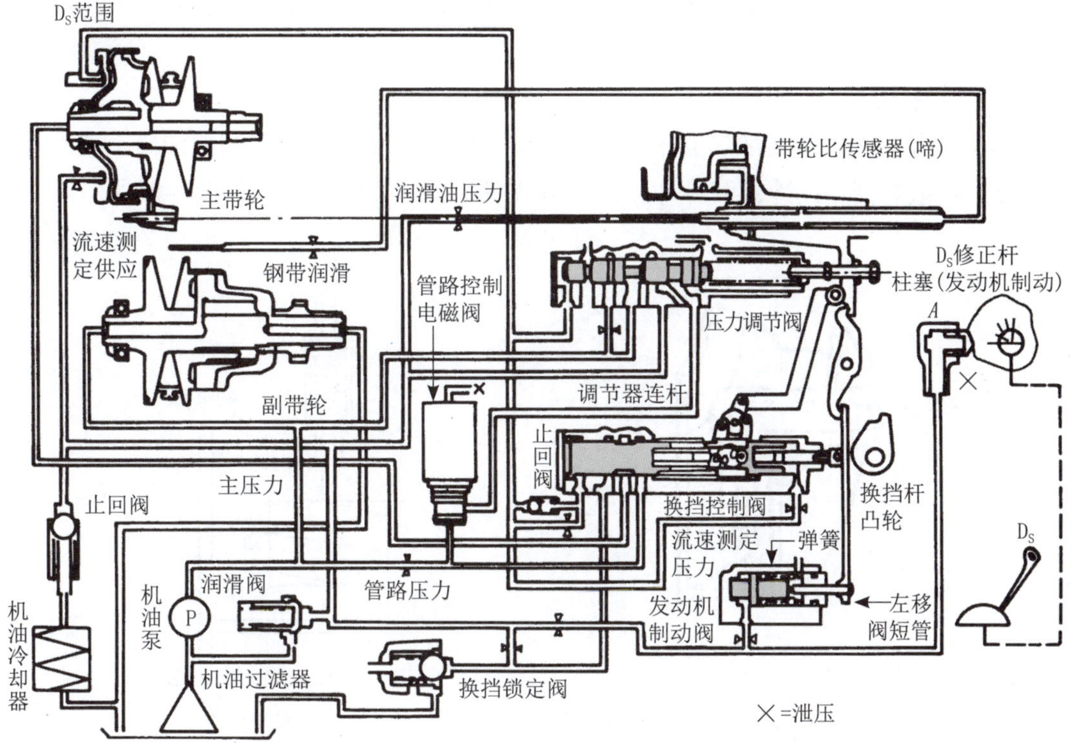

◆ 图7-22 在D_S挡换挡控制阀作用情况

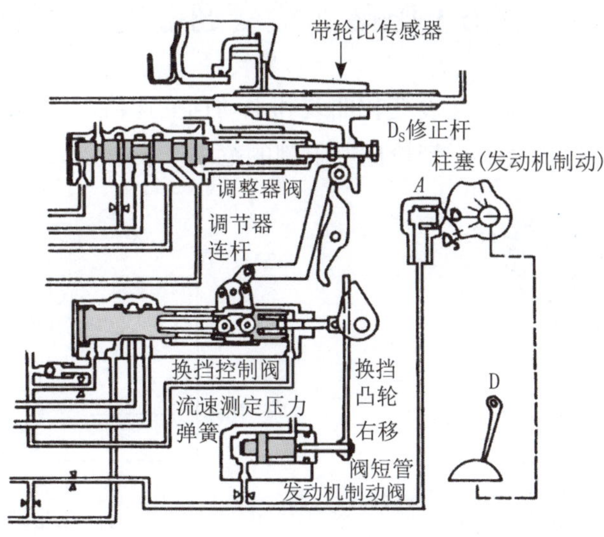

◆ 图7-23 在D挡位换挡控制阀作用情况

4. 发动机转速输入信号（流速测定压力）

把一个流速测定管装进一个连接主带轮的油室，如图7-24所示，油随着主带轮旋转，冲向流速测定管的小孔，转速越高则流速测定压力也越高，从流速测定压力便能随时反应发动机转速。

5. 换挡锁定安全机构（shift lock safety Machanism）

此机构于制动锁定时能使流速测定压力无法产生。当车轮发生抱死时，此机构能固定带轮比，以防止发动机超速回转的危险。

6. 油冷却器

本系统包括一个装在散热器中的油冷却器、管子。受热的油在润滑油压下送到油冷却器，由散热器中的冷却液冷却，这种方式可保持适当的油温，如图7-25所示。

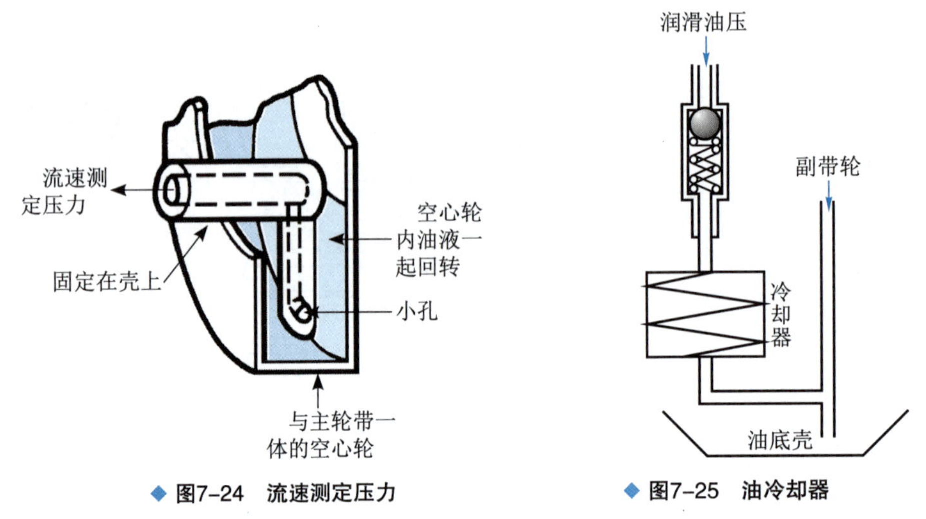

◆ 图7-24 流速测定压力

◆ 图7-25 油冷却器

7.5 电磁无级变速器的速度特性

电子控制式无级变速器其速度变化曲线和手动挡变速器车辆不同，它不是线性变化的，而是以最大带轮比及最小带轮比所限制的范围来表示，如图7-26a）所示。

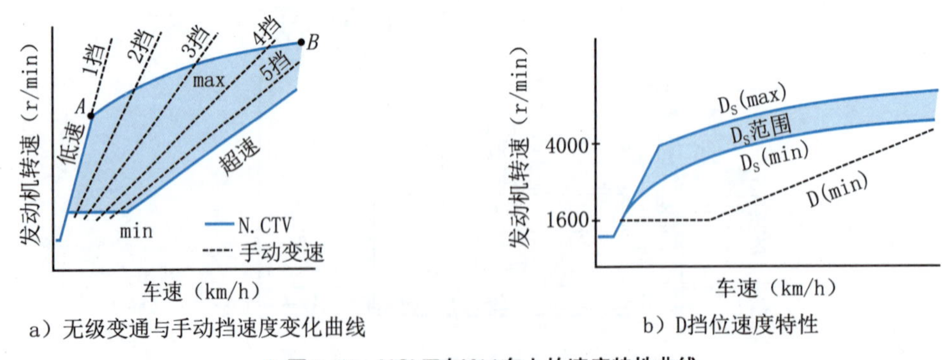

a）无级变通与手动挡速度变化曲线

b）D挡位速度特性

◆ 图7-26 NCVT在K11车上的速度特性曲线

在图中取最高（max）线表示在完全加速时和发动机转速之间的关系；而最低（min）线表示在缓慢加速时和发动机转速之间的关系。

当以完全加速范围中，也就是在高发动机转速的速度变化起点*A*和速度变化终点

*B*之间，可获得发动机转速逐渐增加对车速变化的特性曲线。

以定速在平坦路面行驶时，发动机转速改变至最低线，且在图面粗实线所围起的区域内，迅速地响应加速踏板的操作。

如图7-26b）所示，当在D挡位而以渐进踩下加速踏板，车辆从低速挡起步，在发动机转速达到大约1600r/min时，才开始变速且车速在最低线上升高转速（虚线部分）。但是若快速加速时，车辆会一直保持在低速挡直到发动机转速达到4000r/min才开始大幅度变速，且发挥最大加速力；当发动机转速超过4000r/min时，逐渐开始变速且发挥最大发动机输出时，达到最高线上的最高速度（实线max）。

若从迅速加速至常速行驶时，当达到快速加速所需的速度时，减少加速踏板的压力，则在最高线上的带轮比转换成在最低线上的常速行驶。发动机转速一降低，变速器即进入超速传动，保持经济、平稳的运转。

若在D_S挡位（爬坡及跑车驾驶模态），行驶中发动机转速一直保持在3000r/min以上［DS（min）最低线上］，此时发动机动力及转矩都可完全使用。而传统自动变速器则受限于低速挡仍必须从低转速开始到高转速；在电磁式无级变速器“D_S”挡位可以最高转速起步行驶，在整个速度范围都能反应迅速，并且有一项重要特性，也就是可得到很强的发动机制动效果。

理论测试

一、判断题

1. SCVT（Suzuki Continuously Variable Transmission）与ECVT最大不同处为离合器使用湿单片式，钢带改成链条。（ ）

2. 在ECVT变速杆中，“D_S”挡位是爬坡、发动机制动和跑车模式。（ ）

3. ECVT的前进、后退切换机构采用与传统式手动挡变速器同步机构相同的构造。（ ）

4. ECVT中的压力调整阀以最适宜的压力来维持副带轮（输出）的液压，以及根据主带轮沟槽宽度而决定副带轮沟槽的宽度。（ ）

5. 换挡锁定安全机构于制动锁定时仍能使流速测定压力产生。（ ）

6. 在CVT系统中，当主带轮的驱动半径为150mm，副带轮的驱动半径为200mm时，则减速比是1.333。（ ）

7. 在CVT系统中，前进与倒挡变换机构是将电磁粉离合器施于反磁场，使之倒转。（ ）

8. 在电磁粉离合器的输出模态中，使汽车无法借由推车而发动的模态为反向激磁模态。（ ）

9. 流速测定压力是属于发动机转速输入信号，它是随着发动机转速改变的一种动态压力。（ ）

10. 电磁离合器无级变速器的速度特性中，在D挡位慢踩加速踏板，必须等发动机转速达1600r/min才开始变速；若快踩加速踏板，则必须等到4000r/min 才开始从低速变速。（ ）

二、选择题

1. N-CVT控制单元不控制下列______。

（A）液力变矩器压力　　（B）怠速提升继电器

（C）电磁粉离合器电流　　（D）管路压力控制电磁阀

2. 钢带及带轮机构，是CVT的______。

（A）发动机动力输入机构　（B）改变方向的机构

（C）换挡机构　（D）最终减速比机构

3. 无级变速器一般会采用______离合器。

（A）摩擦离合器　（B）电磁离合器

（C）综合式液力变矩器　（D）电磁离合器或综合式液力变矩器

4. ECVT（电磁式无级自动变速）的“无级”是因为：______。

（A）改变齿轮比　（B）改变带轮距离

（C）改变带轮比　（D）改变钢带总长度

5. N-CVT是利用______可得无级齿轮比的变化。

（A）液力变矩器　（B）钢带/带轮机构

（C）前进及后退变换器　（D）减速机构

6. N-CVT的最大转速比为______。

（A）0.4977　（B）2.527　（C）3.0456　（D）4.3467

7. INVECS III CVT是采用______将发动机动力输入CVT。

（A）电磁粉离合器　（B）液力耦合器

（C）一般离合器　（D）液力变矩器

8. 电磁粉离合器有5种输出模态，以确保输出动力平滑柔顺，下列______模态，不包括在内。

（A）起动模态　（B）直接接合模态　（C）加速模态　（D）反向激磁模态

9. 有关Justy ECVT的叙述，下列______错误。

（A）是采用电磁离合器

（B）在汽车换入挡位后，汽车会有振动现象

（C）若驾驶人未踩加速踏板（发动机在怠速），电磁离合器在松离状态

（D）其发动机制动效果较差

10. 有关无级变速汽车的叙述，下列______错误。

（A）钢带及带轮是无级变速器产生无级变速的主要机构

（B）主动带轮的凹槽宽度越宽，其有效半径越小

（C）每一组带轮的凹槽斜边约为11°

（D）行驶中完全出现换挡瞬间的振动

11. 有关CVT变速汽车的叙述，下列______正确。

（A）汽车在起步时，从动带轮的有效半径最小

（B）汽车在低速时，主动带轮的有效半径较大

（C）汽车在加速时，主动带轮的有效半径会变大

（D）汽车在高速时，从动带轮的有效半径较小

12. 下列______不属于无级变速汽车的优点。

（A）加速顺畅　（B）维修较简单　（C）操作方便　（D）耗油性较高

三、简答题

1. 试述ECVT变速杆上“D”及“D_S”两挡位适用时机?
2. 试述CVT系统相较于传统A/T有何特点?
3. 试述CVT钢带、带轮的变速原理?
4. 试述ECVT中电磁粉离合器的作用情况?
5. 试说明N-CVT的电子控制系统的输入信号，并简述之。
6. 试解释电磁粉离合器控制的五种输出状态。
7. 请说明电磁粉离合器无级变速器的发动机制动如何作用?
8. 试述电磁粉离合器无级变速器其速度变化特点曲线图7-26a）的意义?

第8章 自动变速器维修

- 8.1 概述
- 8.2 自动变速器油的检查
- 8.3 自动变速器的调整
- 8.4 自动变速器性能检查及诊断
- 8.5 电子控制式自动变速器的诊断
- 8.6 自动变速器的修理

学习目标

- 能分析自动变速器相关的故障问题
- 能描述自动变速器油检查的要点
- 能操作自动变速器车上的调整工作
- 能实施自动变速器车上的性能检查及诊断
- 能操作电子控制式自动变速器的诊断工作
- 能描述自动变速器维修的要点

8.1 概　述

在本章将会一一说明有关于自动变速器的调整及维护等。对于自动变速器的故障诊断和故障排除，首先必须确认故障问题，然后一步一步寻求修理之道，切勿躁进，那会使故障更为复杂化。为了诊断故障能顺利完成，你必须先有自动变速器构造的知识，并且了解各零部件的动作原理；更重要的你也必须有其维修手册来提供维修资料，以协助你做维修。

基本上在任何维修之前，需要先确定问题所在，为了做到这点；尽可能收集所有的信息，并考虑和问题的相关性如何？这必须有逻辑性的思考，表8-1提供一个思考模式，以利于自动变速器维修的进行。

故障诊断的逻辑思考　　表8-1

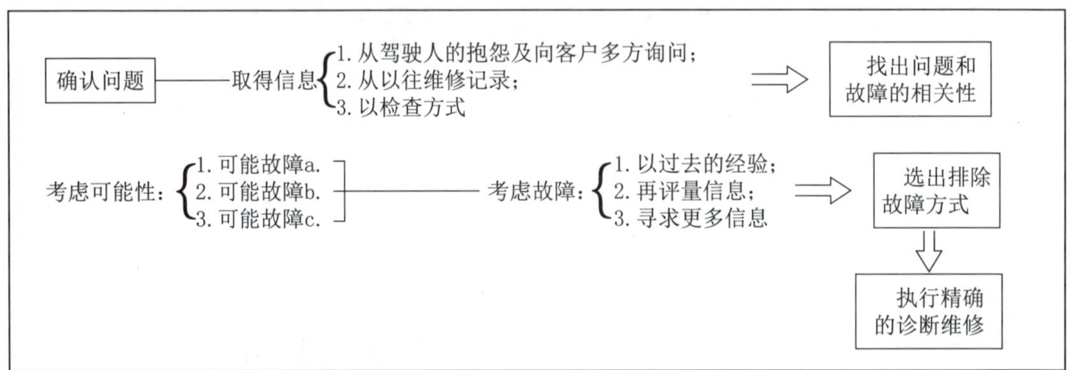

8.2 自动变速器油的检查

自动变速器需要随同车辆作定期维护检查。当然自动变速器油（ATF）也必须同时作油面高度及油质的检查。

我们一般都以周期性的更换ATF，清洁或更换过滤器。而在维修手册上普通都会建议ATF的更换周期，一般而言是每30 000km或24个月作一次更换。不过这又需根据车辆的操作状况和周围环境来做调整。例如经常在不良路面、多灰尘或常使用在重负荷（如拖车）等，在这种情况下，我们建议在每20 000km或12个月即做一次维护自动变速器的工作。对于部分在维修手册未明确自动变速器的维护周期，ATF的更换就视其油质状况而定，但无论如何，至少在每40 000km一定要实施维护工作，如此才能维持自动变速器能正常操作。

一个标准的维护工作包括泄放旧油后换上新的ATF，并且必须卸下油底壳，彻底清洁油底壳、磁铁的吸附物及过滤器（必要时换新），如图8-1所示。在维护的同时还有一些调整、检查和路试等工作，这些在稍后章节将逐一探讨。

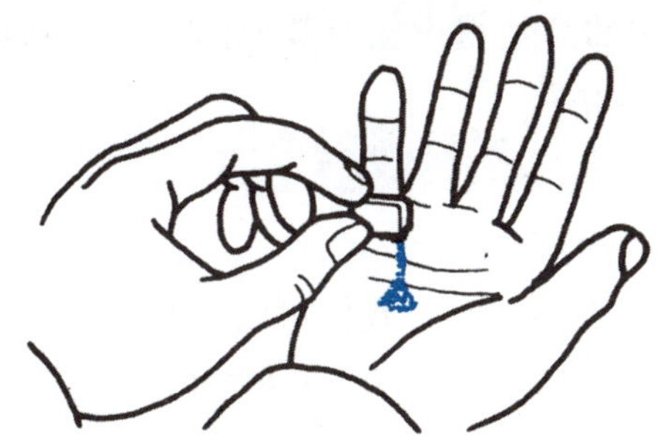

◆ 图8-1 受磁力吸附为金属粉如轴承、齿轮和板磨损。不受磁力吸附为黄铜，衬套磨损会堆积在过滤器

一、油面检查

检查ATF的油面随着车种不同，在操作上稍有不同。因为ATF油量颇多（为5～8L），在自动变速器工作温度达到之前后，因物理性热胀冷缩而有明显差异，因此检查有冷热刻度之分。再者因车辆停车、发动机不回转时，自动变速器不动作，所有油均流回油底壳，所以油面上升。而发动机发动后，油泵将油打入液力变矩器和油道等，油面必定下降。因此，除非厂家有特别的规定，否则皆按以下程序来操作：

（1）车辆必须已行驶过（约行驶10min），如此发动机和变速器才能达到正常的工作温度。（油温：50～80℃）。

（2）车辆停放在平坦地面，将驻车制动手柄拉起。

（3）发动机在怠速回转，将变速杆由P挡位置于L挡位（或1挡位）换入每一挡位，然后再回到P挡位或N挡位。

（4）将变速器油尺拉出并擦拭干净，再插回油尺管。

（5）再将油尺拉出，并检查油量在“HOT”之范围。如低于此位置，则补充。并注意不要过量添加，如图8-2所示。

（6）少数车种，如：本田喜美或雅阁，其ATF油面高度检查是在发动机温车后，熄火等待1min后使用油尺检查。

注：若为更换ATF，重新添加ATF时，先加至“COLD”范围，待A/T回转达到工作温度，仍需以“HOT”的范围再次检查。

无论油面太高或太低都将造成自动变速器动作不正常，及缩短ATF使用寿命。例如：

（1）油面太低时。油面低将使油泵吸进空气到液压系统，空气混合在液体内会使得液压降低及润滑不足；泡沫则加速ATF的氧化作用，油质也因过热提早劣化，产生油泥（sludge）、胶漆（varnish，油泥用手可摸得起，胶漆则必须用刮刀才能去除）。

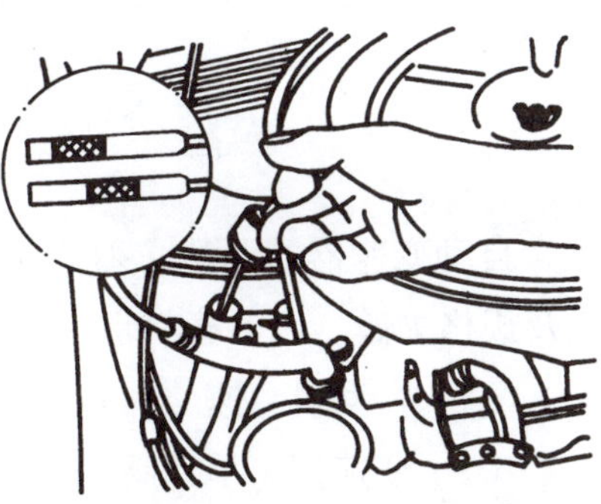

◆ 图8-2 油尺有热和冷的刻度

（2）油面太高时。油面高使得齿轮及其他回转零件剧烈搅动ATF，也将产生泡沫而有上述起泡沫的缺点存在。

二、自动变速器油油质

从检查自动变速器油油面高度时，我们可以从油质来判断操作情况，若在油尺上发现有胶漆，可推测ATF常处在过热状态，表8-2列出了ATF油质及其原因。

ATF油质检查 表8-2

油颜色（正常颜色：透明度很高的红色）	可能故障
黑色或深褐色	离合器、制动带摩擦片磨损
粉红色乳状（严重时接近乳白）	水的污染物进入
胶漆状、浅褐色黏液	氧化作用、油面不足或过量、过热
油质有微细颗粒	离合器、制动带摩擦片严重磨损，不能只更换ATF，必须准备大修A/T

三、更换自动变速器油（ATF）

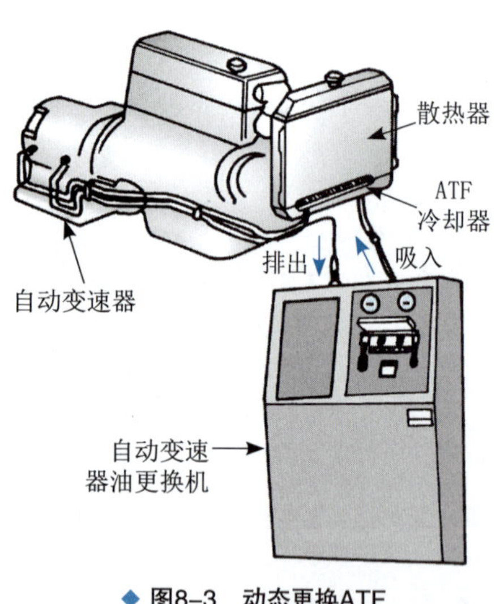

◆ 图8-3 动态更换ATF

更换ATF为维护A/T工作的一环。一般A/T都有一颗放油塞，将其松脱可将旧油放出，有些A/T则必须拆下油底壳才能泄漏ATF，或从油尺管处以抽取方式排掉ATF；添加ATF则是以漏斗从油尺管处加入。不过这样无法将ATF全都予以更换，因为在液力变矩器、各服务器及油道的旧油无法排除。所以若需作全部更换时可采用动态冲洗更换的方式，如图8-3所示，即一边加入新油又一边排除旧油，同时让发动机在回转，变速杆在各挡位循回，如此虽耗用更多ATF，不过可得更佳的换油率。

8.3 自动变速器的调整

自动变速器的调整必须针对不同A/T而有所差异。参照厂家维修手册所规定的方式及规格去做。以下五项是一般A/T在维护时所必需的调整：

（1）发动机怠速。

（2）变速杆（手动阀）的连杆。

（3）空挡起动开关或抑制开关。

（4）节流阀连杆（或控制索）或真空控制。

（5）制动带。

很多的A/T故障，仅需更换ATF及基本调整即可排除故障，故对于每一项调整务必确实。

一、发动机怠速调整

汽车在怠速回转，而A/T的变速杆在前进或后退挡位，制动踏板、加速踏板皆松放时，汽车有企图缓缓移动的现象，此现象称为“蠕行（creep）”。此现象必须轻微才是正常。若是很强烈时，则可能怠速偏高所致。另外若在N及P挡位挡时，发动机怠速回转尚可，可是换入D挡位等则失去平衡的发动机怠速，则可能怠速偏低所致，以上两种状况皆做发动机怠速调整。

这个调整必须使用转速表，按规定转速（一般为800r/min）实施调整。调整时，变速杆是置于P或N挡位，调整完毕后，将变速杆换入D挡位，怠速能平稳回转即可。

在变速杆从N挡位换入P挡位，发动机转速稍有下降、汽车稍有振动（太强烈可能怠速仍偏高）这是正常现象，因为发动机有了负荷所致。再者为了安全起见，关于发动机怠速调整或其他发动机调整都必须将A/T变速杆换入P或N挡位。

二、变速杆的连杆调整

变速杆的连杆是连接驾驶人操作的变速杆和自动挡变速器手动阀的零件，借此连杆，手动阀才能将驾驶人所选择的挡位经由阀门把油压传递到各组件。此项调整不良时，将使A/T和驾驶人失去对应，也会有错误的动作发生。图8-4a）是地板式装置变速杆控制索调整端，图8-4b）是变速器端，显示出控制索连接到A/T外壳上的杠杆和轴等机构。

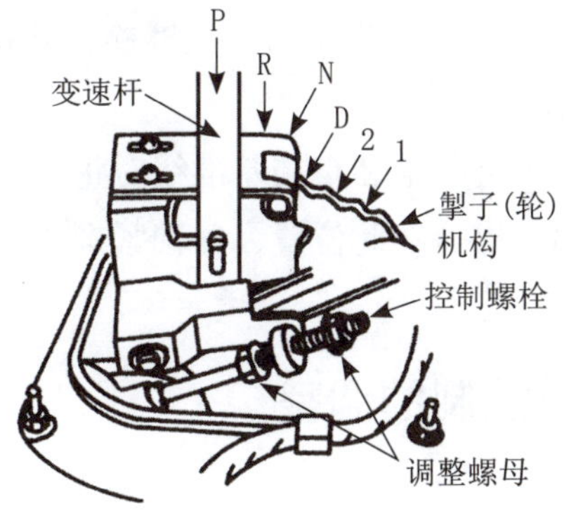

a）控制索调整端

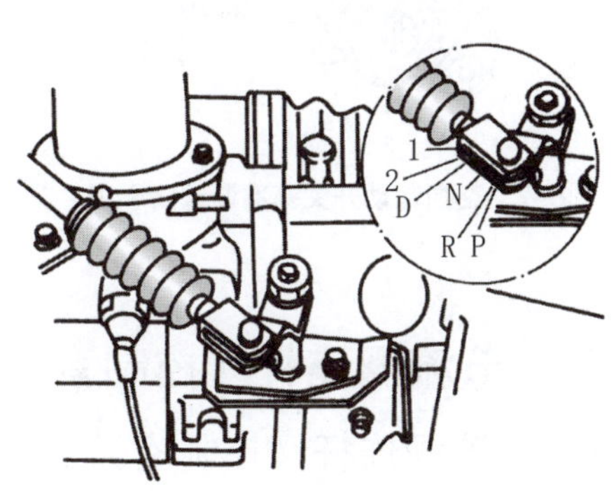

b）变速器端

◆ 图8-4 变速器外壳的杠杆（马自达）

从图8-4a）所示的控制索调整螺母处调整。移动变速杆由“P”挡位至“1”挡位，我们应该可以感觉到明显的级位；假使级位感觉不够明显、或挡位指针位置不对的话，那么控制索必须再行调整。

三、空挡起动开关（抑制开关）

空挡起动开关是装在A/T外壳上，而由变速杆连杆所控制的。图8-5所示是装在A/T侧边的旋转式抑制开关。

图8-6所示为采用滑动柱塞式起动抑制开关。如图A线，在P或N挡位，起动机可以作用；B线在D和L挡位起动机不作用；在C线，起动机不作用但倒车灯会亮。

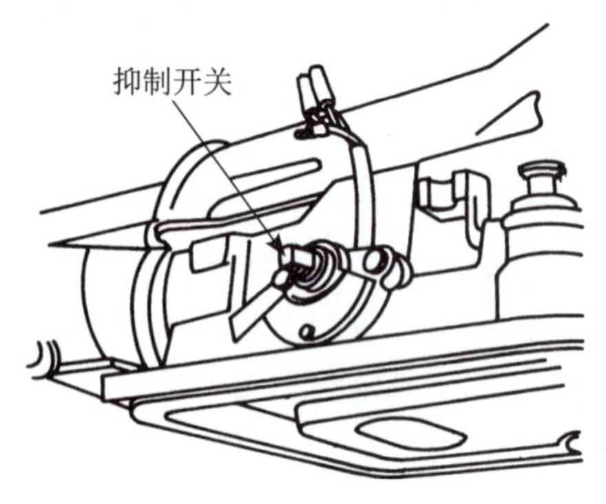

图8-5　旋转式空挡起动开关（日产）

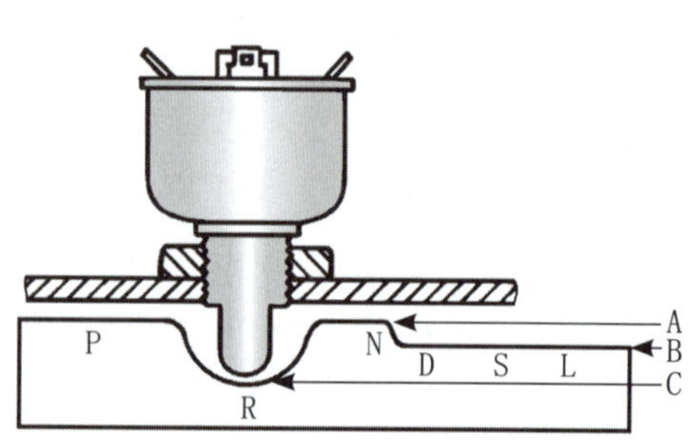

图8-6　柱塞式空挡起动开关

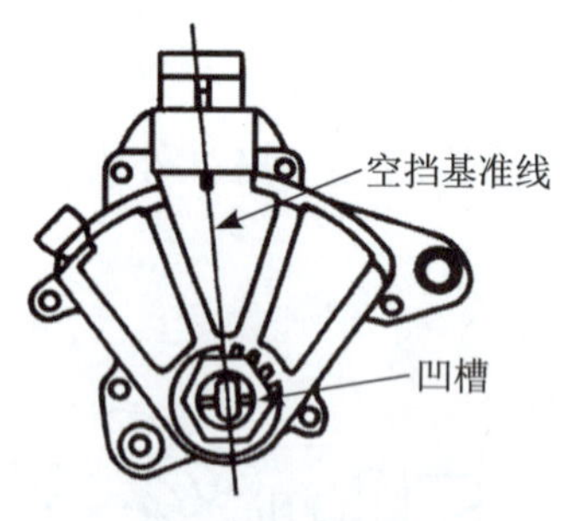

图8-7　空挡起动开关基准调整（丰田）

调整方式如下：（以旋转式空挡起动开关为例）

如发动机可在P或N挡位以外的挡位发动时，则需要调整（图8-7）：

（1）放松空挡起动开关螺栓，并将变速杆设定在N挡位。

（2）将凹槽和空挡基准线对正。

（3）保持在此位置，并锁紧螺栓。

四、节流阀连杆（控制索）或真空控制的调整

1. 节流阀连杆（控制索）式

节流阀连杆（控制索）是连接节气门和A/T上的节流阀，能随时反应驾驶人所踩下的加速踏板负荷。此项调整失当时，会引起变速器的管路油压、节流油压及换挡时间皆有问题。图8-8所示是控制索式的节流阀调整位置。

当连杆或控制索太短，则油压会升高。齿轮换挡将很粗糙并且换挡点延迟，也会在低速范围延长。

而连杆或控制索调整太长，则油压会偏低。齿轮换挡的换挡点会提早，即提早进入高速范围，同时离合器和制动带也可能发生打滑。

控制索的检查和调整方式如下（图8-9）：

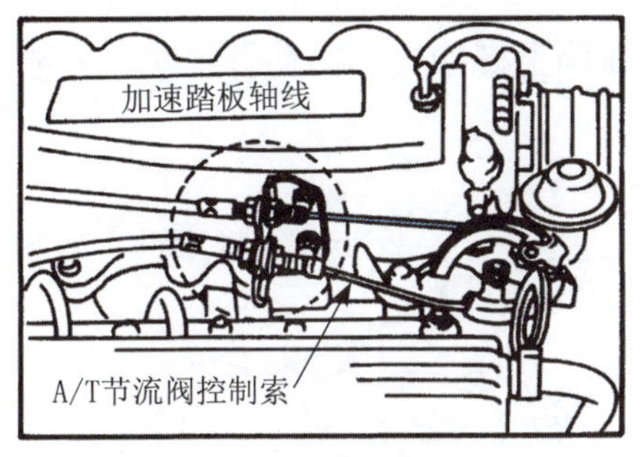

◆ 图8-8 节流阀控制索型式

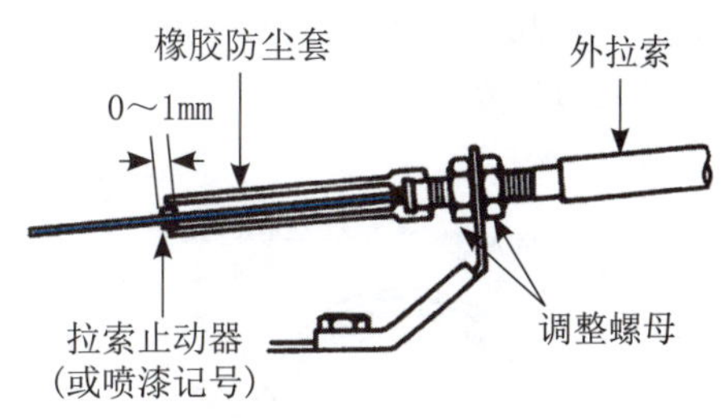

◆ 图8-9 节流阀控制索调整（丰田）

（1）将加速踏板踩到底，并确认节气门阀全开。若未能全开，先从加速连杆调整。

（2）将加速踏板完全踩下。

（3）放松调整螺母。

（4）调整外拉索，使防尘套尾端和控制索的止动器之间的距离为在规格内（标准距离：0～1mm）。

（5）锁紧调整螺帽，再确认调整的情况。

2. 真空控制式

图8-10所示为以真空控制方式的节流阀。

此真空控制单体有一个调整螺栓在中间位置，借着调整螺栓锁进可增加弹簧弹力，也因而能改变节流压力及管路压力。

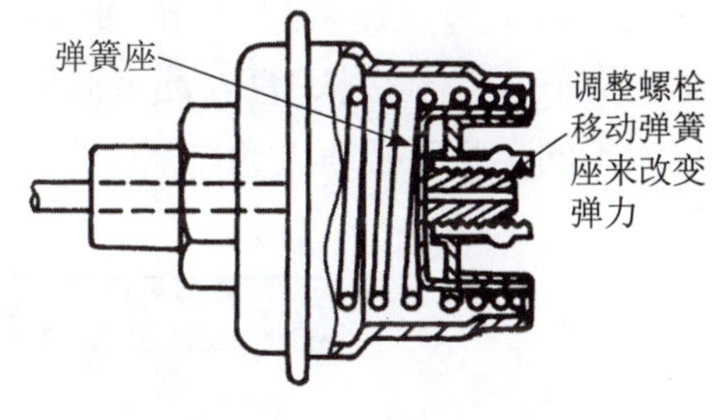

◆ 图8-10 调整膜片单体

五、制动带的调整

制动带调整的目的是在制动带放松时能与其制动鼓之间保持一个正确的间隙。此间隙必须存在，适当的间隙能在制动带作用时产生平稳的制动效果。不足的间隙会造成磨损和过热；过大的间隙则会产生粗糙的制动及可能摩擦及过热。所以制动带调整是定期维护的一项重要工作。

如图8-11所示，制动带的调整，仅需要旋转调整螺栓。另外有一种制动器是采用类似多片式离合器制动，当制动器作用，即压紧多片制动片而固定于自动变速器本体，此种制动器不需要调整。

制动带的调整如下：

精密的制动带调整是很重要的。调整螺栓不能有弯曲变形。因为使用扭力扳手会因不良螺栓而产生错误力矩读数，此点必须注意。

大部分的调整是使用扭力扳手，如图8-12所示。用力矩扳手锁紧制动带至规定力矩，使制动带轻微压紧制动鼓，然后再将螺栓退回至规定的圈数，即可产生一正确间隙。另外有些调整方式是使用塞尺，将塞尺插在调整螺栓端和制动带之间，一般规范为6mm（1/4in）左右。

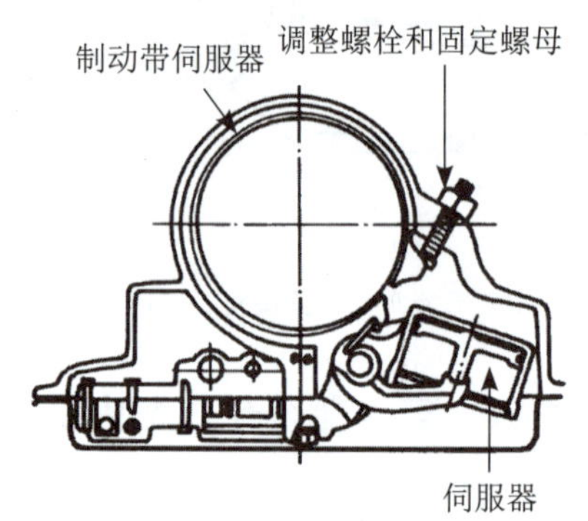

◆ 图8-11　制动带的视图

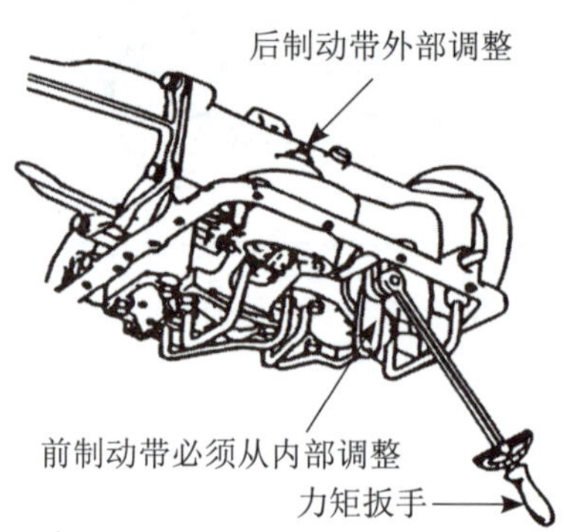

◆ 图8-12　调整前制动带（日产）

调整制动带按A/T型式不同而异，有些必须拆下油底壳实施调整，如图8-12所示。有些可以直接从A/T外部来调整。在同样的制动带中，前后制动带的调整规范也可能不同，此项必须注意。

8.4　自动变速器性能检查及诊断

很多的A/T检查和测试，其目的是要确定A/T或发动机是否出了问题。在这些检查或测试中，有些我们可以在工厂实施，但有些就必须实施路试才行。

我们必须知道这些基本检查及实施方式，再根据维修手册来解释其发生的原因，如此对于诊断故障才有功效。特别是要维修A/T以前，一定要确定问题所在，否则待A/T分解开来，很多判断问题的方法已无法再做，其维修的成功率将会下降。

一、路试检查

路试的目的是要检查变速器在各挡位是否皆能正常动作。通常实施路试之后，可以得到很多有关的故障信息。以下四项是实施路试的重点。

1. 换挡速度

换挡速度主要是由变速器内的调速器和加速踏板踩下的负荷来判定。实施换挡速度的路试时，必须在不同的节气门开度一一测试。图8-13所示是裕隆霹雳马配备RL4F03V的换挡速度（时间）图，从图上曲线可获得在不同节气门位置下，升降挡之间的换挡速度关系。

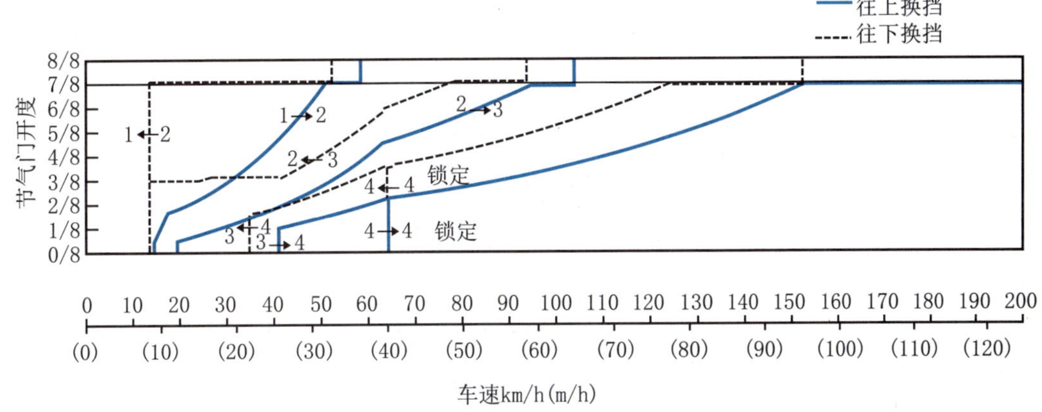

◆ 图8-13 裕隆霹雳马搭载RL4F03V A/T换挡速度

在测试时必须在各挡位皆实施。主要有三个节气门位置要测知：节气门在轻负荷升降挡、节气门全开的全负荷升挡及全负荷降挡。节气门在轻负荷升降挡是指节气门仅打开至车辆能逐渐增加车速，此时注意变速器换挡是否合乎规范。全负荷升挡则指车辆从低速开始，踩下加速踏板使节气门全开，此时注意各挡换挡速度是否也符合规范。而全负荷降挡是强迫降挡动作，将加速踏板踩到底，变速器应该能即时反应这个动作而降挡。如图8-13所示，在节气门开度达7/8时即进入强迫降挡范围，注意其换挡点速度及降挡延迟时间是否符合规范。

2. 换挡品质

换挡时除了正确速度（时间）外，同时换挡必须是圆滑而不会感觉到离合器及制动带的打滑。

一个良好的换挡特性，其离合器和制动带作用必定很确实，油压也会在正确时间供给各服务器正常油压。假使是不正确换挡时间或是打滑现象，就会造成在升挡时发动机转速突升现象。

检查换挡品质是否粗糙和打滑现象，必须在轻负荷和重负荷之下分别检查，因此测试时可选择平坦路面和有坡度的路面进行。若无此环境，可利用脚制动施予发动机额外的负荷，如此测试，在任何换挡时有发动机转速突升现象都可以查出。

3. 噪声及振动

路试时发现噪声，噪声可能从不同的零件发生，如齿轮传动机构、油泵、多片离合器、液力变矩器、速度表传动芯轴及冷却油路等。它们发出的声响稍有不同，应仔细聆听分辨。过大的噪声常常可以指出故障问题所在位置，但需注意：有时噪声或振动也可能由驱动轴、动力转向系统或差速器产生，所以需详细检查。

4. 车辆性能

一个不良的液力变矩器将影响发动机的性能。例如导轮（stator）失去了单向作用或打滑，会造成汽车起步迟钝及不良的加速性；若导轮黏滞则降低车辆的最高车速。

发动机本身的性能状况及调整（如真空操作节流阀等）也会影响变速器的性能，这些都需一并注意。

其他路试期间，同时检查起动抑制开关的作用、变速杆的位置、倒挡的操作、驻车的操作及蠕行现象，以提供维修时充分的资料。

二、失速测试

失速测试的目的是借着测试液力变矩器的涡轮在静止下，发动机所能达到的最高转速。这样可以检测发动机、液力变矩器及变速器的性能状况。实施此项测试可以获得许多有效的维修信息（如导轮作用、多片离合器及制动器等），但也可能引起A/T内的零件永久损坏，故必须按照测试程序小心操作，不到万不得已不做此项测试。

1. 失速测试的准备工作

失速测试的准备工作如图8-14所示。

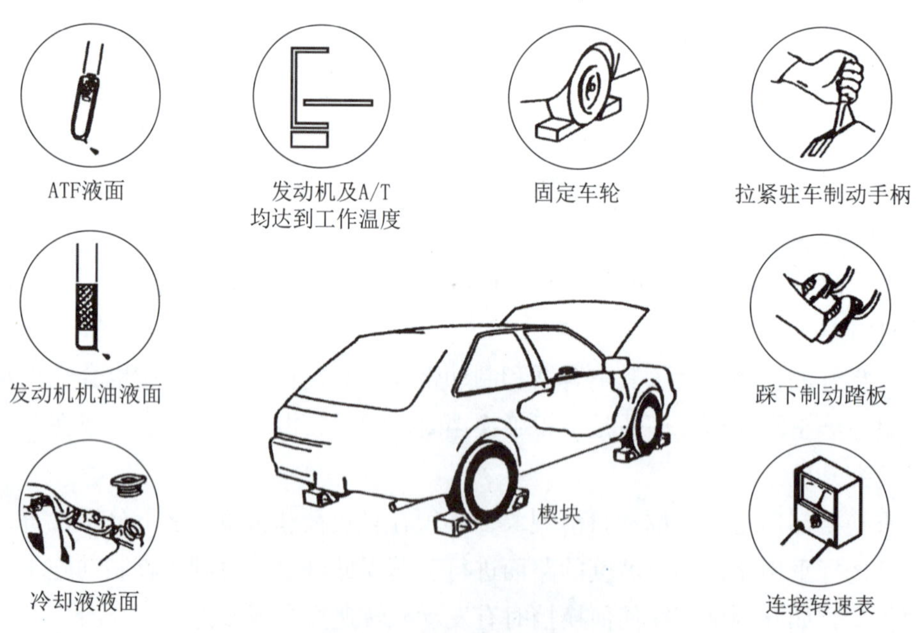

图8-14 失速测试准备工作

（1）检查发动机机油、冷却液及ATF在正常液面高度，如有不足者，先加注至规定高度。

（2）热车使发动机和变速器达到工作温度，大约等于开车后10min后的温度。（ATF工作温度为50～80℃）。

（3）将车辆停放在宽敞、无安全顾虑的场所，用阻挡块（楔块）固定好轮胎，并且拉紧驻车制动手柄。

（4）接上转速表。

2. 失速测试程序

（1）车辆以阻挡块固定、拉紧驻车制动手柄，以左脚踩紧制动踏板。

（2）起动发动机，将变速杆置于D挡位。

（3）逐渐踩下加速踏板直到节气门全开位置，并保持住加速踏板，迅速读取转速表的发动机最高转速。注意此项动作（加速踏板踩到底）不得超过5s。

（4）瞬间放松加速踏板（此后制动踏板才能松开），使发动机在怠速及空挡下运转，冷却ATF至少1min。

将变速杆分别置于2挡位、1挡位和R挡位，重复程序（1）至程序（4）的动作，以求在各挡位的失速。

3. 失速测试结果分析

失速转速因各车种配备的A/T而有不同，必须参阅维修手册上的规格及维修资料。失速测试结果分析见表8-3。

失速测试结果分析　　表8-3

1. 标准失速转速：（以丰田A131L为例） 4A-F发动机-A131L A/T：2100r/min；3S-FE发动机-A131L A/T：2200r/min	
2. 如发动机转速在“R”及“D”挡位都一样，且在规格以下： （1）发动机功率不足； （2）导轮单向离合器作用不良	
3. 在“D”挡位失速转速高于规格： （1）管路压力太低； （3）前进离合器打滑；	（2）第二单向离合器作用不良； （4）O/D单向离合器作用不良
4. 在“R”挡位时失速转速高于规格： （1）管路压力太低； （3）直接离合器打滑；	（2）一挡及倒挡制动带打滑； （4）O/D单向离合器作用不良
5. 在“R”挡位及“D”挡位的失速转速皆高于规格： （1）管路压力太低； （3）O/D单向离合器作用不良	（2）油量不适当；

三、换挡时间延迟的测试

当发动机怠速回转时换挡，在可以感觉振动之前的一段延迟时间，称为换挡时间的延迟，这可以用来检查多片离合器及制动带等的作用情况。

在测试之前，必须使ATF油达到工作温度（50～80℃），怠速调整在规格内（4A-F发动机为750r/min，3S-FE发动机为800r/min）。

1．测试程序

（1）拉起驻车制动手柄。

（2）起动发动机并检查怠速。

（3）将变速杆从N挡位换至D挡位，使用计时器测量从开始换挡至感觉振动的时间。

（4）用同样测试方法测试三次，并取平均值。

（5）将挡位换至R挡位，同样测试三次，并取平均值，如图8-15所示。

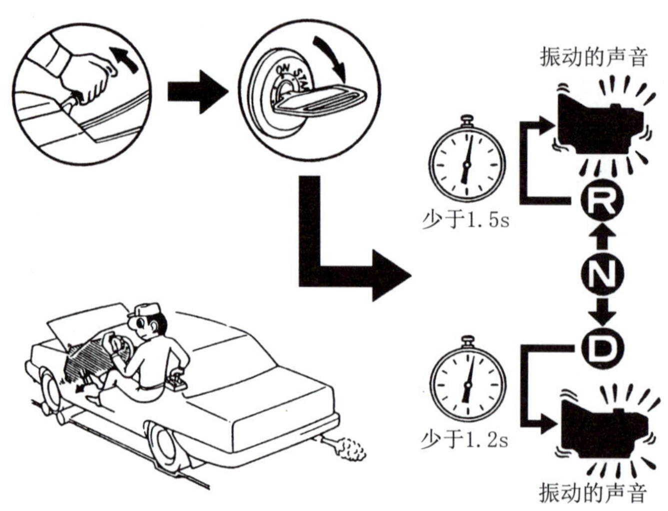

◆ 图8-15　换挡时间延迟测试

2．换挡时间延迟测试结果分析

换挡时间延迟测试结果分析见表8-4。

换挡时间延迟测试结果分析（丰田A140L）　　表8-4

1.标准换挡时间 N→D 少于1.2s	 N→R 少于1.5s
2.如N→D时间延迟比规格长 （1）管路压力太低； （3）O/D单向离合器作用不良	 （2）前进离合器磨损；
3.如N→R时间延迟比规格长 （1）管路压力太低； （3）直接离合器磨损；	 （2）1挡和倒挡制动带磨损； （4）O/D单向离合器作用不良

四、油压测试

油压测试可用来诊断液压系统的故障。做这个测试需要一个A/T专用的油压表及其附件（如接头），所有的变速器都有一个可拆式的管路油压（主油压）测试点，使得油压表可以连接上以读取油压。有些变速器另外有其他可拆式油压测试点，如图8-16所示，可供测试各项油压。

以下介绍日产RL4F03V的油压测试方法：

1. 管路压力（主油压）测试

管路压力（主油压）测试如图8-17所示。

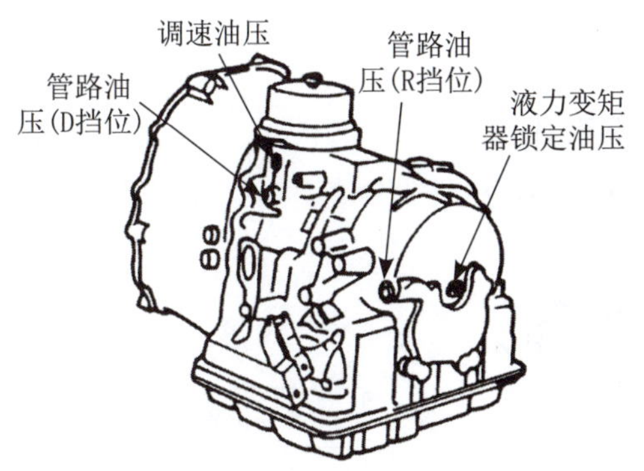

◆ 图8-16 可拆式油压测试接头（日产）

◆ 图8-17 主油压测试

(1) 准备工作如同失速测试的准备工作。

(2) 在主油压测量口装上油压表。

(3) 拉紧驻车制动手柄，并且固定住车轮，左脚踩紧制动踏板。

(4) 起动发动机并测量发动机怠速及失速时的主油压。

2. 调速器压力测试

调速器压力测试如图8-18所示。

◆ 图8-18 调速油压测试

(1) 准备工作如前所述。

(2) 在调速器压力测试口装上油压表。

(3) 拉紧驻车制动手柄，用木块抵住后轮。

(4) 将驱动轮顶起。

(5) 将变速杆置于挡位，并操纵加速踏板。

(6) 调速器压力除非车轮转动，否则是没有油压的，并且调速油压随着车速升高而升高。

以上的油压测试结果，必须参阅维修手册上资料，以提供维修信息。

8.5 电子控制式自动变速器的诊断

一、自动变速器的电子元件检查

1. OD开关

图8-19所示为OD开关的检查，主要是检查其导通性。

OD开关一般为常闭型开关（NC，Normal Close）。

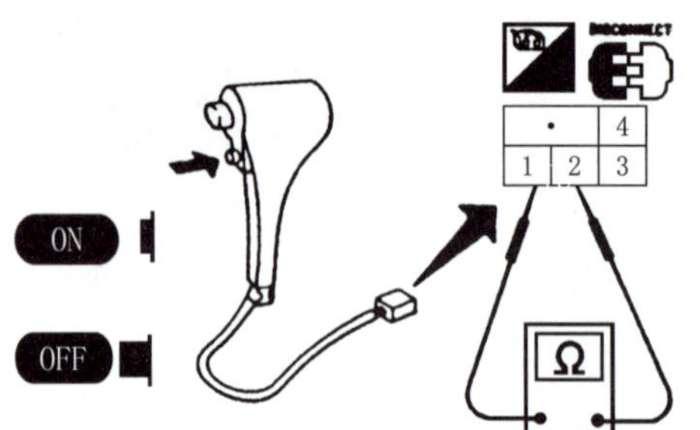

OD开关位置	导通性
“ON”时	不通
“OFF”时	通

◆ 图8-19　OD开关的检查

2. 抑制开关（空挡起动开关）

图8-20所示为抑制开关导通性的检查（参考表8-5）。

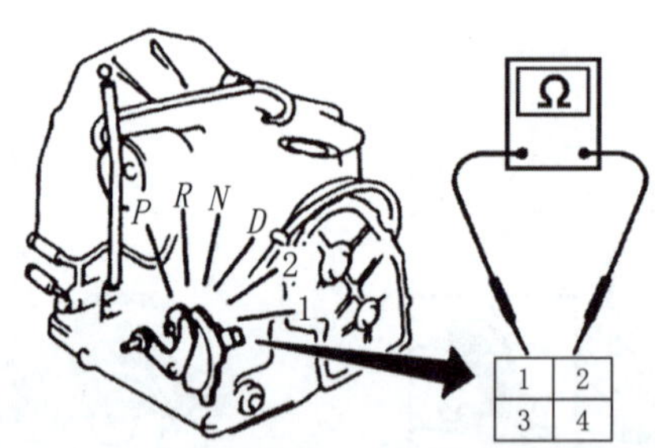

◆ 图8-20　抑制开关的检查

抑制开关导通性的检查　　表8-5

接点号码 范围	①	②	③	④
P挡N挡	○—	—○		
R挡			○—	—○

（1）检查N挡位、P挡位和R挡位的导通性。

（2）把变速杆保持在空挡，转动手动杆（左右）两个方向，查看导通情况是否相近（手动杆在左右1.5°内以下是相通的，若超过此范围仍导通，则要适当调整抑制开关）。

3. OD取消电磁阀和Lock-up（锁定）电磁阀

OD取消电磁阀和Lock-up（锁定）电磁阀的检查如图8-21所示。

（1）拆开电磁阀接头。

（2）在端子①-②及①-③之间施加蓄电池电压，此时应可听到电磁阀动作的声音。

（3）使用欧姆表，测量端子间的电磁阀线圈电阻，见表8-6。

电磁阀线圈电阻值（裕隆日产） 表8-6

电 磁 阀	端子No.	电 阻
OD取消电磁阀	①-②	大约25Ω
Lock-up取消电磁阀	①-③	

4. 冷却液温度开关

冷却液温度开关的检查如图8-22所示。

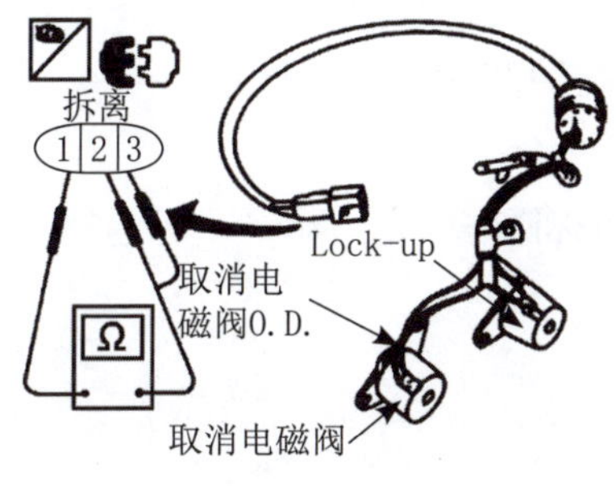

◆ 图8-21 Lock-up电磁阀及OD取消电磁阀的检查

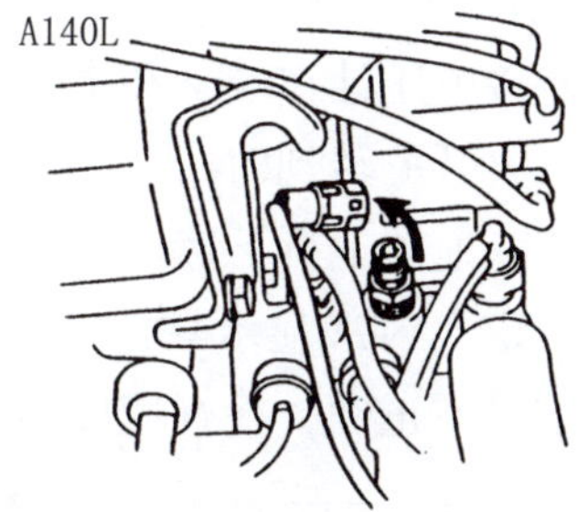

◆ 图8-22 冷却液温度开关的检查（丰田）

（1）拆开冷却液温度开关接头，再打开点火开关。

（2）如果主开关重复地打开和关闭，确认应能听见电磁阀作用的声音。

（3）关掉点火开关。

（4）使用欧姆表，测量端子1和车身搭铁之间的电阻。

标准电阻：（丰田 A140L）

冷却液温度43℃以下0Ω

55℃以上∞Ω

5. 自动变速器油温度传感器

检查电阻值：

（1）连接欧姆表在L及1端子之间，如图8-23a）所示。

（2）加温ATF（汽车行驶中）时，测量电阻值。

（3）确定电阻值降到如图8-23b）所示的范围（此型热敏电阻为负温度系数）。

（4）必要时可更换ATF温度传感器和接头配线总成。

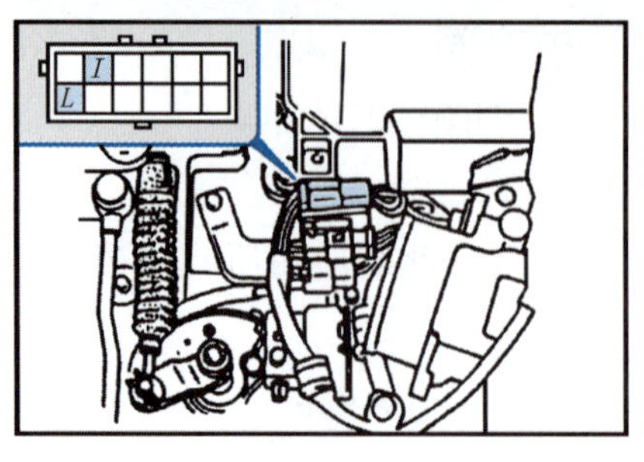

a）福特EC-AT

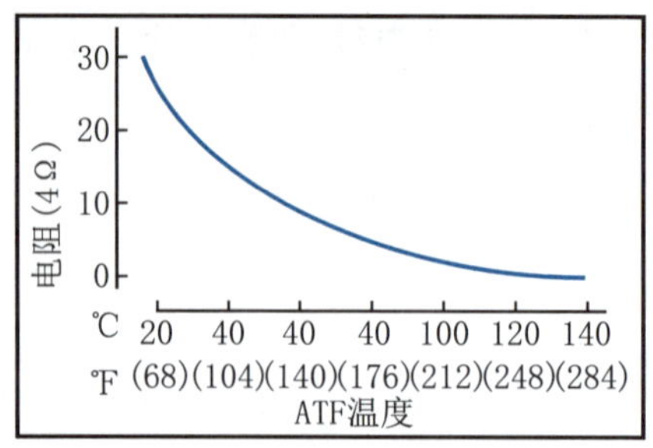

b）ATF温度传感器电阻变化（福特）

◆ 图8-23 检查电阻值

6. 脉冲产生器

检查电阻值：

（1）卸下脉冲产生器接头。

（2）测量E及F端子之间电阻值，如图8-24所示，标准电阻：200～400Ω。

（3）如果不正确，则更换脉冲产生器。

7. 速度传感器

检查作用是否正常：

（1）连接电压计在端子和搭铁之间，如图8-25所示。

（2）点火开关转到ON。

（3）从变速器上拆下速度表轴线，慢慢地将轴线转一圈。

（4）确定大约7V显示4次。

（5）如果不正确，检查速度表和轴线。

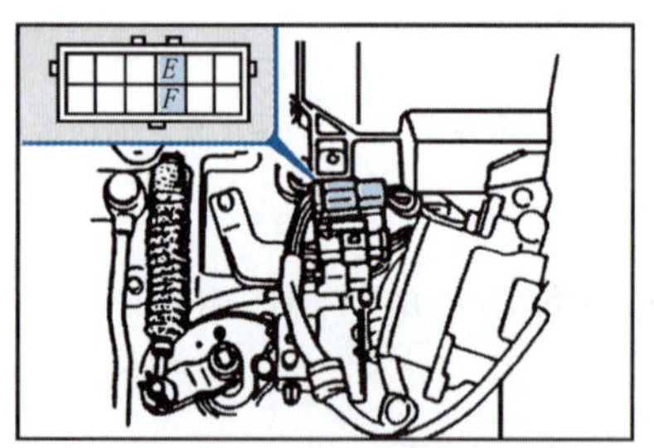

◆ 图8-24 脉冲产生器，E及F端子（福特）

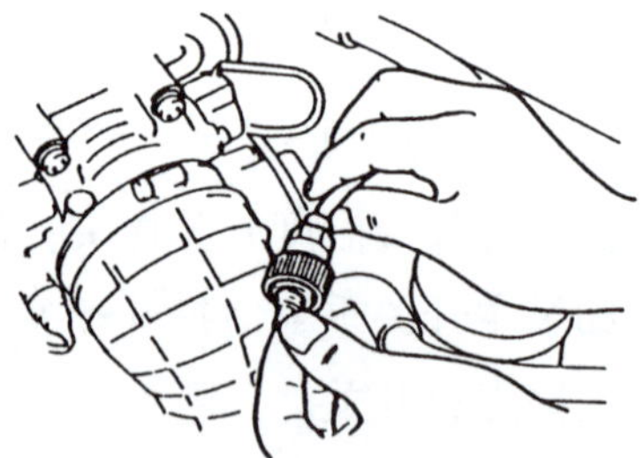

◆ 图8-25 速度传感器检查

8. 电磁阀

检查电阻值，如图8-26所示。

（1）拆下电磁阀接头。

（2）测量每一个端子和搭铁间的电阻值。

标准电阻：13～27Ω。

注：*A*——1-2换挡电磁阀。

B——2-3换挡电磁阀。

C——3-4换挡电磁阀。

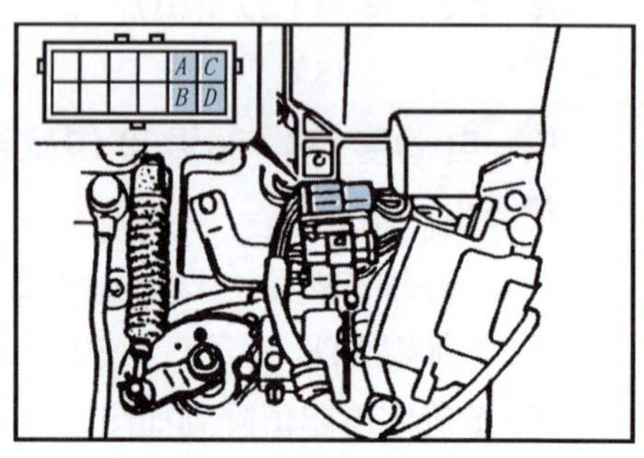

◆ 图8-26 电磁阀检查（福特）

D——锁定电磁阀。

（3）如果不正确，检查配线的开路或短路，更换电磁阀。

检查连续性：

①拆下EC-AT控制单元的20 脚接头。

②检查介于2E、2G、2I和2K与搭铁间的连续性，如图8-27所示。

③如果不正确，检查配线的开路。

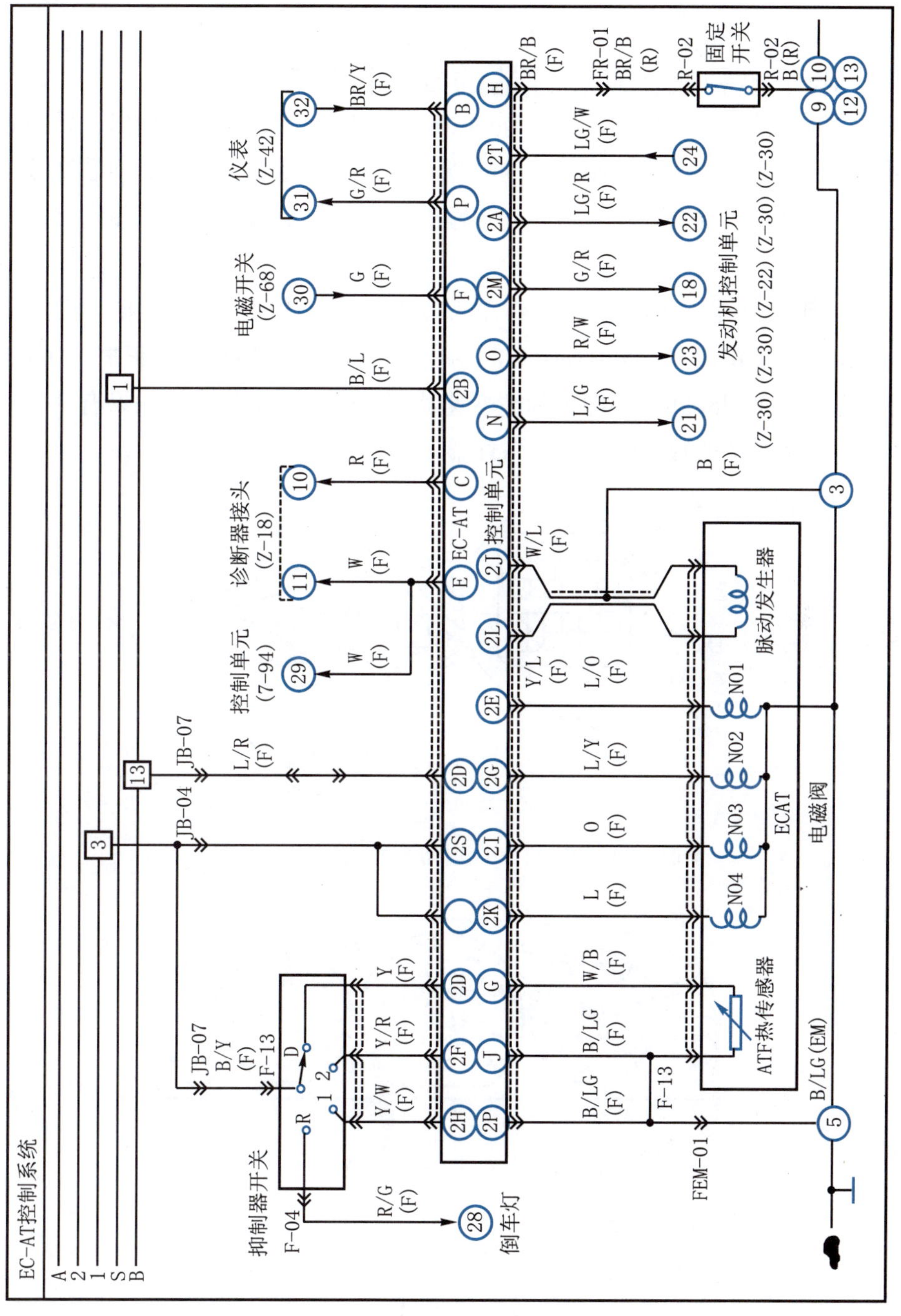

◆ 图8-27　福特EC-AT之ECU端子

9. 降挡开关

（1）发动机开关转至ON。

（2）用电压表检查端子的电压。

（3）当加速踏板踩下7/8（全开）时，端子电压为12V。

（4）其他踏板位置（0～7/8），端子电压应低于1.5V。

（5）若不正确，则检查电线束或开关，或调整开关的位置。

二、电子控制式自动变速器的自我诊断系统

自我诊断系统与电子控制式变速器的ECU接合成一体，可以诊断出主要传感器和电磁阀及电子控制式变速器控制单元的故障。一旦变速器发生故障或间歇性故障都会被记忆在ECU内，稍后便以故障码的方式输出。参阅附录二，一个故障码代表一个相关故障。

电子控制变速器ECU的自我诊断系统安装在发动机舱内，经由诊断插头（图8–28）自GND端子跳接至TAT（Test A/T）端子，将点火开关ON，则根据“HOLD”指示灯的闪烁模式（图8–29），即可判断变速器哪一部分发生故障，如果有一个以上的故障存在时，则会按照数字的顺序，依序显示出来。

◆ 图8–28　EC–AT位于发动机室的诊断插头（福特）

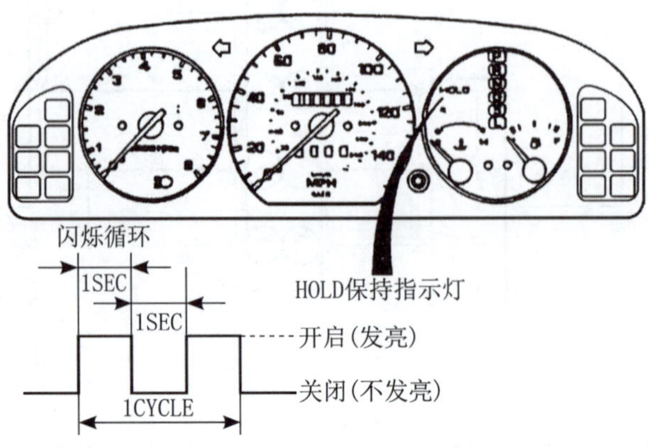

◆ 图8–29　福特天王星A/T自我诊断警告灯

欲读出故障码的方式也可借助维修仪器，例如福特车系的EC-AT，则有专属自动变速器的维修仪器，如图8-30所示。

若要读取故障，将EC-AT测试器或自我诊断检测器及系统选择器接至诊断插头。按照维修手册上的程序一一操作，即可在EC-AT测试上得到维修信息（直接以数字出现故障码）。

当维修完毕后，必须消除故障码。这可由拆下蓄电池负极、踩下制动踏板约20s后，EC-AT的ECU内所记忆的故障码即被消除。

8.6 自动变速器的修理

因为自动变速器是由发动机来驱动油泵，而使整个变速器的液压系统动作。因而不可能由拖车方式起动发动机，因为油泵根本无法动作产生液压，故拖车的反驱动力无法传至发动机，若想重新发动发动机，只有重新做蓄电池充电或更换新蓄电池。

当必须实施曳引拖救时，针对自动变速器必须注意：

（1）大部分的后轮驱动汽车，若拖救时后轮着地，其拖车的速度不得高于50km/h，拖救距离不能超过50km。假设拖救距离太远，则必须拆卸下传动轴，以免造成变速器的损坏（因为拖救时，发动机为停止状态，变速器内的油泵并不动作，所以并没有自动油充足润滑及冷却变速器各零件，故有拖救速度和距离的限制。

（2）对于前轮驱动汽车装用自动变速器者，若四轮着地由前方拖救仍需受到拖救距离和速度的限制。但无论如何，决不可以前轮着地而由后方拖救，如此会造成变速器严重损坏，如果必须用后轮吊升拖救时，前轮下方必须使用台车。如图8-31所示为正确的拖救方式。

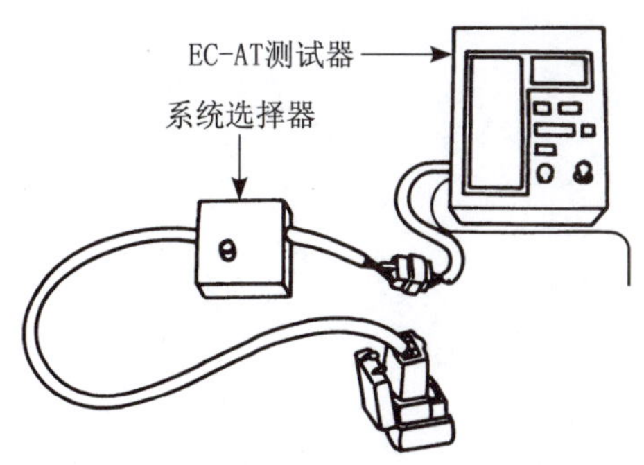

◆ 图8-30　福特EC-AT自我诊断维修仪器

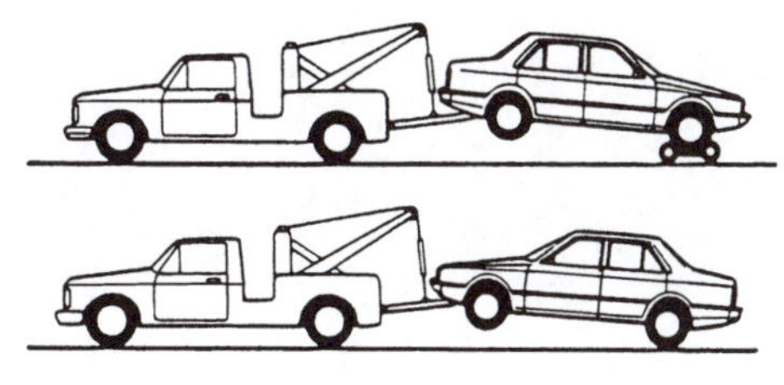
◆ 图8-31　前轮驱动车正确拖救方式

在本章所介绍的维护和调整工作，变速器皆未拆离汽车，属于车上的检查和维护。若经各项调整、诊断之后，确定需实施变速器修理时，则必须将变速器从车辆上拆卸下来。拆卸自动变速器依车型及自动变速器形式有所差异，需依照厂家规定实施。不过在拆卸下来之前，请仔细阅读维修手册，尚有很多维修工作不必将整个变速器卸下。例如液压阀门总成，只要把油底壳拆下，即可做阀门总成的清洁与维修工作，请参阅附录四。

调速器在有些变速器即可从外部拆卸做维修工作。

很多因油封、垫片故障而漏油时，也可以在不拆卸变速器的情况下做更换工作。

各类电磁阀也装在变速器外壳上，直接可从事维修，请参阅附录五。

必须大修变速器时，必须按照维修手册做分解、组合及量测工作，以确保自动变速器能恢复原有的功能，请参阅附录六。

理论测试

一、选择题

1. 关于自动变速器油油量检查，下列叙述______正确。

（A）发动机维持怠速运转，变速杆置于P或N挡位，拉紧驻车制动手柄

（B）发动机不用起动，变速杆置于P或N挡位，拉紧驻车制动手柄

（C）发动机运转至1500r/min，变速杆置于P或N挡位，拉紧驻车制动手柄

（D）发动机不用起动，变速杆置于D挡位

2. 自动变速器油油质检查，若发现有水混合，则油质状态为______。

（A）乌黑黏稠　　（B）深红稀薄

（C）粉红色，严重者乳白色　　（D）浅蓝色

3. 拖吊装有自动变速器的车辆，必须要______。

（A）前轮悬空　（B）后轮悬空　（C）驱动轮悬空　（D）视操作方便而定

4. 自动变速器油油质有烧焦味道时，可推测______。

（A）液力变矩器烧损　　（B）制动带或多片离合器烧损

（C）行星齿轮磨损　　（D）液压阀体磨损

5. 自动挡车在超速或爬坡时，驾驶人将加速踏板踩到底，此时自动变速器内______阀门产生作用？

（A）手动控制阀　　（B）强迫降挡阀（踢低阀）

（C）3—2挡正时阀　　（D）压力修正阀

6. 有关自动变速器车辆做原地失速测试工作时，下列叙述______错误。

（A）拉紧驻车制动手柄，及用挡块挡住车轮后，使节气门全开，测试各挡位的发动机转速及回路油压

（B）测试时变速器油温宜在60～80℃

（C）此法乃是测试液力变矩器、行星齿轮组及发动机性能

（D）每次测试时间不宜超过1min

7. 关于调速器压力测试______有误。

（A）必须将驱动轮顶高，并固定好汽车

（B）有调速油压专用的测试点位置

（C）测试时是将变速杆置于挡位

（D）在驱动轮未转动以前，压力值等于主油压

8. 关于节流阀连杆（控制索）调整太短时，会造成______。

（A）变速器在低速范围延长，即换挡点延迟　（B）节流油压会降低

（C）变速器会提早进入高速范围　（D）变速挡位显示会错误

9. 对于自动变速器的电子元件检查，下列叙述______不对。

（A）OD开关主要检查其导通性

（B）在P及N挡位能起动发动机时，必须检查抑制开关

（C）OD电磁阀和锁定电磁阀可以加诸蓄电池电压，试验其作用

（D）福特车系EC-AT的读取故障码是从“OD OFF”指示灯闪烁

10. 使用自动挡车时，下列叙述______最为正确。

（A）变速杆只有在N位置时发动机才能起动

（B）车辆停车时最好换至D位置

（C）车辆尚未完全停止以前，不可将变速杆推到P位置

（D）自动挡车辆由前进挡换到倒挡，不需等汽车完全停止即可换挡

11. 在自动变速器中，制动住车辆不动，换入D挡位，踩加速踏板使发动机转速提升，直到发动机转速保持一定，不再上升，读取此时转速，此为______。

（A）失速试验　（B）打滑试验　（C）油压试验　（D）时间延迟试验

12. 自动变速器的油尺含有粉红色的ATF，可能是______。

（A）ATF过量　（B）ATF氧化

（C）正常现象　（D）自动变速器冷却油管有水侵入

13. 关于自动变速器油的叙述，______错误。

（A）发现有焦味其原因可能为制动带或离合器片烧损

（B）变成乳白色表示有水混入

（C）一般仍需定期更换

（D）正常颜色为褐色

14. 有关自动变速器路试结果，轻踩加速踏板，变速器换挡点有延迟的现象，下列______不是造成此现象的原因。

（A）调速器（governor）不良

（B）节流油压（throttle）太大

（C）真空节流器（modulator）油压太大

（D）综合式液力变矩器的单向离合器不良

15. 驾驶汽车时，觉得自动变速器打滑，应先检查______。

（A）检查变速器油液面　（B）调整制动带

（C）调整变速器各连杆　（D）检查变速器液压

16. 欲知自动变速器的制动带、离合器片及综合式液力变矩器的性能，可做___。

（A）压力测试　（B）失速测试　（C）路试　（D）底盘功率试验

17. 在自动变速器内，______位置的ATF温度最高。

（A）液力变矩器　（B）油底壳

（C）控制阀体内油道　（D）离合器和制动带控制油道

18. 针对液压式自动变速器的车辆，下列______无法经由失速试验的结果分析。

（A）液力变矩器的性能是否正常　（B）变速器内制动带是否打滑

（C）发动机功率是否不足　（D）怠速控制阀是否积炭堵塞

19. 自动变速器失速试验时，如在各挡位转速都太低，下列______为可能的故障原因。

（A）制动带打滑　（B）系统回路压力太低

（C）导轮的单向离合器打滑　（D）多片式离合器打滑

20. 有关自动变速器，下列______错误。

（A）拖后轮驱动的自动挡车，必须使后轮悬空

（B）起动发动机时，挡位应置于P挡或N挡

（C）组装制动带或离合器片，必须先浸泡于ATF内

（D）可在油封上涂抹黄油，以增加密封性

21. 技师发现，某车自动变速器的主油压正常，有倒挡却无前进挡，其主要原因应为______。

（A）调压阀（governor valve）卡滞　（B）前进离合器（forward clutch）烧毁

（C）液力变矩器严重漏油　（D）蓄压器（accumulator）卡滞

22. 若自动变速器油的液面太低，则下列______错误。

（A）易使油箱产生漏油　（B）使油压降低

（C）使润滑效果降低　（D）将导致离合器与制动带打滑

23. 全液压式自动变速器实施失速试验时，其读取的规范值是______。

（A）失速时一次调速阀所调节的油压　（B）失速二次调速阀所调节的油压

（C）失速时的发动机转速值　（D）失速时节流阀的节流油压

24. 配置自动变速器及燃料喷射系统的汽车上，若自动变速器有装置踢低线（kick-down cable）则调整踢低线的松紧度将影响______。

（A）自动变速器的换挡时机　（B）自动变速器内的调速器（governor）油压

（C）自动变速器内的主油压　（D）液力变矩器油压

25. 下列叙述______错误。

（A）一般自动变速器油略呈红色

（B）自动变速器的节流阀，为使挡位随负载而调整的机构

（C）拖吊装有自动变速器的车辆时，应使驱动轮着地

（D）自动变速器的抑制开关不良，会使发动机无法起动

26. 检查自动变速器油面时应该：______。

（A）将变速杆置于D（B）将变速杆置于P或N

（C）发动机熄火　　（D）油面应高于油尺H（MAX或满油）位置约1.5cm

27. 自动变速器失速试验时，如在“D”挡位失速，转速高于规格，________为可能的故障原因。

（A）发动机功率不足　　（B）导轮单向离合器作用不良

（C）管路压力太低　　（D）倒挡制动带打滑

28. 关于自动变速器油的叙述如下：

甲：其颜色若呈黑色且有很强烈的烧焦味，则可能是离合器片烧掉

乙：其颜色若呈粉红色，表示有机油和自动变速器油混合

丙：其颜色若呈红色，表示正常，主要目的是当有泄漏时易于辨别

丁：检查油量时，不可换到D挡

请问以上叙述______正确。

（A）甲、乙　（B）乙、丙　（C）丙、丁　（D）甲、丙

29. 3N71B自动变速器实施失速测试时，于D挡及1挡范围失速转速高于规定的转速，下列叙述______为可能的原因。

（A）前离合器不良　　（B）后离合器不良

（C）制动带不良　　（D）单向离合器不良

30. 对于自动挡车欲推车起动发动机，以下叙述______正确。

（A）放在N的位置当车速达到40km/h时，转动点火开关，变速杆换到D挡

（B）放在N的位置当车速达到40km/h时，转动点火开关，变速杆换到L挡

（C）放在N的位置当车速达到60km/h时，转动点火开关，变速杆换到D挡

（D）自动变速器的汽车推车无法起动

二、简答题

1. 试述一下自动变速器油的更换周期。

2. 试述大部分自动变速器的汽车调整工作。

3. 什么是蠕行（Creep）？

4. 请解释抑制开关的功用及如何检查？
5. 节流阀连杆（控制索）调整不当，对车辆性能造成什么影响？
6. 试述制动带调整的方法。
7. 试述实施路试的目的。有哪些检查项目？
8. 什么是换挡品质？
9. 请解释换挡速度中，轻负荷升降挡和全负荷升挡两者之间的差异？
10. 什么是失速？实施此项测试的目的何在？
11. 试述实施失速测试的准备工作。测试期间的注意事项有哪些？
12. 请说明福特EC-AT如何读取故障码及维修后如何消除故障码？
13. 当装配A/T的车辆发生故障时，实施牵引拖救需注意哪些事项？

附录

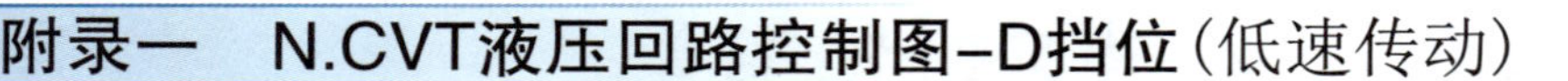

附录一　N.CVT液压回路控制图-D挡位(低速传动)

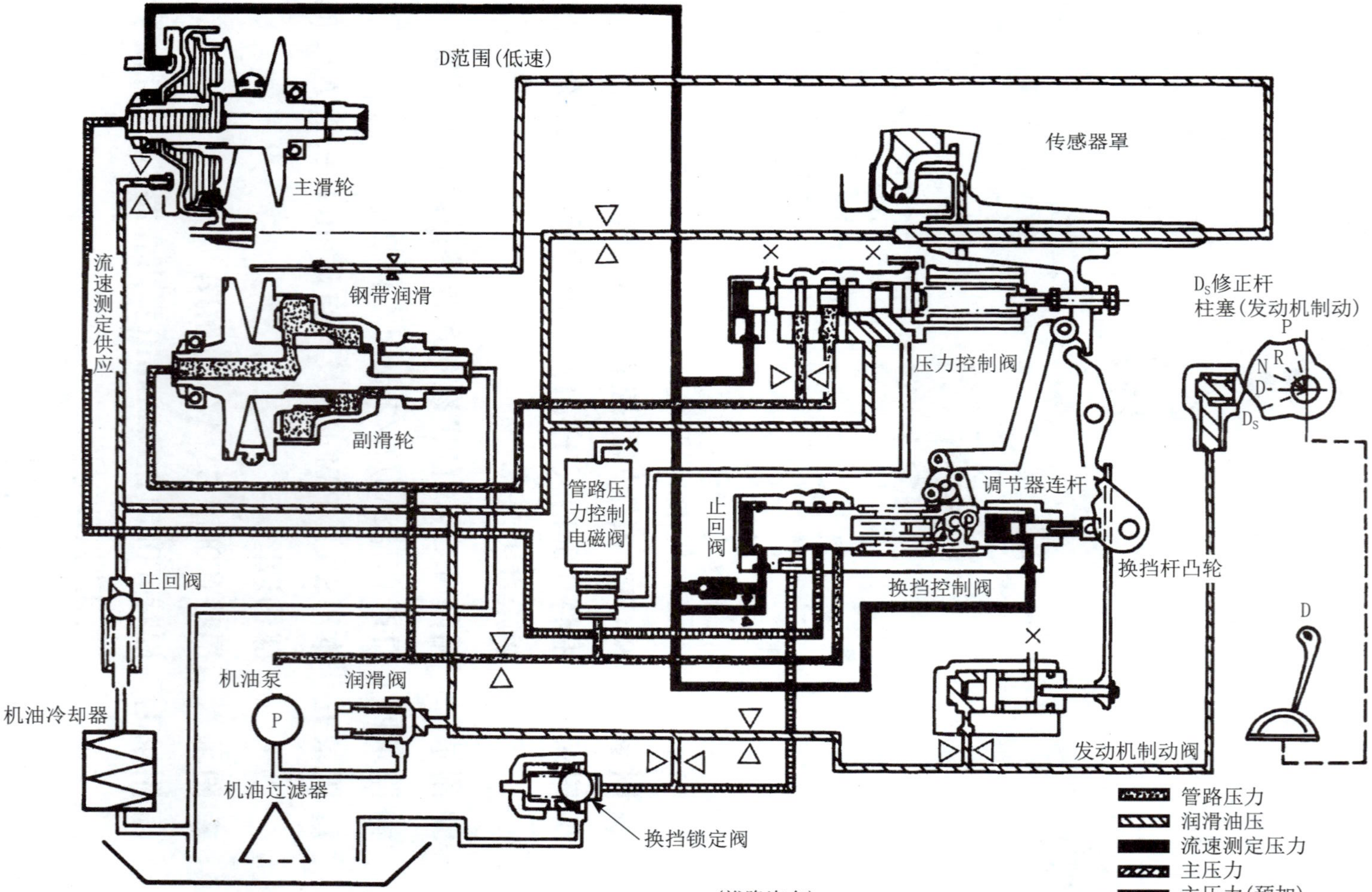

(裕隆汽车)

N.CVT液压回路控制图-D挡位（高速传动）（续）

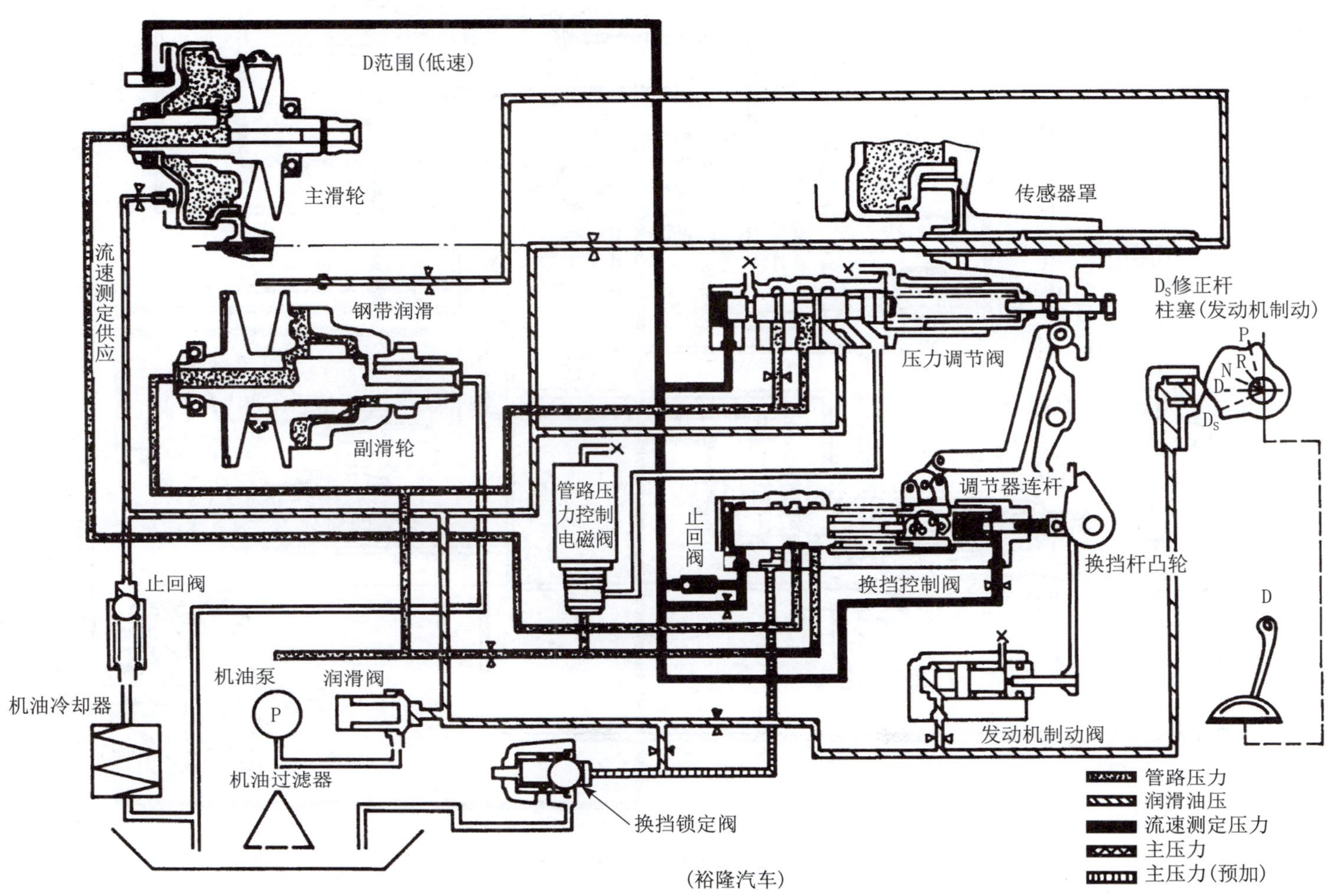

（裕隆汽车）

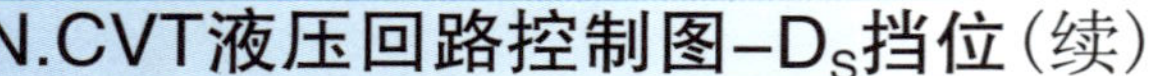

N.CVT液压回路控制图-D_S挡位（续）

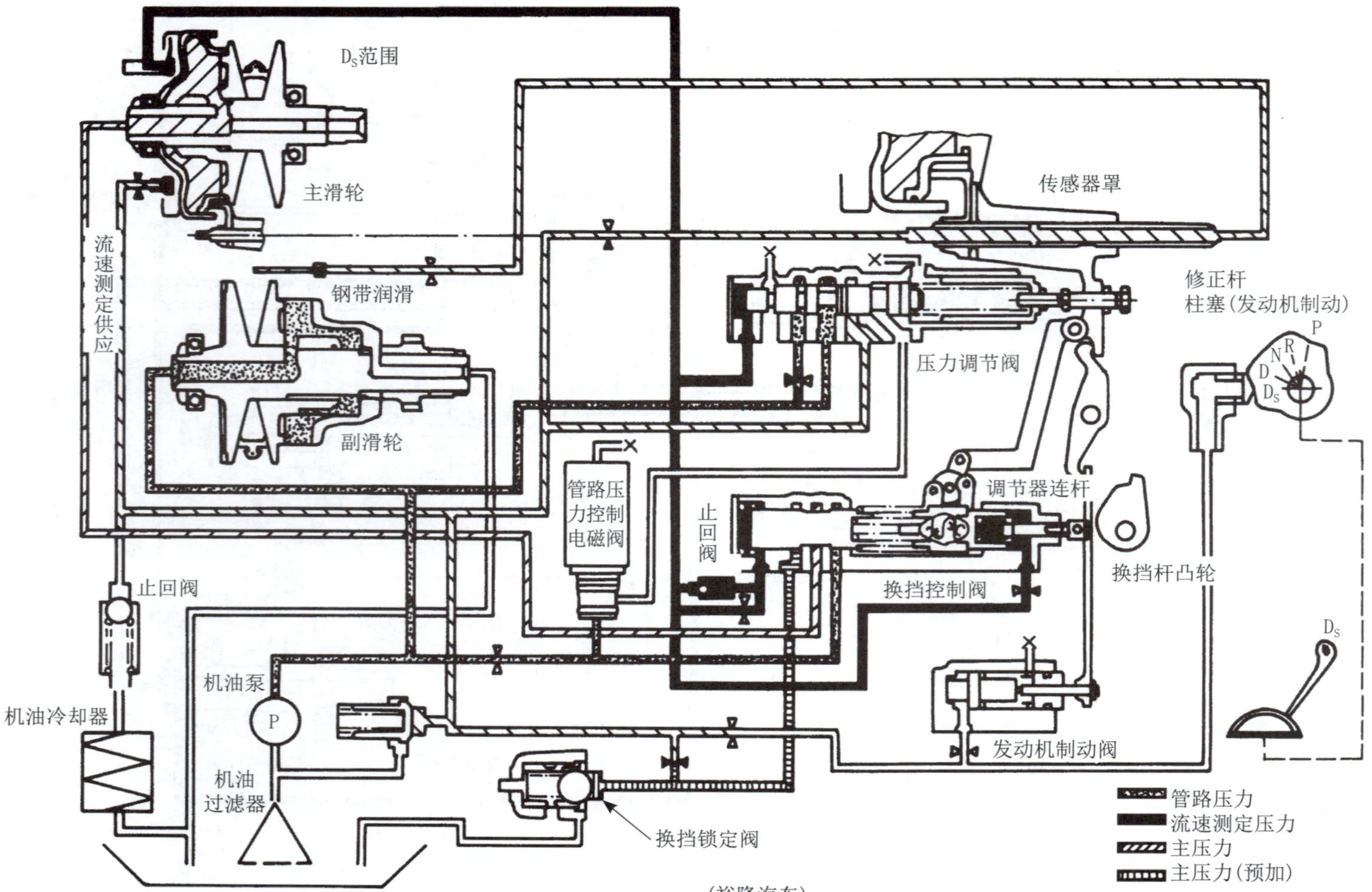

D_S范围
主滑轮
传感器罩
流速测定供应
钢带润滑
修正杆
柱塞（发动机制动）
P
R
N
D
D_S
压力调节阀
副滑轮
管路压力控制电磁阀
止回阀
调节器连杆
换挡杆凸轮
换挡控制阀
止回阀
机油泵
机油冷却器
机油过滤器
发动机制动阀
D_S
换挡锁定阀
管路压力
流速测定压力
主压力
主压力（预加）

（裕隆汽车）

N.CVT液压回路控制图-R挡位(续)

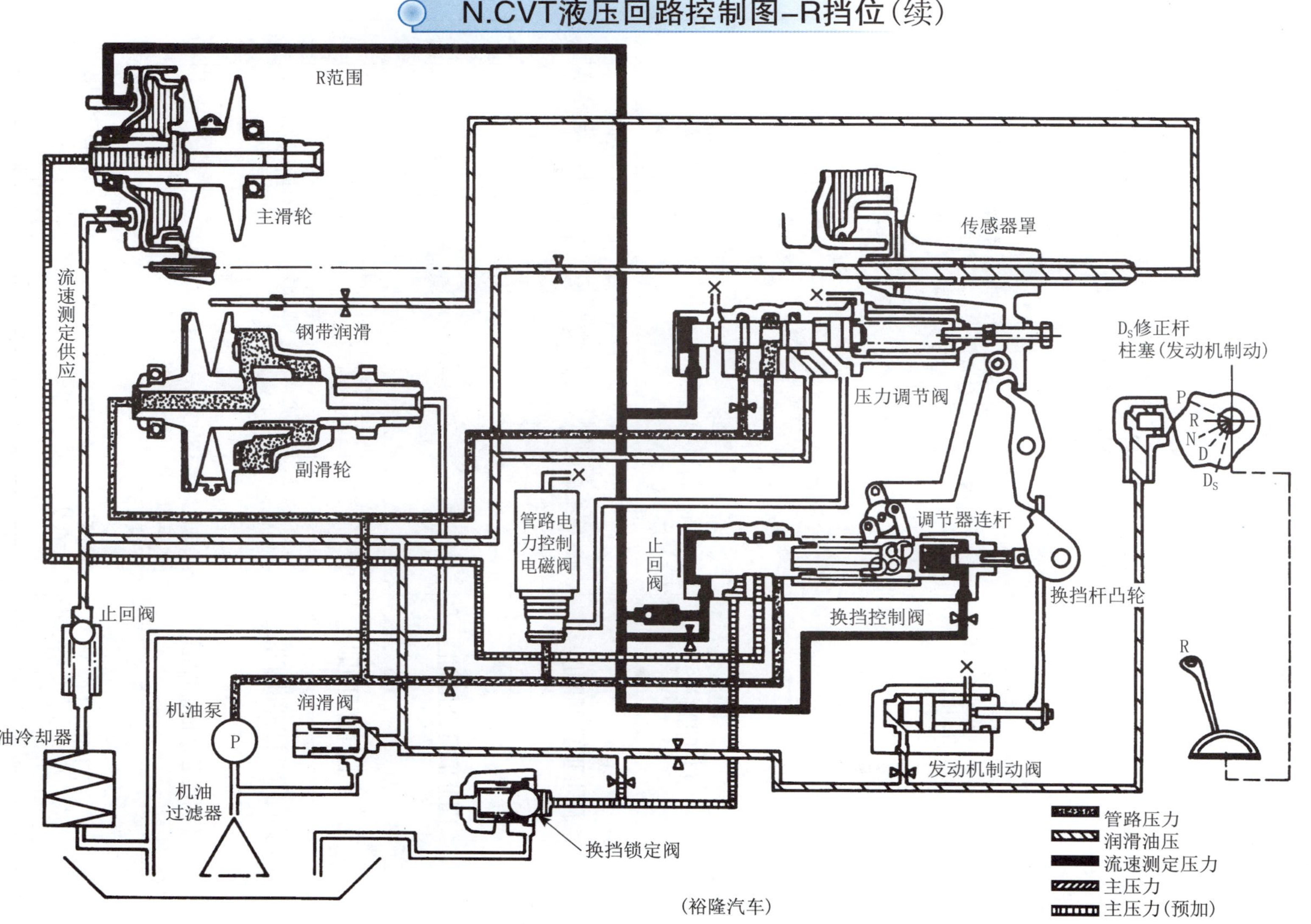

(裕隆汽车)

附录二　福特（FORD）天王星EC-AT自我诊断系统的故障码示意表

自我诊断功能

故障码	信号形式	诊断线路	状况	故障点	记忆
01 (KF) KL 02 (FP, FS)	ON OFF	发动机转速信号(Ne1信号)	以D、S或L挡行驶，转速超过600r/min时，没有信号自车速传感器传入	分电器插头 分电器至EC-AT控制器的电线	是
06		路码表传感器	以D、S或L挡行驶，转速超过600r/min时，没有信号自车速传感器传入	路码表传感器插头 路码表传感器至仪表的电线 仪表至EC-AT控制器的电线 路码表传感器电阻	是
12		节气门传感器	开路或短路	节气门传感器插头 节气门传感器至EC-AT控制器的电线 节气门传感器电阻	是
14		大气压力传感器(含铅汽油车型)(EP, FS)	开路或短路	大气压力传感器插头 大气压力传感器至发动机控制器的电线	是
55		脉冲产生器	以D、S或L挡行驶，转速超过400km/h时，没有信号自车速传感器传入	脉冲产生器插头 脉冲产生器至EC-AT控制单元的电线 脉冲产生器电阻	是
56		ATF温度传感器	开路或短路	ATF温度传感器插头 ATF温度传感器至EC-AT控制单元的电线 ATF温度传感器电阻	是
57		转矩降低信号1(KF, KL)	转矩降低信号1电线线束开路或短路	发动机控制器至EC-AT控制单元的电线	是
58		转矩降低信号2(KF, KL)	转矩降低信号2电线线束开路或短路	发动机控制器至EC-AT控制单元的电线	是
59		转矩降低信号/冷却液温度信号(KF, KL)	转矩降低信号/冷却液温度信号电线线束开路或短路	发动机控制器至EC-AT控制单元的电线	是
60		电磁阀(1-2挡)	电磁阀及/或电线开路或短路	电磁阀插头 电磁阀至EC-AT控制器的电线 电磁阀电阻	是

续上表

故障码	信号形式	诊断线路	状况	故障点	记忆
61		电磁阀 (2-3挡)	电磁阀及/或电线开路或短路	电磁阀插头 电磁阀至EC-AT控制器的电线 电磁阀电阻	是
62		电磁阀 (3-4挡)	电磁阀及/或电线开路或短路	电磁阀插头 电磁阀至EC-AT控制器的电线 电磁阀电阻	是
63		电磁阀 (锁定控制)	电磁阀及/或电线开路或短路	电磁阀插头 电磁阀至EC-AT控制器的电线 电磁阀电阻	是
64		电磁阀 (3-2正时)	电磁阀及/或电线开路或短路	电磁阀插头 电磁阀至EC-AT控制器的电线 电磁阀电阻	是
65		电磁阀 (锁定)	电磁阀及/或电线开路或短路	电磁阀插头 电磁阀至EC-AT控制器的电线 电磁阀电阻	是
66		电磁阀 (主油压)	电磁阀及/或电线开路或短路	电磁阀插头 电磁阀至EC-AT控制器的电线 电磁阀电阻	是

附录三 裕隆N.CVT自我诊断系统的故障码示意图

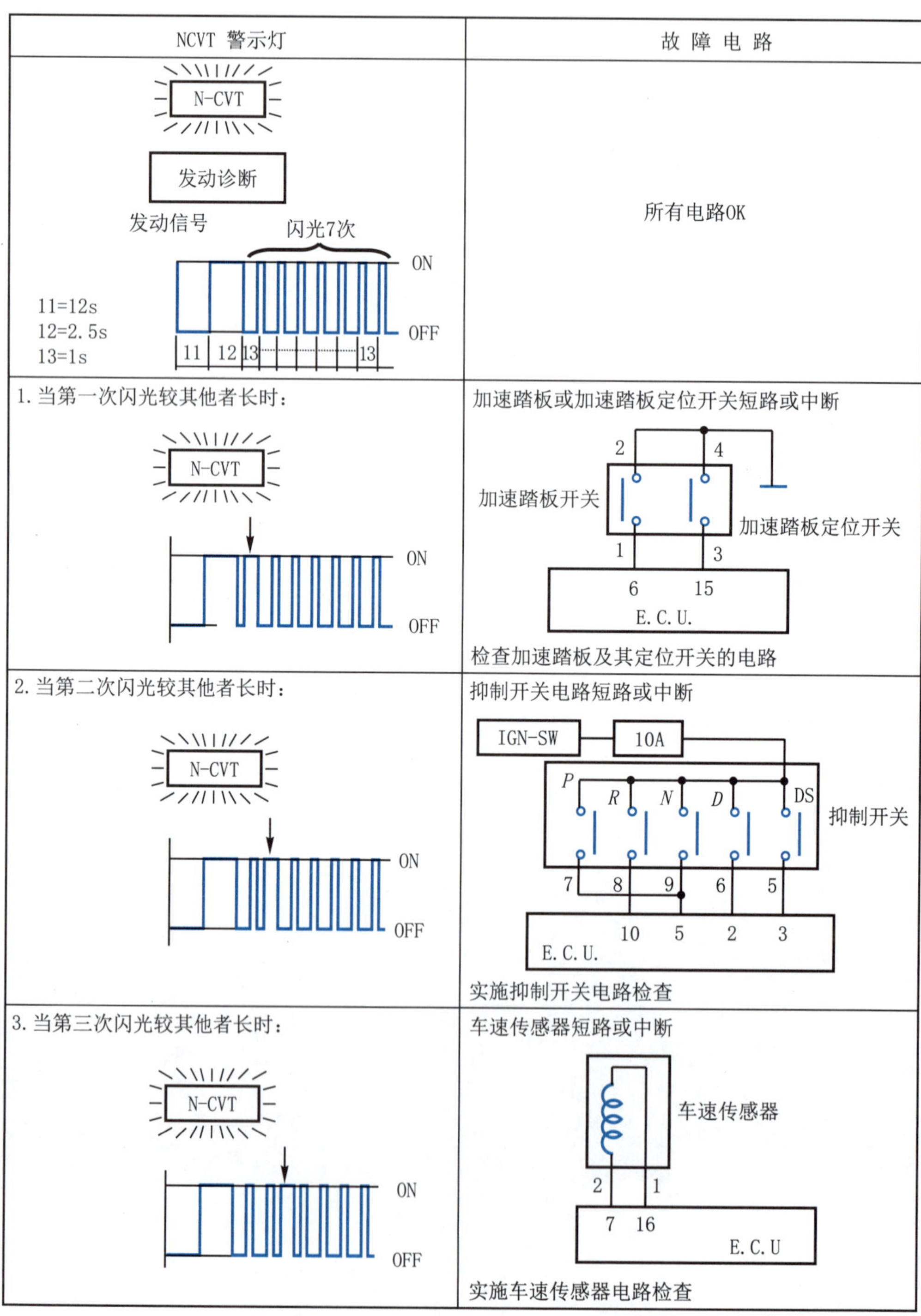

裕隆N.CVT自我诊断系统的故障码示意图(续)

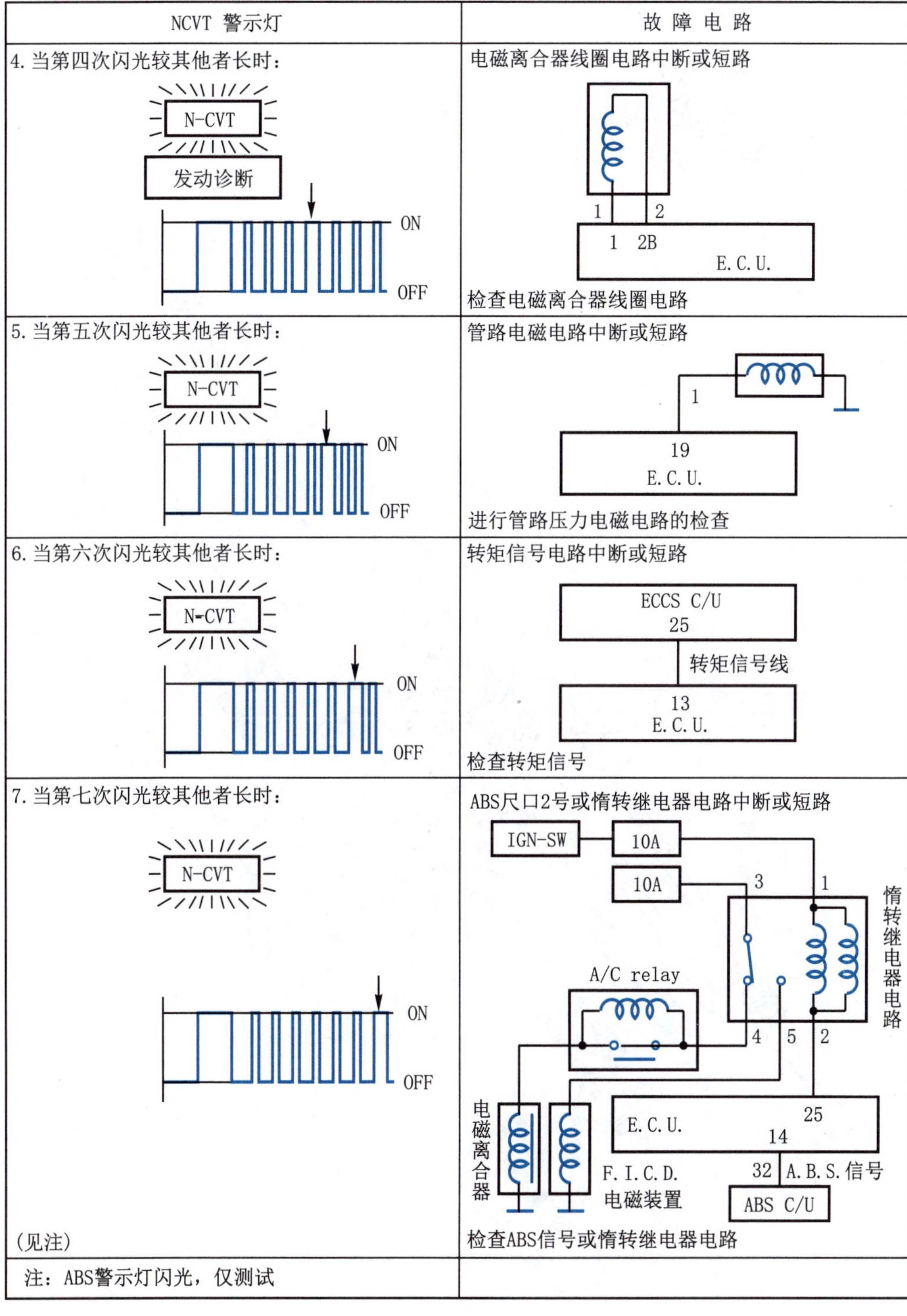

NCVT 警示灯	故 障 电 路
4. 当第四次闪光较其他者长时: N-CVT 发动诊断 ON OFF	电磁离合器线圈电路中断或短路 1 2 1 2B E. C. U. 检查电磁离合器线圈电路
5. 当第五次闪光较其他者长时: N-CVT ON OFF	管路电磁电路中断或短路 1 19 E. C. U. 进行管路压力电磁电路的检查
6. 当第六次闪光较其他者长时: N-CVT ON OFF	转矩信号电路中断或短路 ECCS C/U 25 转矩信号线 13 E. C. U. 检查转矩信号
7. 当第七次闪光较其他者长时: N-CVT ON OFF (见注)	ABS尺口2号或惰转继电器电路中断或短路 IGN-SW 10A 10A 3 1 惰转继电器电路 A/C relay 4 5 2 电磁离合器 E. C. U. 25 14 F. I. C. D. 电磁装置 32 A. B. S. 信号 ABS C/U 检查ABS信号或惰转继电器电路
注: ABS警示灯闪光，仅测试	

附录四 日产(NISSAN) A/T阀门本体总成

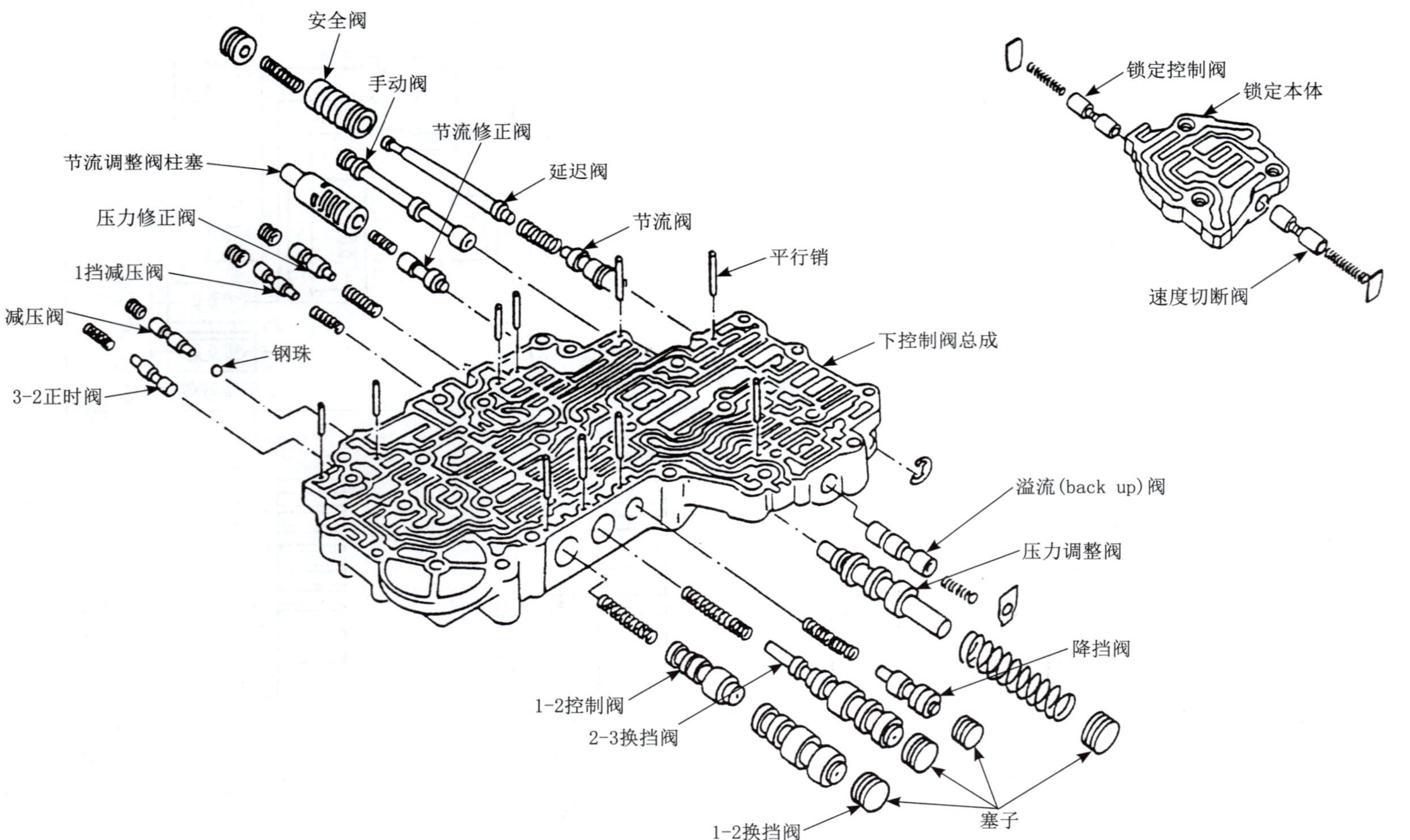

附录五　本田EAT(PGM-FI)及马自达Jatco F3A A/T的外部构造图

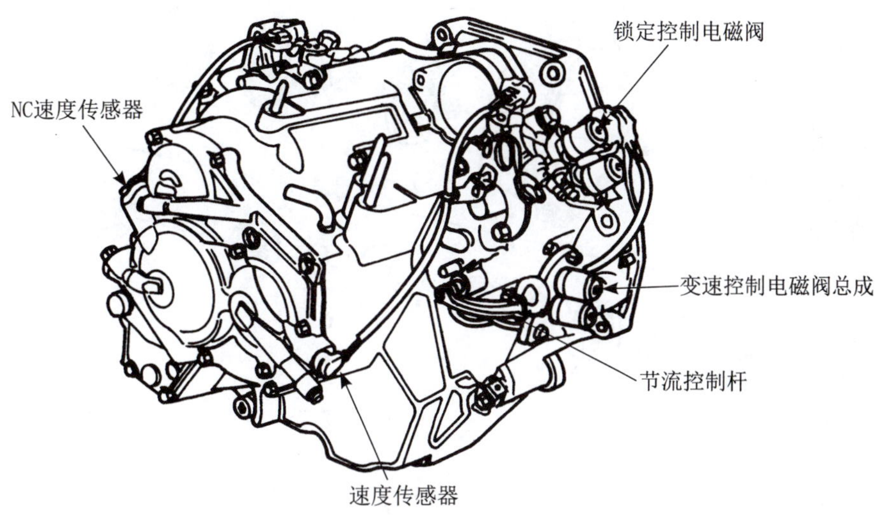

本田EAT(PGM-FI)的外部传感器及电磁阀

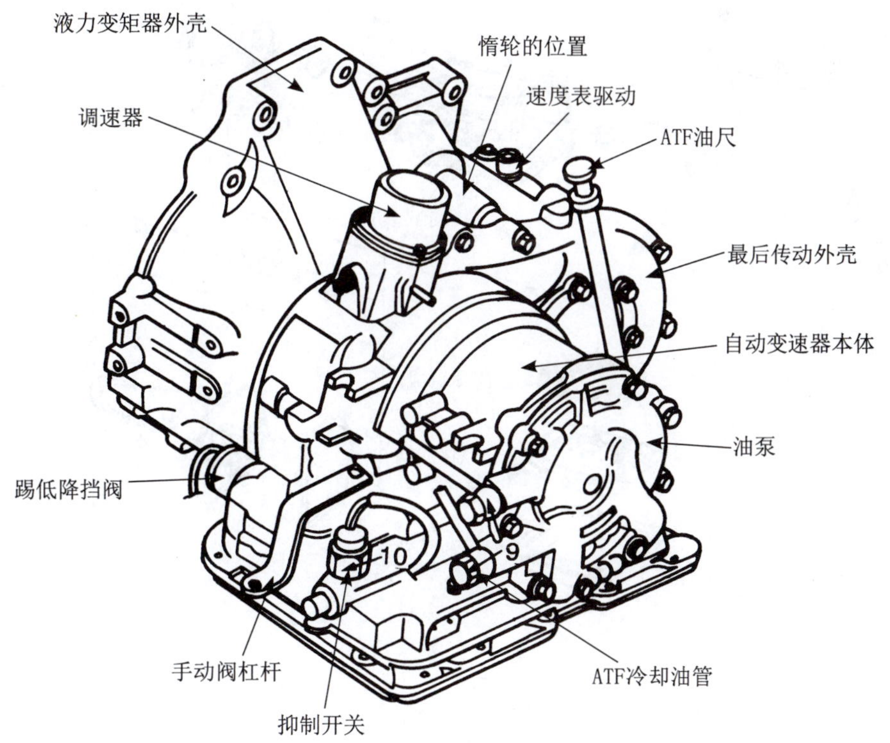

马自达Jatco F3A A/T的外部构造图

附录六 福特(FORD)C3 A/T分解图

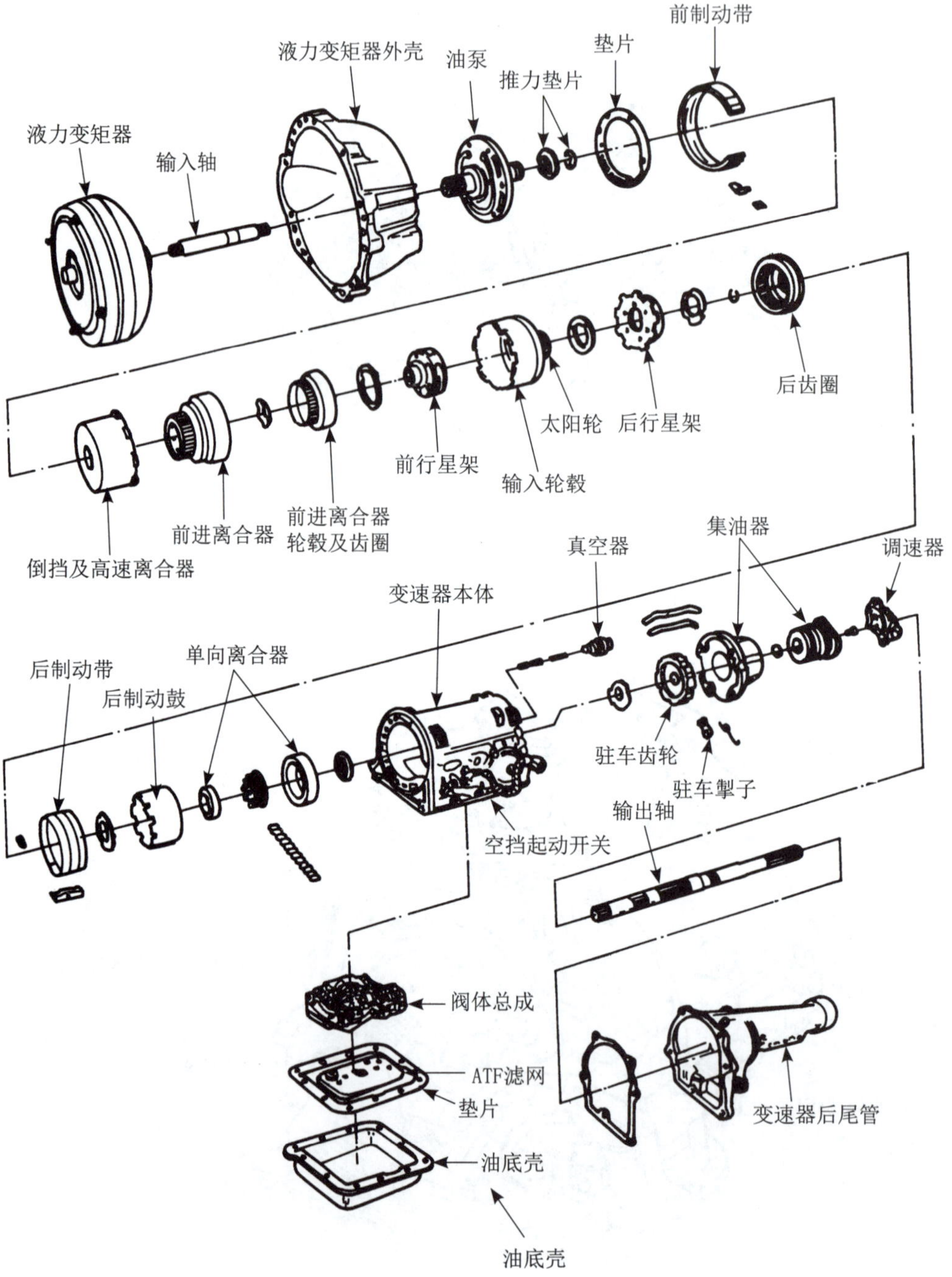

液力变矩器外壳
油泵
推力垫片
垫片
前制动带
液力变矩器
输入轴
后齿圈
太阳轮
后行星架
前行星架
输入轮毂
前进离合器
前进离合器轮毂及齿圈
倒挡及高速离合器
真空器
集油器
调速器
变速器本体
后制动带
单向离合器
后制动鼓
驻车齿轮
驻车掣子
输出轴
空挡起动开关
阀体总成
ATF滤网
垫片
油底壳
变速器后尾管
油底壳

附录七　福特（FORD）Powershift双离合器(湿式)自/手动变速器(TDCi)

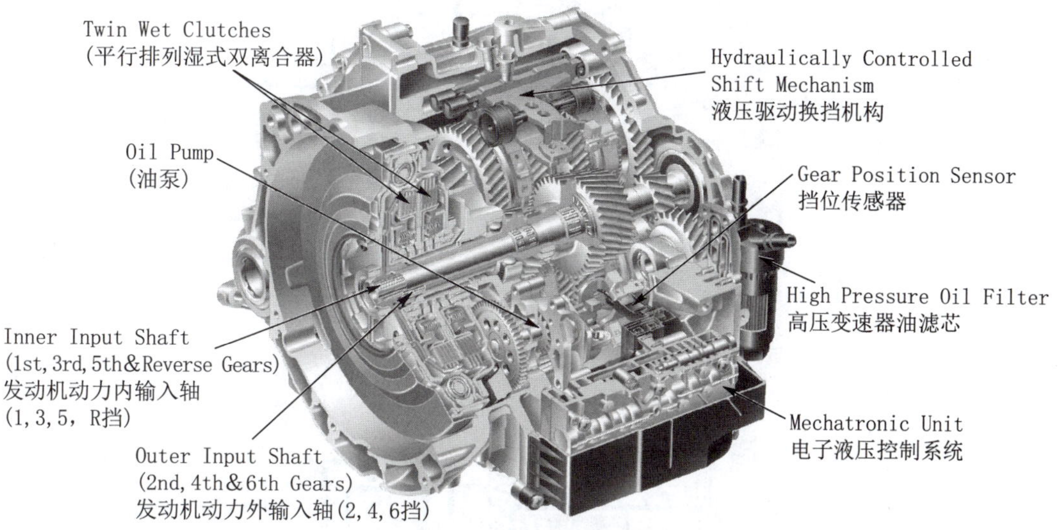

Ford Powershift双离合器(湿式)自/手动变速器

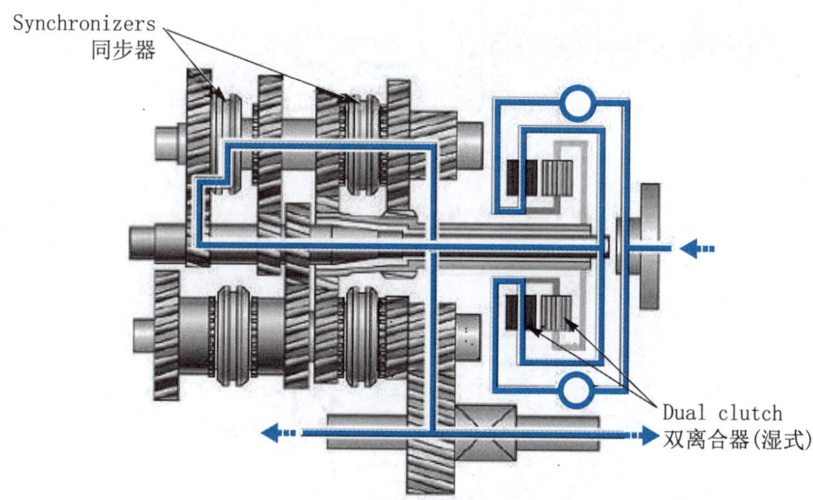

1st gear(1挡齿轮)

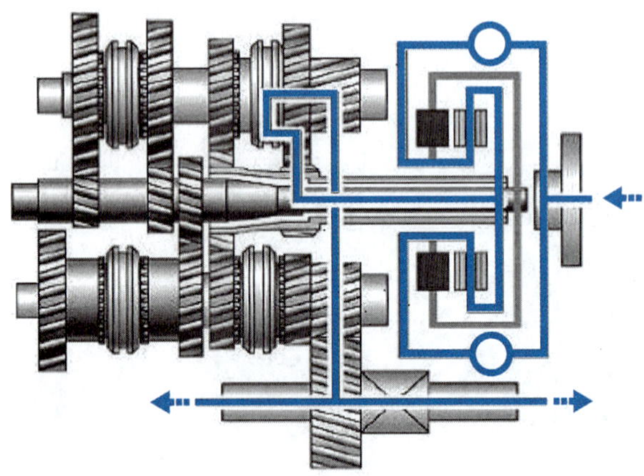
2nd gear（2挡齿轮）

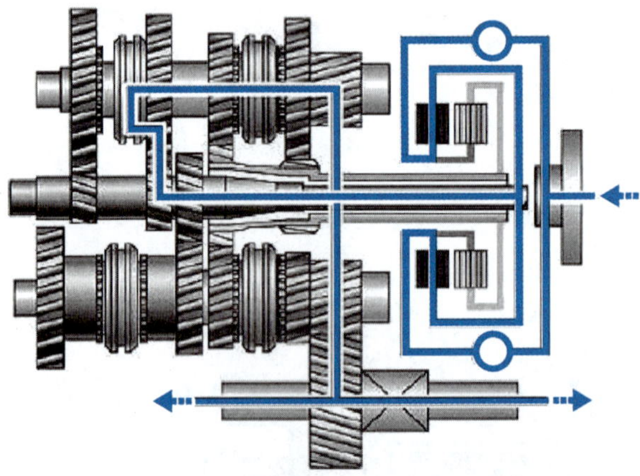
3rd gear （3挡齿轮）

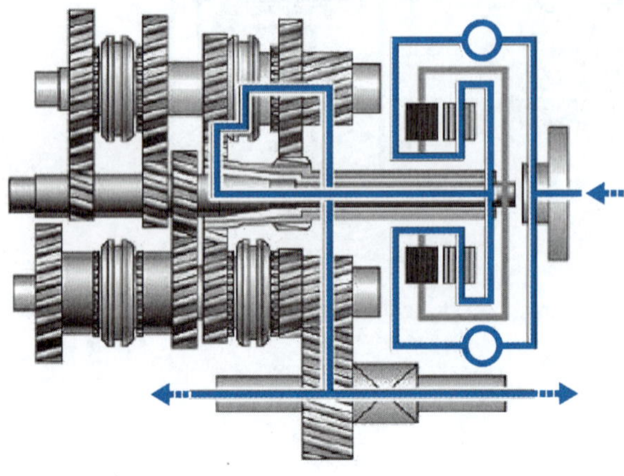
4th gear （4挡齿轮）

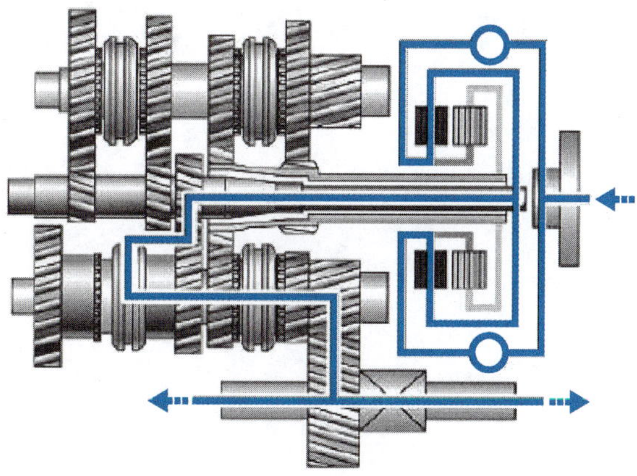

5th gear（5挡齿轮）

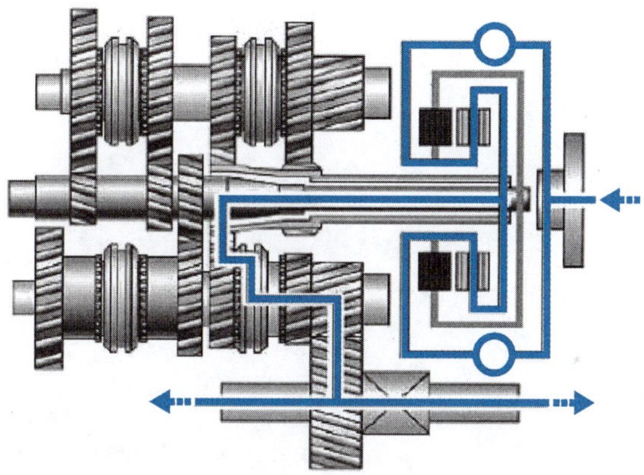

6th gear （6挡齿轮）

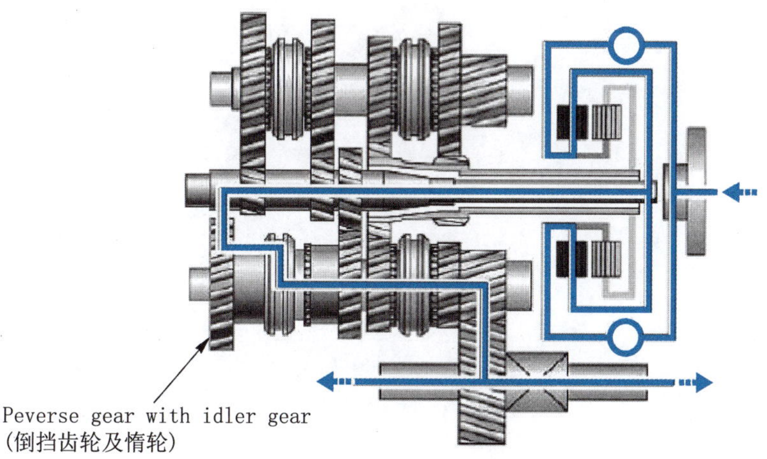

reverse gear（倒挡）

引进版职业院校精品教材

- 汽车美容
- 汽车自动变速器构造与维修
- 汽车材料
- 汽车电控发动机构造与维修
- 汽车电子控制技术

《汽车美容》，本书内容经过多次实践和记录，历经多年完成。以照片配合浅显的说明，深入浅出，通俗易懂。

《汽车材料》，本书内容以实用、简易通俗的文字叙述，以“图片说明”取代繁杂的文字解说，使学生易于通晓明白，达到事半功倍的学习效果。

《汽车电子控制技术》，本书为台湾畅销教材，对多种电子控制新技术作了广泛的说明，内容充实、资料多元且题材新颖，深受各界好评与采用。

《汽车自动变速器构造与维修》，本书内容以介绍小型汽车所使用的自动变速器为主。采用的资料为现今车种使用的自动变速器技术新资料，在理论与务实方面更符合现今需求。

《汽车电控发动机构造与维修》详细介绍了汽油喷射控制的原理、构造及作用。有助于读者迅速了解各种不同的汽油喷射方式、喷射系统，同时配合检修实操，从而进一步了解OBD。